호텔외식 주방관리 실무론

최병호 · 이진택 · 오봉희 · 김정수

백산출판사

머리말

Preface

1980년대 초 외식산업이라는 용어가 사용된 이래 우리나라의 외식산업은 비약적인 발전을 거듭하여 왔다. 2000년대 초반 70조 원가량이었던 식품산업 규모가 10년이 지난 현재 130조 원 후반대의 양적 성장을 이루어 오면서 우리나라의 외식산업 역시 규모 면에서 동반성장을 이루고 있다. 그러나 이러한 양적 성장에도 불구하고 우리나라 외식산업은 운영 면에서 아직 초보적인 형태를 벗어나지 못한 것이 현실이다. 간혹 외국의 유명 브랜드나 국내의 몇몇 대기업 산하 외식기업을 제외하고는 여전히 영세성을 면치 못하고 있기 때문이다. 이는 우리나라 외식산업이 태동기부터 외식업을 사업이라기보다는 소규모의 자본으로 생활고를 벗어나기 위한 마지막 선택으로 보는 잠재의식이 깔려 있었고, 조리와 식음료에 관련된 직종에 종사하는 사람들에 대한 사회적 폄하의식과 직무 자체가 거칠고 고생스러울 것이라는 인식하에 많은 사람들이 직업을 선택할 때 회피하는 현상도 하나의 이유가 될 것이다. 그러나 21세기를 살아가는 시점에서 외식사업은, 창의적인 직업문화로 자리 잡아가고 있으며, 훌륭한 아이템과 효율적인 생산시스템, 그리고 고객감동서비스가 접목된다면, 본인의 노력여하에 따라 경제적 성공과 사회적 성공이라는 두 마리 토끼를 잡을 수 있는 직업으로 인식이 전환되고 있다.

우리나라 외식산업은 좁은 지역에 오밀조밀한 인구밀집형 구조를 가지고 있어 입지 의존성이 높고, 노동집약적 서비스산업이며 수요예측이 어렵다는 특징이 있다. 특히 운영 면에서 기업화(체인화)가 용이하고, 소자본으로 쉽게 접근할 수 있는 특성이 있다. 그러나 이러한 특성을 자세히 들여다보면, 외식사업이라는 분야는 이중성을 가지고 있다. 즉 소자본으로 누구나 쉽게 접근할 수 있는 특징이 있으나 그만큼 경쟁이 치열하고, 전문적인 기술과 창의적인 아이템, 열린 경영마인드를 가지고 접근하지 않으면 고전을 면치 못하는 특성이 그것이다.

외식사업에 있어서 주방은 기업경영의 핵심부서이다. 따라서 고객과 접점에 있는 조리종사원들의 능력은 기업의 성패를 좌우하는 중요한 요인인 것이다. 조리종사원의 능력은 조리기술을 기본으로 한 주인의식과 경영에 대한 식견(識見)이라고 할 수 있다.

이에 우리 저자들은 온고지신(溫故知新)의 마음으로 기존 논자(論者)들의 이론과 저자들의 실무를 바탕으로 본서를 출간하게 되었다.

이 책의 구성은 다음과 같다. 조리종사원의 주인의식에 기반한 경영의 개념을 1장에서 다루었고, 전문화시대를 살고 있으나, 고객의 욕구는 점점 더 다양화 · 글로벌화되는 외식문화를 수용하기 위해 2장에서는 각 나라별 식문화에 대하여 소개하였다. 경영과 식문화의 이해 속에서 외식산업의 관리기능이 발전할 수 있을 것이라 판단하며 이후 3~8장은 주방관리의 핵심이라고 할 수 있는 주방관리, 즉 위생, 디자인, 메뉴, 식재료, 원가관리부분을 기술하였다.

마지막으로 여러 선후배님들께서 정립하여 놓은 소중한 논서(論書)에 감사드린다. 이 소중한 이론적 배경에 의도치 않은 실수가 있다면 아낌없는 고언(苦言)과 조언을 바란다.

이 책이 출간되기까지 물심양면으로 도와주신 백산출판사 진욱상 사장님과 관계자 여러분께 감사드리며, 외식산업의 꿈을 품은 어린 교우(校友)들의 성공과 미래를 응원한다.

저자 일동

차 례

Contents

1 경영관리의 개요

CHAPTER

제1절 경영(Management)

경영은 인간이 집단생활을 영위하는 데 사실적인 근거를 가지는 조직사회의 중요한 관리수단으로 조직을 구성하고 다루는 과정에서 관념을 체계화시킨 객관적인 사회적 산물이다. 또한 조직사회의 사실관계 정립과 더불어 미래의 일을 예측함으로써 조직의 기본체계를 제공하는 역할을 하며, 나아가 학습을 통해 계승, 발전되고 지혜로운 삶을 살아가는 준거로 활용하게 된다. 그러나 좁은 의미의 경영은 일정한 목적을 가진 집단이 특정한 목표를 설정하고 효율적인 의사결정을 통하여 업무를 수행함으로써 기대하는 목표를 달성하는 행위이며, 이러한 조직사회의 경영논리는 수많은 조직체계로 나눠질 수 있다. 따라서 조리 및 외식사업 분야도 조직경영의 한 분야로 분류될 수 있으며, 조리 및 외식분야에 종사하는 사람들이 경영의 의미와 속성을 이해해야 하는 이유인 것이다.

외식기업은 조직을 다룬다는 의미에서 일반제조업과 동일성을 가지고 있지만, 외식경영의 대상이 되는 외식기업은 다른 제조업과는 달리 무형의 서비스와 생산 및 소비가 동시에 이루어지는 등의 다양한 특수성을 가지고 있으며, 외식기업에 종사하는 조직원들은 경영자적 관점에서 생산적인 측면과, 판매적인 측면, 고객의 Need를 수용하는 소명의식을 가지고 조직활동에 임할 때, 성공적인 외식경영의 목표를 이룰 수 있는 것이다.

1. 경영의 정의

경영(經營, management)이란 사전적 의미로 "사업이나 기업 등을 계획적으로 관리 · 운영함"을 뜻하고, 운영(運營)이란 "어떤 조직이나 그 조직의 일을 목적에 맞게 이끌어 경영함. 목적에 맞게 이끌어져 경영된다"는 의미를 내포하고 있다. 영어사전에서 매니지먼트(management)는 '경영' '관리' '운영' 등으로 해석되는데, 이러한 용어들은 '기업을 경영한다' '식당을 관리/운영한다' 등과 같은 개념으로 이용된다. Management의 어원은 불어의 'le main(손)' 혹은 이태리어의 'mannegiaire(정돈하다)'에서 유래하였다고 보는데, 모두 손으로 잘 다룬다는 의미를 내포하고 있다(양일선 외, 2009).

따라서 경영이란 조직을 다룬다는 뜻이 있으며, 경영의 의미에 대하여 여러 학자들이 정의한 내용을 요약하면 〈표 1-1〉과 같다.

〈표 1-1〉 경영의 정의

페이욜(Fayol)
"경영이란 계획하고, 조직하고, 지시하고, 조정하고, 통제하는 과정"

드러커(Drucker)
"경영은 기업의 목표를 설정하고 방향을 제시하며 리더십을 발휘하고 경영자원을 사용하여 목표를 달성하는 과정"

쿤츠(Koontz)
"경영은 의미 있는 조직목표를 성취하기 위해 가능한 가장 효율적인 방법으로 조직의 일을 계획하고, 조직하고, 충원하고, 지휘하고, 통제하는 활동이다."

로빈스(Robbins)
"경영이란 사람들로 하여금 일을 효율적이고 과학적으로 수행하도록 하는 활동이다."

자료 : 신민식 · 권중생, 2006; Warner, 1994; http://mbanote.com

이와 같은 논거를 바탕으로 경영의 정의를 내리면 "경영이란 조직의 목적과 목표를 위하여 인적, 물적 자원을 효율적으로 계획, 조직, 지휘, 통제하여 운영함으로써 조직체의 성과를 높이는 관리활동"이라고 할 수 있다.

2. 경영이론의 역사적 흐름 및 발전

경영의 역사는 인류가 태동하여 가족단위에서 부족단위를 이루고 집단 즉, 조직이라는 형태를 형성하면서부터 관리에 대한 개념이 자연스럽게 이루어졌을 것으로 짐작된다.

유럽에서는 중세시대 이탈리아를 중심으로 상업이 발전하여 프랑스, 독일 등으로 전파되었는데, 이 시기 프랑스 학자 사바리(J. Savary)가 저술한 『완전한 상인』은 이탈리아의 상업화를 체계화하는 데 공헌하였다. 유럽 경영학자들은 이 책이 출판된 1675년을 경영학의 시발점으로 보기도 한다. 18세기 영국의 애덤 스미스(Adam Smith)가 『국부론』에서 제시한 분업의 원리 또한 오늘날까지 사용되는 중요한 관리원칙이다(신민식 · 권중생, 2006).

1) 1900년대 이전

서양 문명사에서 가장 효율적이고 공식적인 조직은 로마 가톨릭 교회조직이다. 유구한 역사를 가진 교회조직은 능률적인 조직화 관리기법에 힘입은 바 크고 그 기능에는 신분에 대한 계층구조와 지역조직에 대한 권한위임, 기능부서에 따른 업무의 전문화 등을 들 수 있다.

근대에는 군대조직에서 관리의 원리와 실무의 기원을 두는 경우가 있다. 1790년 프랑스의 군대에서 일반참모(general staff)라는 말이 사용된 이래 여러 세기 동안 특정한 의미의 참모기능이 군대에서 사용되어 왔으며 근대적인 일반참모의 개념은 19세기 프러시아 군대에서 찾을 수 있다.

16세기부터 18세기 사이 독일이나 오스트리아의 행정 관료 및 지식인으로 구성된 관방학파(Cameralists)는 영국의 중상주의 학파나 프랑스의 중농주의 학파와 동일한 주의를 가졌다. 그들은 모두 국부의 신장에는 물질적인 부의 극대화가 필수 불가결하다고 주장하였으나, 오직 관방학파만이 국력의 원천이 제도적인 관리에 있다고 강조하였고 그렇게 주장한 최초의 학파가 되었다(서남수 외, 2000).

이외에 고대사회에 있어서 경영철학이 담긴 조직문화로 회자되고 있는 기록들을 살펴보면 〈표 1-2〉와 같다.

〈표 1-2〉 경영학의 기원

- 고대 바빌로니아의 보고와 감사제도(세금징수를 위해 개발) : 회계시스템의 원형
- 고대 이집트의 피라미드와 운하건설을 위한 인적, 물적 자원의 계획과 조직 구성
- '모세'의 관리범위 규정 기록 : 구약성서
- 중국의 만리장성 축조
- 그리스의 아테네공화국 평의원, 국민재판소, 행정관리, 장군회의 등

자료 : 양일선 외, 급식경영학, 교문사, 2009; 서남수 외, 경영관리론, 박영사, 2000

2) 근대 경영이론

현재의 경영논리는 산업혁명 이후 1900년대부터 본격적으로 경영학의 이론적 정립되었다고 볼 수 있다. 영국의 산업혁명은 생산성 향상에 크게 기여하였으며, 19세기 말 고전적 관리이론이 탄생하는 기초가 되었다. 근대 경영학은 테일러(F.W. Taylor)의 과학적 관리법을 비롯한 고전적 관리이론들에서 출발하였다. 이후 경영학, 사회학, 심리학, 공학 등 여러 인접 학문분야의 성과들을 종합하면서 발전하여 현대 경영학의 체계를 갖추게 되었다. 근대의 경영이론은 전통적 관점과 행동과학적 관점, 시스템적 관점, 상황론적 관점으로 정리할 수 있다(양일선 외, 2009).

〈표 1-3〉 경영이론의 발전과정

경영이론	시 기	주요 내용	주요 사상가와 이론
전통적 관점 (고전적 관리이론)	1890년대~	생산관리에 있어 엄격한 절차와 규칙을 적용함	• 테일러(Taylor; 미국)의 과학적 관리법 • 페이욜(Fayol; 프랑스)의 관리 일반이론 • 베버(Weber; 독일)의 관료이론
행동과학적 관점 (행동이론)	1930년대~	조직 구성원이 참여하여 자율적 통제와 원활한 의사소통 강조	• 메이요(Mayo)의 인간관계론 • 맥그리거(McGregor)의 XY이론 • 아지리스(Argyris)의 성숙이론 • 매슬로(Maslow)의 욕구계층이론
체계적 관점 (시스템이론)	1950년대~	경영조직을 시스템으로 간주함 (문제해결의 투입, 변환, 산출의 상호관계를 진단함)	• 베르탈란피(Bertalanffy)의 일반시스템이론 • 카스트(Kast)와 로젠츠바이크(Rosenzweig)의 시스템이론
상황론적 관점 (상황이론)	1960년대~	다변화하는 경영환경에서 보편적인 원리보다는 상황에 따라 의사결정을 내려야 한다는 내용	• 피들러(Fiedler)의 상황적합이론

자료: 양일선 외, 급식경영학, 교문사, 2009, p. 7 참고하여 저자 재작성

(1) 전통적 관점(Traditional Viewpoint)의 고전적 관리이론

관리사상 및 실무에 대한 고전적 관점은 산업혁명에 의하여 초래된 조직의 복잡성 때문에 1800년대 말기 및 1900년대 초에 나타나게 되었다.

산업혁명으로 인하여 조직의 규모가 커지고 복잡해지면서 새로운 조직의 제고와 더불어 생산 통제, 업무일정의 조정, 다양한 업무체계의 통합, 그리고 인적자원을 관리하는 기법이 필요하게 되었다.

고전적 관리 학자들의 이론은 사람들이 논리적이며, 업무 경험으로부터 개인적 이득을 최대화하기 위하여 노력하는 가운데 합리적인 의사결정을 한다고 가정하였다. 경제적 및 기계적 합리성의 공리가 조직에 대한 이상적 관리를 위한 고전학파의 주춧돌이 되었으며, 이들의 접근방법은 미국의 과학적 관리운동, 프랑스 앙리 페이욜(Henry Fayol)의 고전적 관리이론, 그리고 독일의 사회학자 막스 베버(Max Weber)의 관료제조직의 모형개발에 기초를 두고 있다(서남수 외, 2000).

과학적 관리(Scientific Management)

- 테일러(F.W. Taylor) : 테일러는 『공장관리(1905)』『과학적 관리의 제원칙(1911)』 등의 저서를 통하여 종래 경영자의 직관(直觀, intuition)이나 경험에 의존하는 기업경영을 지적하고 생산성을 높이기 위하여 필요한 동작이나 작업시간을 스톱워치를 이용하여 '과업(課業)'으로 계산한 후 각자의 과업을 설정하였다. 그리하여 이른바 '차별적 성과급제도(差別的成果給制度)'를 실시하였다(글로벌 세계대백과사전).
- 길브레스부부(The Gilbreths) : 동작연구의 창시자로 서블릭 분석기법을 고안 하였다.
- 헨리 간트(Henry Gantt) : 간트 차트의 창안자로 과업상여급제도 고안, 최소임금제를 고안하였다.

고전적 조직이론

- 페이욜(Fayol)의 관리 일반이론 : 테일러와 같은 시기에 프랑스 학자 페이욜은 관리를 경영자의 관점에서 '여러 가지 과업을 수행하는 과정'으로 정의하고 관리활동의 세부기능에 대해 계획, 조직, 명령, 조정, 통제의 다섯 가지를 처음으로 제시하였으며, 관리활동을 위한 일반적인 원칙으로서 14가지 관리원칙(administrative principle)을 주장하였다.

〈표 1-4〉 경영활동의 구분

경영활동의 구분
기술활동 : 생산, 제조, 가공
상업활동 : 구매, 판매, 교환
재무활동 : 자본의 조달과 운영
보호활동 : 설비와 종업원의 보호
회계활동 : 재산목록, 대차대조표, 원가, 통계
관리활동 : 계획, 조직, 지휘, 조정, 통제(관리의 5요소론)

자료 : http://hujubkang.tistory.com/47

페이욜은 〈표 1-4〉의 6가지 경영활동을 수행하는 데 요구되는 일반적인 규칙으로 다음의 14가지를 제시하였다. 이는 상황에 따른 탄력성과 적응성을 가지고 있다.

① 분업(division of work) : 세분화된 작업관리로 생산성을 높이는 데 활용되었다. 현대사회에서 이러한 분업화의 원칙은 전문성을 높이는 중요한 계기가 되었다.
② 권한과 책임(authority & responsibility) : 권한을 통한 책임을 수반함으로써 생산성을 높인다.
③ 규율(discipline) : 종사원은 기업의 규칙을 준수하고 그에 따라 일을 처리하고 노력해야 한다.
④ 명령의 일원화(unity of command) : 종업원은 한 명의 상급사에게만 명령을 받아야 한다.
⑤ 지휘의 일원화(unity of direction) : 동일한 목표를 가지고 활동하는 각 집단은 한 명의 상사로부터 지휘를 받아야 한다.
⑥ 조직의 이익을 위하여 개인의 의사보다 조직차원에서의 의사결정이 먼저 이루어져야 한다.
⑦ 보수(보상)(remuneration) : 종업원의 공헌도에 따라 공정하게 지급받아야 한다.
⑧ 집권화(centralization) : 권한이 집중되거나 분산되어야 하는 정도를 나타내며 조직의 특성에 따라 결정되어진다.
⑨ 연결 계층(scalar chain) : 권한은 상급자에서 하급자로 연결되어야 한다.
⑩ 질서(order) : 인적, 물적 요소의 배치에 핵심이 되는 적재적소의 조직원칙이다.
⑪ 공정성(equity) : 상사에 대한 부하의 충성 및 헌신은 부하를 공평하게 다루는 상사의 공정성에서 효율적인 경제활동이 이루어지는 것이다.
⑫ 안정성(stability of tenure) : 안정과 신뢰 속에서 종업원의 이직률이 생산성에 미치는 영향을 말한다.

⑬ 주도권/창의성(initiative) : 계획을 세우고 실천하는 것으로 부하는 주도권(창의성)을 가지고 일하는 자유를 가져야 한다.

⑭ 단결심(esprit de corps) : 명령의 단일화를 확대시킨 것으로 팀워크의 중요성은 단체정신, 단결력 등이 강조되고 유지되어야 한다.

- 막스 베버(Max Weber)의 관료이론 : 원칙, 질서, 합법적 권위에 기초한 이상적인 관료조직을 구성함으로써 생산성을 향상할 수 있다고 보는 이론

(2) 행동과학적 관점의 행동이론

인간적인 측면을 강조하는 경영이론으로서 인간관계론적 접근과 행동과학적 접근의 두 가지로 분류된다.

① 인간관계론 : 생산성 향상에 있어서 물적 요소보다는 인적요소가 더 중요하다고 생각하는 이론으로 호손 실험을 통해 인간관계론의 중요성이 대두되었다.

- 호손 실험 : 조명, 계전기 등의 실험을 통해 작업의 능률에 있어 심리적인 요소가 중요하고, 비공식조직이 조직구성원의 행동에 영향을 미친다는 사실을 밝혀낸 실험으로 다음의 4단계를 보완하여 실증하였다.

  1단계; 작업조건과 능률에 관한 실험

  2단계; 작업 환경조건을 찾기 위한 면담 실시

  3단계; 면담의 분석을 통한 이론 제기

  4단계; 종업원들을 직접 관찰한 면담 결과

② 행동과학 : 행동과학이란 여러 분야의 학문에서 다양한 성과를 종합하여, 조직 내 인간행동이라는 하나의 주제에 주안점을 두고 모든 영역에 통용될 수 있는 인간행동의 보편적 원리를 발견하고자 하는 학문 분야이다.

(3) 체계적 관점의 시스템이론

전체와 각 부문을 상호 관련된 하나의 시스템으로 보는 이론으로 조직은 공동의 목표를 달성하기 위해 상호 유기적으로 관련된 부분들의 집합체라 정의되며, 목표지향, 전체, 상호연관, 개방, 통제의 5가지 속성이 있고 투입, 변환과정, 산출, 피드백의 시스템으로 구성된다.

[그림 1-1] 체계적 관점에서의 시스템이론

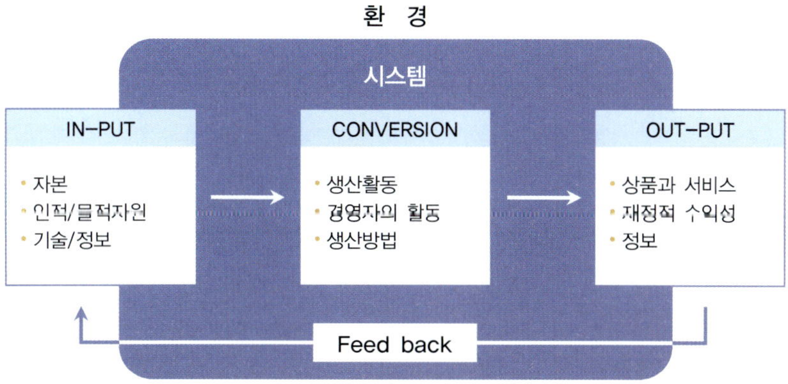

자료 : 서남수 외, 경영관리론, 박영사, 2000, p. 49 참고하여 저자 재작성

(4) 상황론적 관점의 상황이론

조직체의 관리나 문제해결 과정에 있어서 인적, 물적 환경 등에 의해 상황변수가 발생되고 보편적으로 적용되는 원칙이란 없으며 상황과 환경조건에 따라 적합한 목표와 전략을 세워야 한다고 보는 이론으로 여러 이론의 합의점을 모색하였다.

경영이론의 핵심은 불확실성의 조건 속에서 조직(기업)의 목표를 달성하기 위해 대안(代案)을 도출하고, 대안에 따른 복잡한 상황을 분석하는 도구로서 대안제시, 결과예측, 미래의 상황(state of future) 등이 이용된다. 지금까지 살펴본 경영이론들은 시대적 호응을 얻기는 하였으나 나름의 한계를 가지고 있는 것 또한 사실이다. 고전적 경영이론은 인간 행동에 대한 기계적 모델의 도입이라는 한계성으로 다변적인 현대의 조직 형태에 적용하기는 어렵고, 행동과학이론의 경우는 복잡한 인간의 행동을 지나치게 단순화한 경향이 있다는 지적을 받고 있다.

그러나 현 시대를 살아가면서 어떠한 이론이 옳고, 그르다는 명제를 판단하기에는 범위가 모호한 것 또한 사실이다. 그것은 조직이 처해 있는 사회적 환경, 그리고 조직을 구성하고 있는 구성원의 행동규범 및 생활양식에 따라 대입된 이론의 경영성과는 상이하게 다른 모습을 취할 수 있기 때문이다.

[그림 1-2] 상황적합적 관점에서의 상황이론

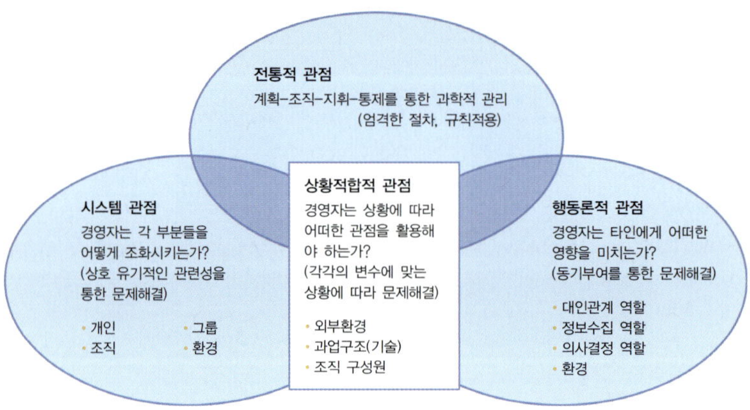

자료: 서남수 외, 경영관리론, 박영사, 2000, p. 54 참고하여 저자 재작성

3) 현대 경영이론

조직관리 기법에서 경영의 최후 과제는 의사결정이다. 의사결정은 정확한 정보의 획득에서 성패를 좌우한다고 볼 수 있다. 그러나 현재 우리는 여러 복합적인 요인에 의해 미래를 예측하기가 어려운 시대를 살아가고 있다. 따라서 근래에 등장하는 경영이론 역시 수명이 오래 가지 못하고 금방 사라지는 이론들을 목격하곤 한다. 현대처럼 급속하게 다변화되어 가는 시대에 1970년대 이후 등장한 경영이론 중에서 동 시대를 살아가고 있는 우리가 수긍하고, 현재까지도 명맥을 유지하는 경영관리기법을 몇 가지 요약해 보았다.

〈표 1-5〉에 제시되어 있는 경영의 흐름은 기본적으로 정확한 정보의 획득을 바탕으로 하고 있으며 이것은 시대의 흐름에 부합하는 보편성과 지역에 맞는

특수성을 가치로 두고 있다.

〈표 1-5〉 1970년대 이후의 경영의 흐름

글로벌경영(global management)

세계를 하나의 지역으로 생각하고 경영하는 것으로, 한 나라에 국한되지 않는 인재를 발굴하고, 원자재를 조달하며, 원가가 절감되는 곳에서 생산을 하여 효율을 극대화시키는 경영을 말한다. 글로벌 프랜차이즈 기업 등이 여기에 해당된다. 이러한 경영은 세계적인 규모로 경쟁이 행해지고 자원, 자금, 인재활용 등이 용이하기 때문에 생성된 경우이다.

지식경영(knowledge management)

지식(knowledge)이란 기술(skill)과 정보(information)를 포함한 지적 능력을 총칭하는 개념으로, 기업구성원이 보유하고 있는 지식을 발굴하여 기업의 경영활동에 활용하는 전략이다. 급변하는 환경변화 속에서 조직이 보유한 모든 가용 가능한 지식을 공유하여 업무처리의 효율성을 높이고, 경영자나 조직 생존에 필요한 최적의 의사결정을 내릴 수 있게 도와주는 핵심 요소가 된다.

정보경영(information management)

기업 운영상의 상황과 정보를 조직 구성원들이 효율적인 공유를 통하여 합리적인 의사결정을 내릴 수 있도록 하고 기업의 경쟁력 확보를 위해 정보자원과 기술을 효과적으로 이용하는 경영체제를 말한다.

정보경영의 일례

- ERP(Enterprise Resource Planning) : ERP는 구매관리, 생산관리, 판매관리, 인적자원관리, 수요예측 등 기업의 주요 기능을 통합시킨 전산시스템으로 조직관리의 핵심적인 기능을 담당하고 있으며, 최고 경영자에서 생산자에 이르기까지 시스템에 접속하여 필요한 정보를 즉시 검색할 수 있는 시스템을 말한다.

이러한 시스템은 시간과 공간 등에서 효율성을 높일 수 있는 시스템이기는 하나 다변적이고, 특수성이 많은 외식사업에서 운영할 때에는 data-base의 정확한 정보 수집이 중요하다.

[그림 1-3] ERP(Enterprise Resource Planning)system

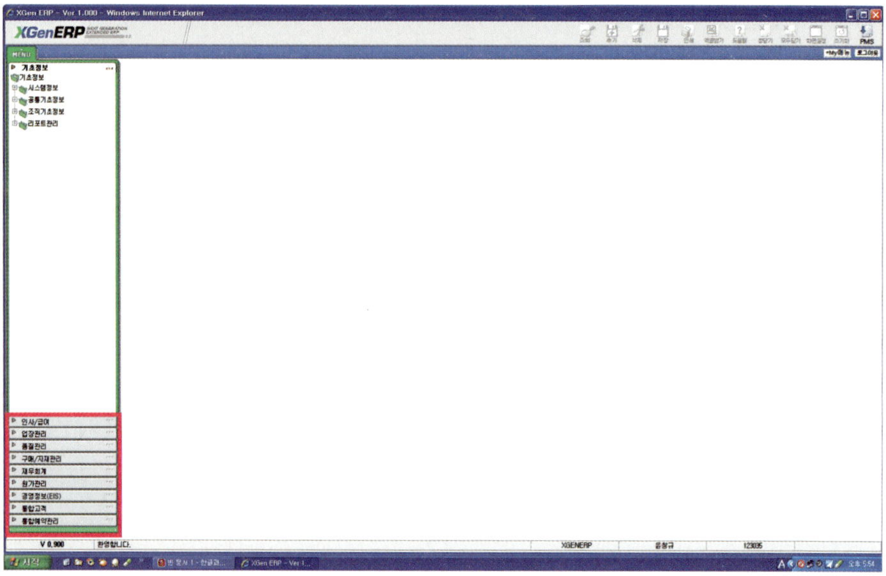

제2절 우리나라 외식산업의 이해 및 경영

1. 우리나라 외식산업의 개념

2000년대 초반 우리나라의 외식산업은 외국의 유명 패스트푸드 체인과 패밀리 레스토랑, 그리고 일정한 규모를 가지면서 운영되는 몇 개의 기업형 레스토랑을 제외한 대부분의 외식사업소가 영세성을 면치 못하고 있기 때문에 외식산업이라는 용어보다는 개개의 외식사업체로 보는 것이 옳았다.

그러나 〈표 1-7〉에서 알 수 있듯이 우리나라의 식품산업 규모는 단기간에 비약적인 발전을 이루어 2011년 현재 우리나라 식품 · 외식산업 시장 규모는 133조 원(식품시장 65조 원, 외식업 68조 원)이며, 10년 전인 2001년에 비해 2배 가까이 성장한 것으로 나타났다. 규모 면에서 비약적인 발전을 이루었으나 아직까지 운영 측면에서는 고전적인 운영방식으로 관리되는 외식업체들이 다수인 것이 현실이다.

이에 규모 및 운영 면에서 경영성과를 달성하기 위해서는 외식경영의 개념 정립과 지속적이고 효율적인 관리시스템을 구축하여야 할 것이다.

〈표 1-6〉 국내 식품산업시장의 규모

(단위 : 10억 원)

구 분	2006	2007	2008	2009	2010
제조 · 외식(A+B)	95,273.7	107,514.4	119,923.6	130,636.5	133,012.0
(A) 음식료품제조업(사료제조업 포함)	44,381.4	48,149.1	55,211.7	60,771.3	65,446.2
(A') 음식료품제조업(사료제조업 제외)	39,797.8	42,414.2	47,319.5	52,598.6	57,120.5
(B) 음식점업	50,892.3	59,365.4	64,711.9	69,865.2	67,565.8
제조 · 외식 · 유통(A+B+D+G)	192,443.4	215,258.6	237,338.1	257,265.5	279,702.4
(C) 음식료품 및 담배 도매업	55,088.3	61,976.8	68,337.4	70,753.9	88,527.0
(D) 음식료품 도매업(담배 제외)	52,023.8	58,612.4	64,748.4	69,865.2	85,386.9
(E) 음식료품 및 담배 소매업	9,547.6	10,147.4	11,169.1	12,228.3	12,674.1
(F) 음식료품 소매업(담배 제외)	9,416.1	10,011.5	11,086.2	12,154.6	12,593.0
(G) 식품소매업	45,145.9	49,131.7	52,666.1	56,763.8	61,303.5
농림어업	41,675.2	41,589.1	46,007.6	49,919.3	50,949.0

출처 1) 음식료품제조업 : 통계청 제조업통계조사 출하액(10인 이상 사업체 대상)
2) 음식점업 : 통계청 도소매업통계조사 매출액(음식점 및 주점업)
3) 도매업, 소매업 : 통계청 소매판매액 통계조사(식품 : 가공식품 + 비가공식품 + 수산물), 2009년 56조 8,890억 1천만 원
4) 농림어업 : 농림수산식품부 농림어업 생산액

1970년대 일본의 전문지 및 매스컴에서 '외식산업'이라는 용어를 최초로 사용하였으며, 국내에서는 1980년대 초부터 외식산업이라는 용어가 사용된 이래 전 사회적으로 전파 · 사용되었다.

〈표 1-7〉 외식산업 용어의 태동

한국 : 우리나라 최초의 외국 브랜드 체인 음식점인 롯데리아가 개점한 1979년 전후로 추정됨
미국 : 1950년대 공업화단계에 진입하면서 Food Service Industry or Dining-out Industry로 불리기 시작함
일본 : 1970년대 이후 『마스코미』지가 외식산업으로 번역하여 사용하기 시작했으며, 1978년에는 일본 정부의 공식문서인 『경제백서』에 이 용어가 정식으로 포함되어 공식화되었음

자료 : 나정기, 외식산업의 이해, 백산출판사, p. 17

외식업의 일반적 개념은 가정 외에서 조리 가공된 음식을 만들어 상품화하여 제공되는 식생활 전체를 의미한다고 할 수 있다. 여기에는 인적 서비스, 물적 서비스, 분위기, 편익성, 가치의 속성이 포함된다. 이는 〈표 1-8〉에 정리하였다.

〈표 1-8〉 국내 및 미국 외식산업의 개념

- 식품 또는 원부자재를 중앙공급식으로 공급받아 신속하고 저렴한 가격으로 음식을 제공하고, 셀프시스템의 도입으로 간소화를 기하며, 메뉴의 통일, 대규모의 체인 전개 등을 특징으로 한 식품 서비스 산업
- 종래의 요식업, 음식점업 등으로 불리던 음식점 영업이 전체적인 규모의 확대, 경영의 체계화 등 단순히 음식을 만들어내던 개념에서 음식과 서비스의 제공은 물론 분위기 연출 및 이와 관련된 편의제공 등을 상품으로 제공하는, 보다 발전된 개념으로 제조와 서비스를 함께 추구하는 복합산업
- 집을 떠난 사람들에게 식료와 음료를 판매하는 모든 업소
- 가정 밖에서 준비되어 판매하는 모든 식사와 스낵을 포함시키며 가지고 가는 식사, 그리고 음료까지도 포함

자료 : 나정기, 외식산업의 이해, 백산출판사, 2000, pp. 13, 15

위의 논거를 바탕으로 외식산업은 종래의 음식점업, 식품접객업, 요식업의 범주를 벗어나 식품과 음료를 포함하여 식품 및 음료의 제조에서부터 판매까지의 물리적 · 인위적인 서비스업을 포함한다고 할 수 있으며, 아울러 외식산업에서의 경영은 "식품 및 음료를 제조 판매하는 외식기업 및 식품관련 모든 조직체들이 그들의 목적과 목표를 효율적으로 달성하기 위하여 행하는 인적, 물적 관리활동"이라 할 수 있다.

2. 외식산업의 관리요소

기업에 있어서 관리란 다수의 인간 활동의 결합을 통하여 특정한 목적을 달성하는 행위이다. 관리 기능은 다수인의 활동을 통합하여 경영목적을 달성시키기 위한 기능이며 여기서는 어떠한 과업을 달성하기 위한 기능의 과정과 그의 순환을 대상으로 한다(우성근, 1996). 이때 관리란 일반적으로 계획(planning), 조직(organizing), 요원화(staffing), 지휘(directing), 그리고 통제(controlling) 등의 5대 기능의 순환으로 이루어지며 관리과정과 Management Cycle을 형성한

다(이성규 · 서성한 · 유기현, 1989).

- 계획(planning)은 조직의 목표를 설정하고 방법을 규정하는 것으로 철저한 사전정보와 구체적 업무지침이 설정되어야 하며, 조직운영 계획수립 시 경영방침의 내용에 포함되어야 할 요소로 상품의 시장성, 목표수익, 종업원 및 설비의 생산성과 비용, 원재료 및 자본조달방법 등이 제시되어야 한다.
- 조직(organizing) 및 요원화(staffing)는 조직의 목표 달성을 위하여 조직의 구성을 계획, 설정하고 조정하는 기능을 한다.
- 지휘(directing)는 조직의 실질적 관리 단계로 목표를 효과적, 효율적으로 수행할 수 있도록 종업원에게 동기를 부여하고, 업무관리 활동을 하는 것을 말한다.
- 통제(controlling)는 구성원의 업무가 적합하고 현실적인지, 또한 객관적이면서 시의 적절하게 운영되고 있는지 구체적이고 정확하게 확인하고 지속가능성과 유연성을 갖추고 있는지 확인하는 것을 말한다.

[그림 1-4] 관리순환 체계도

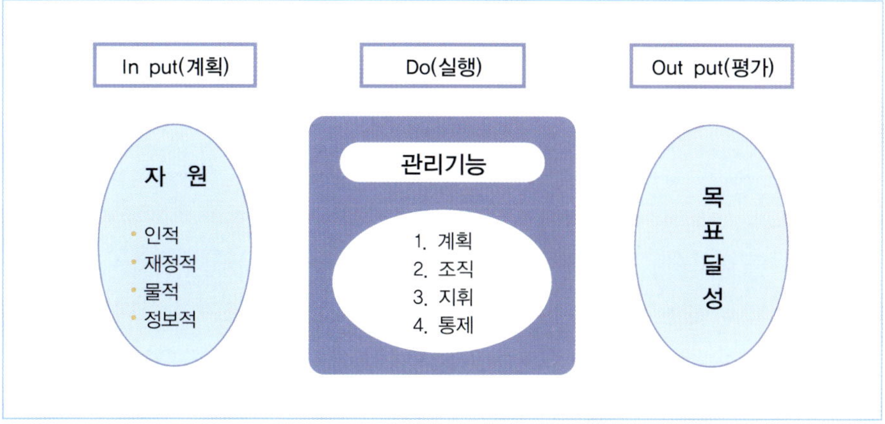

자료 : 서남수 외, 경영관리론, 박영사, 2000, p. 8 참고하여 저자 재작성

조직체계의 관리과정 시스템에서 관리체계는 자원의 효율적 이용방안을 계획하여 투입하고 계획된 매뉴얼에 따라 관리기능을 수행하여 최종적으로 재화, 용역을 생산하는 데 재화, 용역 생산의 최종단계 후 평가(feed back) 역시 매우 중요한 요소로 관리되어야 한다. 사후평가(feed back)는 메뉴선정-구매-검수-저장-출고-생산(조리)-판매라는 외식산업 순환과정의 특수성으로 볼 때 재방문 고객의 만족도를 높일 수 있는 결정적 요인으로 작용할 수 있기 때문이다.

아울러 외식운영에서 관리체계의 대상은 노동력과 기술의 대상인 인적자원(men)과, 상품의 재료가 되는 물적 자원(materials), 조직운영에 필요한 자본(money), 그리고 관리대상의 핵심이라고 말할 수 있는 관리방법(methods)이 있으며 기계, 설비(machines)와 시장(market) 역시 중요한 대상이 된다(양일선 외, 2009). 이러한 관리체계의 대상은 외식경영 관리단계 중 변환과정에서의 관리가 중요한데 이는 인적 · 물적 적용 가능한 자원을 적재적소에 배치시키고 확인함으로써 효율적인 관리체계를 이룰 수 있다.

목표를 계획, 설정하고 그 목표를 달성시킬 수 있는 여러 대안의 결과를 예측하고, 이상적인 결과를 어떻게 얻을 것인가에 대한 의사결정을 하는 것이 바로 자원을 이용한 변환과정의 중추적 역할이라 하겠다.

3. 성공적인 외식경영의 요건

외식기업 경영의 궁극적인 목적은 효율적인 조직관리를 통한 이익창출이다. 이익창출이라는 목적을 달성하기 위해 경영자는 조직관리 중에서 어떠한 속성에 주안점을 두어야 할 것인가? 그것은 바로 동일한 작업환경(내부, 외부) 속에서 기준보다 높은 물품이나 서비스의 생산이라 할 수 있으며 이것을 우리는 생산성(productivity)이라는 단어로 표현할 수 있다.

생산성(productivity)이란 생산과정에서 생산요소를 얼마나 효율적으로 결합하였는가의 정도를 말하며, 투입된 자원에 비해 산출된 생산량이 어느 정도인가를 대변하는 척도이다.

따라서 생산성이 높을수록 상대적으로 적은 양의 자원을 투입하여 많은 양의 제품이나 서비스를 생산할 수 있게 되므로 제품에 투입된 자원의 원가는 그만큼 낮아진다(시사용어사전, 2005)는 통설을 대입할 때 생산성이 높다는 의미는 기업이윤을 그만큼 높일 수 있다는 의미로 받아들일 수 있는 만큼 경영활동에 있어 생산성을 높이는 것이 매우 중요하다.

이와 동일한 개념으로 효과성과 효율성을 이야기할 수 있는데 효과성과 효율성은 드러커(P. Drucker)가 주창한 개념이다. 효과성은 올바른 일을 하는 것(doing right things)이고, 효율성은 일을 올바르게 하는 것(doing things right)이다. 즉 효과성은 얼마만큼 목표를 잘 달성하는가에 중점을 두는 반면, 효율성은 이러한 목표를 달성하는 데 자원을 얼마나 최소한 사용하는가에 중점을 둔다.

즉, 효과성은 어떠한 행위로 인하여 목표를 달성하거나 근접하게 이루어내는 것을 이야기하며, 효율성은 투입(input)에 대한 산출(output)량이 높은 것을 의미한다고 볼 때 생산성과 효율성을 동의의 개념으로 볼 수 있을 것이다. 성공적인 조직일 경우 효율성도 높고, 효과성도 높다(양일선 외, 2009).

4. 민츠버그(H. Mintzberg)의 경영자의 역할

관리자들은 관리 기능(계획, 조직, 지휘, 통제)을 수행하면서 많은 역할을 담당한다. 민츠버그(H. Mintzberg)는 이러한 역할을 대인관계 역할, 정보전달 역할, 의사결정 역할과 같은 3가지 범주로 분류하였다.

① 대인관계 역할

- 대표자 : 조직의 상징적인 대표자로서 내, 외부 행사참석, 조직관리와 관련된 내빈 접견 업무, 문서승인 등 상징적 업무를 수행하며 사회적 책임을 이행한다.
- 지도자 : 구성원을 계획, 충원하고 훈련시키며 관리자로서 부하직원을 지휘, 동기 부여, 상담 등의 업무를 수행한다.
- 연결자 및 섭외자 : 조직 외부인들과 일정한 관계를 유지하기 위한 제반활동을 수행한다.

② 정보전달 역할

- 정보수집가 : 기업운영과 관련된 정보를 수집 · 분석한다.
- 정보전파자 : 조직 내외에서 수집한 정보를 구성원에게 제공한다.
- 대변인 : 조직구성의 대변자로서 기업의 정보를 설명, 보고, 홍보한다.

③ 의사결정 역할

- 기업가 : 조직의 성장과 발전을 위해 새로운 사업의 기획이나 아이디어를 개발한다.
- 문제 해결자 : 구성원 간의 갈등 해결, 예상치 못한 환경적 위기를 해결한다.
- 자원 배분자 : 경영자원의 적절한 배분, 사업의 계획, 예산 집행의 우선순위를 조정한다.

민츠버그의 관리자에 대한 연구는 역할론적 관점에서 합리적인 의사결정과 조직의 목적 달성을 위하여 구체적인 생산효율성을 확보하고, 업무수행의 안정성, 인위적 · 사회적 변화에 능동적으로 대처하여 조직을 유지, 발전시키는 역할을 해야 한다고 제시하고 있다. 그러나 민츠버그의 연구는 최상위 계층의 관리자를 대상으로 하고 있어 근래 중간관리자 역할의 중요성이 대두되는 상황에서는 한계성을 가지고 있다.

근래의 조직관리는 중간 및 하위 관리자로 내려갈수록 관리자의 핵심 임무인 계획, 조직, 지휘 통제 활동을 하게 되는 것이다(양일선 외, 2009; 서남수 외, 2000).

〈표 1-9〉 중간관리자의 올바른 행동유형

• 직원을 진심으로 교육하고, 실수를 지적할 줄 알며, • 칭찬에 인색하지 않고, 험담이나 불평을 하지 않으며, • 문제제기 시 대안을 제시하며, 실수를 인정할 줄 알고, • 계획과 실행, 확인을 확실히 하는 관리자. • 행동/실행능력이 있으며, 사전문제 예측과 냉정한 판단을 할 수 있고 폭 넓은 인간성을 소유하고 있는 관리자가 되도록 노력해야 한다. 또한 업무관리에 있어 솔선수범하고, 신상필벌에 있어 공명 정대하며 업무추진에 있어 명확한 방침과 상대방의 마음을 이해하는 전향적 자세가 필요하고, 업무계획 시 + α 발상을 할 수 있는 관리자가 되어야 한다.

자료 : OGM-KOREA 직무매뉴얼

2 문화(文化)와 식생활(食生活)

CHAPTER

제1절 식문화(食文化)의 이해

1. 문화(Culture, 文化)의 의미와 특성

문화란 라틴어의 'cultura'에서 유래하였으며 본래의 뜻은 "가꾸다" "경작하다" 등의 의미였으나 르네상스 이후 '교양(敎養)' 대중문화, 청소년 문화 등의 다층적인 의미로 쓰이고 있다. 에드워드 버넷 타일러는 그의 저서『원시문화』(Primitive Culture, 1871)에서 "문화는 지식 · 신앙 · 예술 · 도덕 · 법률 · 관습 등 인간이 사회의 구성원으로서 획득한 능력 또는 습관의 총체이다."라고 정의하였는데, 달리 표현하면 문화는 자연상태에서 벗어나 삶을 풍요롭고 편리하고 아름답게 만들어가고자 사회 구성원에 의해 습득, 공유, 전달되는 행동양식, 또는 생활양식의 과정 및 그 과정에서 이룩해 낸 물질적, 정신적 소산을 통틀어 이르는 말로서 의식주를 비롯하여 언어, 풍습, 도덕, 종교, 학문, 예술 및 각종 제도 따위를 모두 포함한다(daum 국어사전)고 할 수 있다.

또한 문화의 특성을 요약하면 다음과 같다.

① 상대성 및 다양성: 인간의 관습은 여러 요인에 의해서 결정되며, 특히

자연적, 사회적 요인 등에 의하여 다양한 형태로 발전하기 때문에, 어느 특정한 문화가 우월하다고 논할 수 없다. 즉 여러 요인에 의한 문화의 상대성과 다양성을 이해해야 하는 것이다.

② 공유성 및 통합성 : 각 민족의 생활 형태는 그 민족의 생활방식에 맞게 형성되며, 그러한 생활방식(언어, 문자, 제도)을 공유한다. 공유된 생활방식은 다시 집단에 맞게 통합되며, 학습을 통하여 전통으로 계승, 발전되어 문화를 이루게 된다.

③ 편의성 : 문화는 그 시대를 살아가는 사람들의 행동유형 속에서 유용함과 편리성에 의하여 자연적으로 생각과 행동 속에 체득되어지는 생활방식이다.

2. 식품문화(食品文化)

식품문화는 인간이 자연식 시대를 벗어나 여러 환경적 요인에 적응하는 과정에서, 오랜 시간을 두고 다양한 속성에 의해 생성된 식생활 체계로, 일단 형성된 식문화는 다른 문화에 비해 식습관과 영양학적 측면에서 특수성을 띠게 된다. 그러므로 다양한 식품문화를 이해하기 위해서는 식품과학적인 측면과 문화적인 측면을 동시에 이해하여야 한다.

일반적으로 식품문화는 다음과 같은 형성요인에 기인한다.

첫째, 자연적 요인에 기반을 둔다.

인간은 자신들이 처한 환경에 슬기롭게 적응하면서 살아왔다. 열대지방, 온대지방, 한대지방 등과 같이 기후나 지형적 여건에 따른 식문화를 형성하게 되는 것이다.

둘째, 사회적 요인을 들 수 있다.

사회의 전통과 관습은 자연환경에 이어서 음식문화에 많은 영향을 미친다. 특히 사회적 요인 중 가장 영향력이 큰 것이 종교인데 인간능력의 한계에 따른 초자연적인 힘을 의식하기 시작하면서 자연환경과 더불어 식문화를 형성하는 요인이 되는 것이다.

〈표 2-1〉 기후별 식문화의 특징

구 분	일반특성	주요 산출품
한대	음식의 담백함 가공을 거의 안 함 음식의 종류가 적음 생선의 생식	순록, 곰, 수렵, 치즈, 요구르트
온대	다양한 먹거리 산출 가공품 발달 음식의 종류가 다양함 적당량의 향신료 이용	목축, 건조식품, 유제품, 채소류, 과일류, 축산물, 곡물류
열대	과다한 향신료 사용 기름을 이용한 조리법 발달 음식의 종류가 비교적 적음 채소 대신 과일 이용	낙타, 물소, 목축, 유제품, 쌀, 옥수수, 밀, 콩, 땅콩, 각종 향신료

〈표 2-2〉 사회적 요인에 기인한 식문화의 특징

	힌두교	불 교	그리스도교	이슬람교
역사와 발원지	약 4천 년 전 인도	기원전 1천 년 중엽 인더스강 유역	기원후, 약 2천 년 전 예루살렘	약 800년 전 사우디아라비아
전파지역	인도대륙	전 세계	전 세계	전 세계
신앙대상	브라만	부처	예수(Jesus)	알라(Allah) 마호메트
신앙적 특징	카스트제도	소의 신성화	종파에 따라 금식, 금육을 제정	단식월 행사
금기식품	모든 고기와 술	1. 동물의 고기 2. 시장에서 만든 기성 음식 3. 더러운 음식	종파에 따라 술 금지	죽은 짐승의 고기와 피, 돼지고기, 목 졸려 죽은 고기
식생활 특징	1. 카스트순위가 높을수록 육식금지 2. 채식주의 3. 기이(ghi, ghee)의 애용	채식주의	종파에 따라 채식주의	1. 금기 식품 이외의 모든 음식 이용 2. 단식월 행사 중 낮 동안 물, 흡연 등 모든 음식 금지

자료 : 김혜영 외, 문화와 식생활, 효일문화사, pp. 28-29

셋째, 경제적 요인을 들 수 있다.

독일의 통계학자 엥겔(Ernst Engel : 1821~1896)은 "인간에게 있어 굶주림을 채울 만큼의 먹거리가 확보되면 그 이상의 음식에 대해서는 욕망의 정도가 급속도로 감소하며 그 결과 소득의 증가에 따라 나타나는 식생활의 상승 템포는 점차 둔화될 것이다"라고 하는 생각을 통계적으로 입증하였다(엥겔의 법칙).

이 밖에도 세대차와 사회계층적 요인, 식품산업의 기술적 요인, 외부세계와의 교류에 따라 식문화가 형성된다고 볼 수 있다.

요약하면, 식품문화(食品文化)는 인류가 삶을 영위하면서 자연적, 사회적, 경제적 요인에 의하여 오랫동안 인간의 생활양식 속에서 되풀이되어 만들어진 식생활체계로, 보편적이고 다양한 식생활 관습이라 할 수 있다.

[그림 2-1] 경제발전 단계에 따른 식생활 변화

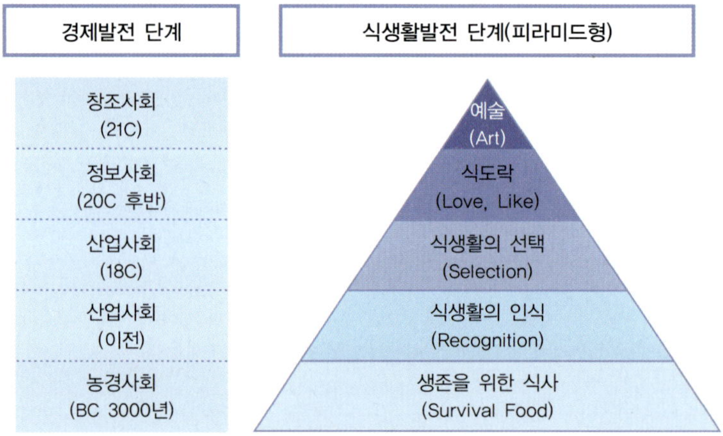

자료 : 신흥대학교 사회교육원 교육교재, 경제발전 활동 단계에 따른 식생활의 변천, 1999 자료 참조하여 저자 재구성

제2절 한국의 식문화(食文化)

1. 한국음식의 개요

한국은 삼면이 바다로 둘러싸인 반도국가로서 동북지역은 산악지형, 서남지역은 평야지대로 이루어져, 사계절의 구분과 여름철의 고온다우(高溫多雨)현상 등의 다변적인 기후구조를 더하여 자연적, 지리적으로 농경문화에 적합한 환경을 갖추었다. 따라서 자연에서 얻을 수 있는 산나물과 수산물, 농업을 기반으로 하는 음식문화가 발전하였으며, 사회문화적으로는 국가 간의 완충역할과 생활양식의 관습을 전승, 전파할 수 있는 여건을 갖추고 있다.

2. 한국음식의 식생활 변천

선사시대(구석기 · 신석기시대) : 자연식품 채취 · 취식 시대

① 만주 남부와 한반도 지역의 시베리아계 선인 정착(빗살무늬토기 사용)

② 자연식품 채취 · 취식 시대로서 원시적 농경생활을 시작함(고기잡이, 사냥)

③ 청동기 북방민족이 들어와 선주민과 어울려 맥족(貊族)을 형성하면서 고조선을 건국하였다.

부족국가시대(삼국 정립 이전) : 벼의 재배와 주 · 부식 분리시대

① 철기문화의 전래로 벼, 기장, 조, 보리, 콩, 팥, 수수 등의 기초 농작물 생산

② 유목계의 영향으로 축산이 성행하였으며, 부여는 가축이름의 관직명까지 생김

③ 마늘과 부추를 넣고 장(醬)으로 양념한 후, 직화하는 맥적(貊炙)요리가 생김

④ 제천의식으로 떡과 술, 여러 가지 과일들이 특산물로 생산됨

〈표 2-3〉 콩장문화권의 형성

채식의 식습관에 따른 지방과 단백질 식품의 필요성 대두 → 생명력이 강하고 단백질과 불포화지방산이 많은 콩의 이용으로 장(醬)문화 형성 • 콩 : 식물성 단백질(콩)에 소금을 넣어 미생물의 작용으로 맛을 내어 조미료가 되는 동시에 저장성이 우수한 가공발효음식으로 발전되고, 중국과 일본에 전파되어 콩장문화권을 형성 맥적(貊炙) → 장(醬)에 미리 조미하여 직화의 조리법으로 굽는 요리 • 된장은 습기나 직사광선을 피하고 서늘한 곳에 보관한다. 낮은 온도로 인해 검은색으로 변하지 않고, 신맛이 나지 않는 것을 선택한다. 약리작용으로 항암효과, 고혈압 및 간기능 강화, 노인성 치매 예방, 당뇨 개선 등의 효과가 있다.

자료 : 한국식품연구원, 식재료품질규격 가이드, 2010

삼국시대(고구려, 백제, 신라 정립시대) : 식생활의 계층화시대

① 벼농사의 정착 및 식생활에 귀족식, 서민식 등의 계층화가 생기기 시작함

② 발효식품, 저장식품의 발달

③ 불교의 전래로 인한 육식 쇠퇴/채식문화의 발달

통일신라시대(7세기 중반~10세기 초) : 식생활 체제의 정착시대

① 식생활 발전기임

② 불교문화의 성행으로 차문화가 성행하고 사찰음식이 발달함

〈표 2-4〉 사찰음식이 우리 음식문화에 끼친 영향

① 채식문화의 발달과 산채류의 활용
② 다양한 장류, 튀김류, 부각류 등의 개발로 콩제품을 많이 이용함으로써 부족하기 쉬운 단백질을 효과적으로 섭취하고 있으며, 전이나 튀김 등의 기름을 사용하는 조리법으로 필요한 에너지를 충당함
③ 저장음식의 발달
대표적인 저장식품 : 김치, 된장, 고추장, 간장 등의 장류와 장아찌류
④ 다양한 약용식품의 발달
⑤ 천연조미료 개발(멸치가루, 버섯가루, 다시마가루 등)
채수(菜水)의 이용(채소와 과일 등을 달인 육수)

- 오신채란 자극성 있는 파, 마늘, 달래, 부추와 흥거의 다섯 가지인데 이 중 흥거는 중국과 우리나라에 없고, 요즘은 양파를 오신채에 포함시키기도 한다. 오신채를 금하는 이유는 날로 먹으면 음심을 일으켜 수행을 방해하기 때문이라고 한다.
- 사찰음식은 들깨가루와 들기름을 많이 이용하는데 이것은 사찰음식의 재료들이 식물성 재료(뿌리, 경엽채류)로 많이 이루어져 있어 재료들의 소화를 돕는 데 효과적이기 때문이다.
- 근래 사찰음식이 건강식으로 주목받는 이유는 특이한 재료를 이용하여 특별한 음식을 상용하는 것이 아니라, 제철의 음식과 수행(修行)의 마음으로 섭취하지 말아야 할 음식을 가려먹기 때문이라 볼 수 있다.

자료 : 선재스님, 29가지 자연의 맛-선재스님의 사찰음식, 2000

고려시대(10세기 중반~14세기) : 식생활 변천과정

① 고려 초기 : 육식의 쇠퇴와 더불어 식물성 식품의 이용으로 식용유와 향신료를 이용한 사찰음식이 더욱 발전함

- 기름에 볶거나 지지는 조리법의 등장
- 주막이 생겨나 외식, 매식 문화가 나타남
- 조리법의 완성시기 : 약밥, 국수, 떡, 약과, 두부, 콩나물, 저장식품 제조(간장, 술, 김치 등)

② 고려 후기 : 몽골의 침입을 통한 우육식(牛肉食)의 번성과 증류식 소주, 기호식품인 깨, 후추, 설탕 등의 다양한 식재료 전래

〈표 2-5〉 고려시대의 차문화

고려시대 초기에는 불교가 더욱 융성하여 차 마시는 풍속도 불교와 더불어 번성하게 되는데 이러한 차문화는 우리나라의 소중한 자산인 고려자기가 발전하는 계기가 된다.

조선시대(15세기~19세기) : 한식 완성기

① 유교의 국교화와 상차림의 격식 완성

② 임진왜란 이후 고추의 전래로 지금과 같은 형태의 김치가 만들어짐(고추, 감자, 고구마, 호박, 옥수수, 땅콩의 전래)

③ 서양으로부터의 다양한 식재료의 전래(호박, 고구마, 감자 등)

④ 조리법 분화, 다양화(튀기기, 지지기, 볶기, 조림)

〈표 2-6〉 조선시대의 숭유배불주의(崇儒排佛主義)

• 유교의 가장 근본이 되는 가르침은 부모에 대한 효행이었고, 효행은 한의학의 연구를 바탕으로 노인 영양학의 발전을 이루게 된다. • 상차림 역시 실리보다 형식에 치우쳐 푸짐하고 호화롭게 차려 내는 공간배열형의 배선방법을 택하게 되는데 이것은 오히려 여러 음식을 골고루 먹을 수 있어 영양소의 균형상 바람직한 현상이라 볼 수 있다.

개화시대(19세기~현대) : 식생활의 다양화, 서구화시대

① 식생활의 다양화

② 서양요리, 식기, 식생활 풍습이 전래됨

③ 웰빙(Well-being food) : 건강 기능식, 슬로푸드 등의 합리적 식문화 형성

④ 외식문화의 발전(한국관광공사, 1990)

3. 한국음식의 종류와 조리법

우리나라의 농경생활을 바탕으로 하는 식품문화는 다양한 조리법을 요구하는데, 쌀과 밀가루를 이용한 주식과 반도국가의 지리적 특성으로 각종 해산물과 산야초를 이용한 부식의 문화를 더욱 발전시키는 계기가 되었다.

1) 주식류

(1) 밥

우리나라의 주식은 주로 쌀로 지은 흰밥이고 별미식으로 콩나물, 쇠고기 등

을 넣어 만들어 먹기도 하며, 보리나 조, 수수, 콩, 팥 등을 섞어 잡곡밥을 만들어 먹기도 한다. 우리나라의 밥 짓기(炊飯)는 쌀(곡물)의 전분을 호화시키는 요리법으로 자(煮; 가열) · 증(蒸; 찜) · 소(燒; 태움)의 세 가지가 합쳐져 취(炊)가 된다. 쌀의 종류, 양, 건조도에 따라 물의 양을 달리하고, 솥의 종류(토기, 철)나 불의 종류에 따라서 밥 짓는 시간과 물의 양이 달라진다.

쌀

쌀에 있는 펩타이드는 혈압 상승을 억제하며 비타민 E, 엽산 같은 항산화제가 들어 있어 세포의 노화를 억제하고, 현미의 경우 중요한 영양성분이 많이 들어 있어 식이요법 등의 건강식으로 주목받고 있다.

밥의 변천

밥의 초기형태는 토기에 곡물과 물을 넣고 가열한 '죽'의 상태였을 것으로 추정되며 이후 시루가 생겨남에 따라 찜의 형태로 발전하였고, 철로 만든 솥이 보급됨에 따라 밥 짓는다는 취(炊)의 형태로 변하였다.

[그림 2-2] 『시의전서』에 기록된 장국밥

자료 : TV조선, 허생 조선의 뒷골목을 거닐다, 2012.12.2 방영

(2) 죽, 미음, 응이

죽, 미음, 응이는 곡물로 만드는 유동식 음식으로 근래에는 환자식, 건강식으로 재조명되고 있으나 예전에는 기근이 들었을 때 굶주림에서 벗어나기 위해 먹는 구황식품으로 많이 이용되었다.

- 죽 : 곡식을 오래 끓여 알갱이가 무르게 만든 음식으로 재료에 따라 종류가 다양하다.
- 미음 : 죽과는 달리 곡식을 푹 고아서 체에 밭친 것.

- 응이 : 전분을 가라앉혀서 말렸다가 물에 풀어 쑤는 묽은 죽.

※ 죽에는 쌀을 통으로 쑤는 옹근죽(된죽)과 굵게 동강내어 잘라 쑤는 원미죽, 곱게 갈아서 쑤는 무리죽이 있으며, 곡물 이외에 채소류, 육류, 어패류, 견과류 등을 넣고 끓이기도 한다.

(3) 국수

밀가루나 메밀가루를 반죽하여 얇게 밀어서 가늘게 썰거나 틀로 가늘게 만든 식품으로, 평상시 잔치나 명절 때 손님 접대용으로 차려내고, 보통 때는 점심에 국수를 많이 먹는다.

국수의 종류에는 밀국수, 메밀국수와 국물 없이 각종 채소와 버무려 먹는 비빔국수가 있으며, 육수의 온도에 따라 온면과 냉면이 있다.

지역적인 특성으로 북쪽 지방 사람들은 겨울에 찬 냉면을 즐기고, 남쪽 지방 사람들은 여름에 뜨거운 밀국수를 즐겼다.

〈표 2-7〉 냉면

보편적으로 냉면은 함흥식 냉면과 평양식 냉면으로 구분된다.

함흥식 냉면은

함흥지방의 신선한 가자미를 회로 떠서 맵게 양념하여 먹던 음식으로, 가자미회 무침을 냉면에 얹은 것이 바로 회냉면이다. 한국 전쟁 이후 북한의 실향민들을 통해 알려지게 되었으며, 면의 재료로 녹말가루(감자)를 100% 사용하기 때문에 면발이 강하고 쫄깃쫄깃한 특성이 있다. 그러나 근래 들어 우리나라에서는 회무침의 재료로 가자미 대신 홍어나 가오리를 많이 이용한다.

평양식 냉면은

물냉면으로 유명한데, 평안도 지방에서 양지머리, 사태, 설깃살, 꿩, 영계를 삶아 동치미를 섞어 만든 육수에 편육, 오이채, 배, 삶은 달걀 등의 고명을 얹어 먹던 음식이다.

면은 메밀가루, 녹말가루, 밀가루를 혼합하여 사용하기 때문에 함흥식보다 면발의 색이 어둡고 부드러운 것이 특징이다. 우리나라에서는 풍토에 맞게 감자녹말보다 고구마녹말을 많이 이용한다.

(4) 만두와 떡국

만두는 껍질(만두피)의 재료와 넣는 소에 따라 종류가 다양하다. 만두는 북쪽 지방에서 즐기는 음식이고, 남쪽 지방은 만두보다 떡국을 즐겨 먹는다. 예전부터 우리나라에서는 정월 초하루에 떡국(병탕, 餠湯)을 마련하여 조상께 차례를 지내고, 새해 첫 식사를 하였다.

〈표 2-8〉 만두의 종류

밀만두
밀가루로 만든 것.

메밀만두
메밀가루로 만든 것.
궁중에서는 반죽에 소를 넣어 주름은 잡지 않고 반달형으로 만든 만두를 '병시(餠匙)'라 하였고, 해삼모양의 만두를 '규아상'이라 불렀다.

편수(片水)
네모진 껍질에 호박, 숙주, 쇠고기 등을 소로 넣고 사각지게 빚어 찐 차가운 만두.

2) 탕 · 반류

(1) 탕 · 국

탕 · 국은 다양한 식품재료(고기, 생선, 나물)를 끓인 국물요리로서 밥을 주식으로 하는 우리나라의 반상차림에서 중요한 음식이다. 근래에는 탕과 국이 같은 개념으로 사용된다.

〈표 2-9〉 문헌에 나타난 국과 탕의 의미

① 국은 갱(국→羹), 확(臛 곰국, 고깃국→확) 또는 탕(湯)이라고 한다.
② 『초사(楚辭)』(중국의 시집)
갱은 채소가 섞인 국이고, 확은 채소가 섞이지 않은 고깃국
③ 『증보산림경제』(1766)
국물이 많은 국을 탕, 건더기가 많은 국을 갱이라 구별
④ 『시의전서』
제사에 쓰이는 국을 탕이라 함
⑤ 『국어대사전』
갱은 제사에 쓰이는 국이고, 탕은 보통의 국을 가리킨다고 하였다.
⑥ 『원행을묘정리의궤』(1795)
원반에 나오는 국은 생이라 칭하고, 협반에 나오는 국은 탕이라 하여 용어상으로 분리된다.

- 맑은 장국 : 고기류를 푹 고아서 간장으로 색을 맞추고 소금으로 간하여 국물을 맑게 끓이는 것
- 토장국 : 된장/고추장을 풀어 끓인 국으로 된장 맛을 기본으로 한다(예 : 우거지갈비탕).
- 곰국 : 고기를 푹 끓인 후 간장으로 조미하여 끓인 국으로 곰탕과는 차이가 있다(곰탕 : 소의 여러 부위를 함께 섞어서 삶아 만든 국).
- 냉국 : 여름철의 국물 요리로서 오이나 미역, 닭 육수 등으로 시원하게 만든 국이다.

(2) 찌개, 감정, 조치

근래에는 국과 찌개를 대부분 국물의 양으로 구분한다. 일반적으로 국물(3) : 건지(1)의 비율은 국, 국물(2) : 건지(1)의 비율은 찌개로 구분 하는데 찌개가 국보다 간이 세다. 찌개는 된장찌개, 고추장찌개, 젓국찌개로 나눈다. 감정은 고추장으로 간을 한 찌개를 말하며, 조치란 궁중에서 센 소리 발음을 금하는 관계로 사용된 찌개를 일컫는 말이다.

(3) 전골, 볶음

오늘날의 전골과는 의미가 다름을 알 수 있는데 상 옆에서 화로에 전골틀을 올려놓고, 즉석에서 볶아 먹는 음식이다. 주방에서 볶아서 접시에 담아 상에 올리면 볶음이라고 하였다.

(4) 찜, 선

찜은 육류, 어패류, 채소류로 만든다. 국물은 적게 하고 뭉근한 불에서 오래 익혀 재료를 연하게 한다.

- 찜 : 육류 따위의 질긴 식재료를 찌는 요리형태.
- 선 : 채소, 생선 등의 연한 식재료를 찌는 요리형태.
- 해물찜 : 바다에서 나는 해물을 이용한 것으로, 꽃게, 낙지, 오징어, 새우,

홍합, 조개, 미더덕 등을 이용하며, 조개류와 해물은 고단백 저칼로리 식품으로 비타민과 무기질이 풍부하여 성인병을 예방하고 스태미나를 증진시키는 효과가 뛰어나다. 특히 두족류에 들어 있는 '타우린' 성분은 암 질환에 좋은 식품으로 알려져 있다.

(5) 나물

나물은 반찬 가운데 가장 기본이 되는 음식으로 생채와 숙채를 합쳐서 부른다.

한국의 나물은 거의 모든 채소를 익혀서 사용하는데, 나물에 붙어 있는 불순물 제거와 영양가를 높이기 위함이다. 대개의 푸른 채소들은 소금물을 넣은 끓는 물에 파랗게 데쳐내어 갖은 양념을 하여 볶거나 무친다. 소금을 넣는 이유는 색깔을 선명하게 하고, 밑간을 들이기 위함인데 나물에 양념을 할 경우 밑간이 되어 있지 않으면 소위 양념이 겉돌아 맛이 없다. 나물을 볶거나 무칠 때는 참기름, 들기름을 이용하여 향미와 소화력을 높인다.

(6) 조림, 초

조림은 일상의 찬으로 주로 생선이나 채소를 양념 간하여 조린 후, 저장해 두고 먹는 음식이다. 초는 조림처럼 조리는 음식으로 싱겁게 간을 하여 나중에 녹말을 풀어 넣어 윤기가 있게 국물 없이 조리는 것으로 홍합과 전복 등의 패류를 많이 이용한다. 조선시대 궁중에서는 '조리개'라 표현하였다.

(7) 전유어, 지짐

전(煎)은 기름을 두르고 지졌다는 뜻으로 보통은 전유어, 저냐, 전이라고 부르나 궁중에서는 '전유화'라고 하였다.

전은 맨 처음 익힐 때 기름의 양을 적게 하여 모양을 잡고, 어느 정도 익었을 경우 기름을 넉넉히 둘러 색을 낸다.

부쳐낸 전은 따뜻한 것을 겹쳐 담으면 달걀옷이 벗겨지기 때문 채반에 꺼내어 한소끔 식혀 담는다.

(8) 구이

우리나라의 가장 대표적인 구이로 불고기를 들 수 있는데 그 기원은 중국의 『수신기(搜神記)』에 맥적으로 표현된 것이다.

여기에서 "맥(貊)은 고구려를 뜻하고, 불고기는 요즘 와서 생긴 말이며 본디 너붓너붓하게 저며서 굽기 때문에 너비아니"라고 하였다.

불고기는 일반적으로 등심 부위를 애용하여 왔으나, 근래에는 한우의 비용이 많이 들어 수입산 혹은 앞다리, 홍두깨살 등을 이용하여 갖은 양념에 재웠다가 먹는 경우가 많다. 불고기의 참맛을 느끼기 위해서는 좋은 고기를 이용한 주물럭 형태의 요리법이 좋다고 한다.

고기에 양념하지 않은 소금구이의 형태를 '방자구이'라 하였다.

(9) 적

쇠고기와 채소 등을 양념하여 대꼬치에 꿰어 구운 것을 '적'이라고 한다.

- 산적 : 익지 않은 재료를 꿰어서 지지거나 구운 것.
- 누름적 : 재료를 각각 양념하여 익힌 다음 꼬치에 꿴 것.
- 지짐누름적 : 재료를 꼬치에 꿰어 전을 부치듯이 지짐옷을 입혀서 지진 것.

(10) 회, 숙회

회는 육류나 어패류, 채소류를 날로 또는 살짝 데쳐서 초고추장이나 겨자장, 소금 기름에 찍어 먹는 음식이다. 회는 무엇보다도 신선함이 가장 중요하다.

삼면이 바다로 둘러싸인 우리나라는 다양한 생선회를 즐겨 먹었는데, 고(古)조리서를 살펴보면 민어, 해삼, 조개, 굴 등을 회로 먹었던 기록이 남아 있다.

고추가 보급되기 이전에는 겨자장에 회를 찍어 먹었다.

- 숙회 : 어패류와 채소를 살짝 익힌 것.
- 갑회 : 소의 내장 부위(간, 천엽)
- 막회 : 뭉툭하게 썬 회를 막장에 찍어 먹거나 잘게 썬 채소 위에 회를 놓고

막장을 넣어 비벼 먹는 것.

- 세꼬시 : 작은 고기를 뼈째 썰어낸 회('세꼬시'라는 단어는 '세고시'라는 말로 일본어사전에 등재되어 있는 것으로 보아 일본어에서 전래된 것으로 추정된다)

(11) 장아찌(장과)

장아찌는 제철에 나는 채소나 쓰다 남은 음식 재료들을 오래 저장하여 두고 먹을 수 있도록 간장, 고추장, 된장 또는 식초에 담가놓은 것이다.

장아찌로 많이 쓰는 재료는 마늘, 깻잎, 도라지, 오이, 더덕 등이다.

장아찌는 채소의 종류에 따라 장을 구분해서 사용하는데, 마늘장아찌는 연한 햇마늘을 식초에 담가 매운맛을 뺀 뒤 간장과 설탕을 넣고 절인다. 간장 대신 소금에 담그는 경우도 있다.

- 장아찌가 없을 때 급하게 만드는 장아찌를 갑장과라고 하는데 급하게 만들었다 해서 붙여진 이름이라 한다(무숙장아찌 = 무갑장과).

(12) 편육

편육은 쇠고기나 돼지고기의 덩어리를 통째로 삶아 익혀 베보에 싸서 모양나게 누른 다음 얇게 저민 것이다. 돼지고기는 삼겹살과 머릿고기가 적당하다.

(13) 족편(足片)과 묵

육류의 질긴 부위(힘줄, 껍질)에 물을 부어 오래 끓이면 녹아서 젤라틴의 죽 형태가 되는데 이것을 굳힌 것이 족편이고, 묵은 전분질을 풀로 쑤어 응고시킨 것을 말한다.

족편은 겨울철 음식으로 쇠족과 껍질, 사태 등을 이용한다.

(14) 김치

우리나라는 지형적 · 기후적 특성으로 인하여 겨울철에는 비타민이나 무기질의 영양소가 결핍되기 쉬우므로 채소의 섭취가 생리적으로 요구되는데, 이에 대한 대안으로 발전한 것이 김치문화이다. 김치는 삼투압의 조리원리를 이용하여 장기간 저장하여도 풍미가 좋아지고 특히 마늘, 생강, 새우젓 등과 같은 양념류와 어울려 발효 · 생성되는 인체에 유익한 영양소를 통하여, 현재 전 세계에서 건강식으로 주목받고 있다.

(15) 젓갈

젓갈은 어패류를 소금에 절여 염장하여 만드는 것으로, 삼면이 바다이면서 남쪽 지방의 온화한 기후는 젓갈이 발전할 수 있는 기후적 여건을 갖추었다. 젓갈류는 어패류의 단백질 성분이 분해하면서 특유의 향과 맛을 내며, 식해(食醢)는 어패류에 엿기름과 곡물을 한데 섞어서 고춧가루, 파, 마늘, 소금 등으로 조미하여 만든 저장 발효 음식으로 가자미식해가 대표적이다.

(16) 튀각, 부각

튀각은 해조류, 채소류를 기름에 튀긴 것이고, 부각은 재료를 그대로 말리거나 찹쌀풀이나 밥풀을 묻혀서 말렸다가 튀긴 반찬으로 고추, 깻잎, 김 등으로 만든다.

(17) 떡

곡식의 가루를 찌거나 익힌 뒤 모양을 빚어 먹는 음식으로 주로 찹쌀이나 멥쌀이 사용된다. 떡을 조리법상으로 분류하면 다음과 같다.

- 찌는 떡 : 시루떡
- 치는 떡 : 인절미
- 빚어 찌는 떡 : 송편
- 기름에 지져 내는 떡 : 화전

특히 화전은 찹쌀가루를 익반죽하여 꽃을 붙여 기름에 지진 떡으로 봄에는 진달래, 여름에는 장미, 가을에는 국화를 많이 이용하였다.

(18) 한과

한과의 역사는 유교사상에 기반한 제례문화와 관련이 깊다. 과일이 없는 계절에 곡물의 가루와 꿀로 과일 형태를 만들어 제사상에 올렸다.

- 유밀과 : 여러 가지 곡식의 가루를 반죽하여 기름에 지지거나 튀긴 것.
- 다식 : 가루 재료를 꿀이나 조청으로 반죽하여 다식판에 찍어내는 것.
- 정과 : 익힌 과일이나 뿌리 등의 재료를 조청이나 꿀에 조린 것,
- 과편 : 과일을 삶아 걸러 굳힌 것.
- 숙실과 : 과일을 익혀서 다른 재료와 섞거나 조려서 만든 것.
- 엿강정 : 견과류나 곡식을 중탕한 조청에 버무려 만든 것.

(19) 화채, 차

화채와 차는 우리나라 고유의 전통음료로서 식후에 많이 애용되어 왔다.

화채는 꿀이나 설탕을 탄 오미자 국물에 계절 과일 또는 꽃잎과 실백을 띄워 내는 음료이며, 차는 전통적으로 열매, 꽃잎, 곡류, 근채류 등을 이용한다.

4. 한국음식의 상차림

우리나라의 전통 상차림은 일반적으로 한상차림 즉 공간배열형의 개념으로 발전하여 왔는데 사람 혹은 행사의 성격에 따라 명칭이 달라진다.

1) 반상(飯床)차림

① 밥과 반찬을 위주로 하여 차려내는 상차림으로 찬은 조리법 · 재료 · 색상 등을 고려하여 구성된다.

② 반상에는 3첩, 5첩, 7첩, 9첩, 12첩이 있는데, '첩'이란 접시에 담는 반찬의 수를 의미하고, 첩수에 포함되지 않으며 기본적으로 차려지는 음식은 밥,

국, 김치, 찌개, 장류가 있다.

③ 옛날 궁중에서는 수라상에 차려지는 음식을 보고 지방의 작황상태를 짐작하였다.

④ 우리 조상들은 반상차림을 할 때 식재료의 중복을 피하고, 조리법을 다양하게 하여 합리적인 영양 섭취와 풍미를 더하였다.

⑤ 궁중식에서는 밥보다 반찬을 위주로 먹었으며 지금과는 달리 밥을 입가심의 형태로 먹었다.

⑥ 찌개가 2가지일 경우 토장조치와 맑은 조치를 올린다.

⑦ 김치는 마른 김치와 물김치 2종을 준비한다.

〈표 2-10〉 반상차림의 규범

내용 구분	반찬 수에 포함되지 않는 기본음식							반찬 수에 포함되는 음식										
3첩	1	1	1	1				선택 1		선택 1			선택 1					
5첩	1	1	2	2	1			선택 1		1	1	1	선택 1					
7첩	1	1	2	3	2	선택 1		1	1	1	1	1	선택 1			선택 1		
9첩	1	1	3	3	2	1	1	1	1	1	1	1	1	1	1	선택 1		
12첩	1	2	3	3	2	1	1	1	1	2	1	1	1	1	1	1	1	1
	밥	국	김치류	장류	조치류	찜/선	전골	생채 나물류	숙채	구이	조림	전	마른반찬	장과	젓갈	회	편육	수란

자료 : 이순옥 외, 조리, 산업인력관리공단, 2011 자료 참고하여 재작성

- 반상을 차릴 때 기본원칙은 장류를 상차림의 중앙에 놓고, 좌석을 기준으로 오른쪽에 뜨거운 음식을 두고 아래로 내려올수록 국물이 많은 음식이 오게 된다. 이것은 대접받는 사람이 음식 섭취 시 불편함이 없도록 과학적으로 동선배열을 한 것으로 조상들의 배려의 문화를 느낄 수 있다.

[그림 2-3] 5첩 반상 반배도

2) 죽상차림

응이, 미음, 죽 등의 유동식을 중심으로 하고 국물김치(동치미, 나박김치)와 젓국찌개, 마른 찬 등의 간이 약한 찬을 낸다. 죽은 그릇에 담아 중앙에 놓는다.

3) 장국상(면상, 麪床)차림

면류를 주식으로 하여 차리는 상을 면상이라 하며 점심으로 많이 이용한다. 점심을 '낮것상'이라 불렀으며, 주식으로 온면, 냉면, 떡국, 만둣국 등이 오른다. 부식으로는 일반적인 찬류가 제공된다.

4) 주안상(酒案床)차림

술을 대접하기 위해서 차리는 상차림으로 안주는 술의 종류, 손님의 기호를 고려해서 준비한다. 보통 마른안주와 전, 편육 등이 제공되고, 국물음식(매운탕, 전골)을 추가하면 좋다.

5) 교자상차림

근래의 연회 상차림이라 생각하면 된다. 명절이나 잔치, 또는 회식 때 많은 사람이 함께 모여 식사를 할 경우에 차리는 상이다. 음식의 종류를 많이 준비하는 것보다 중심이 되는 요리를 위주로 하고, 기본 상차림에 조화가 되도록 재료선정, 조리법, 영양 등을 고려하여 몇 가지 다른 요리를 만들어 곁들이는 것이 좋다(한국관광공사, 1990).

[그림 2-4] 한국의 음식

김치류 냉채 정과류

후식류 수단/다식 떡케이크

곶감오림

주안상

새우장

반상차림

자료 : 2013 대한민국 국제요리경연대회 작품

5. 한국음식의 우수성과 특징 및 개선방향

근래의 한국음식은 영양학적인 구성 면에서 우수성이 밝혀지고 있다.

음식 구성에 있어 세계적으로 우수하다고 평가받는 식단이 지중해식 식단인데, 여기에는 올리브오일, 토마토, 해물, 리조토 등을 이용한 메뉴가 발달하면서, 불포화지방 및 신선한 채소류 등의 식재료에 기인한다. 그러나 한국음식의 식단을 살펴보면, 탄수화물 : 단백질 : 지방[(65%) : (15%) : (20%)]의 에너지 구성 비율의 영양학적 조합이 매우 우수한 것으로 인정받고 있으며, 특히 2008년 농림수산식품부와 전북대 의대가 함께 연구한 한식 및 전통식품의 우수성에 대한 임상실험에서 비빔밥 등 한식 위주의 식단은 돈가스, 햄버거 등의 서양식 식단에 비해 탄수화물 섭취량이 많더라도 혈당지수가 높지 않고 인슐린 지수도 낮아 당뇨 등 성인병 위험이 상대적으로 적은 것으로 나타났으며, 고추장은 중성지방, 된장은 내장지방의 감소에 효과가 있어 비만에도 효과가 있는 식단으로 임상학적 효능이 밝혀지면서 새로운 미래음식으로 발돋움하고 있다(한식세계화 www.hansik.org).

한국음식의 특징

한국의 음식은 일반적으로 궁중음식, 반가요리, 향토요리, 가정요리로 구분할 수 있는데 이것은 사회적인 신분과 기후 및 지형적 차이에 기인하는 현상으로 자연적, 사회적, 문화적인 요인에 의한 것이다.

한국음식의 특징은 다음과 같다.

① 농경생활에 의한 곡물음식이 발달하였다.

② 주식과 부식이 뚜렷이 구별됨으로써 밥과 김치, 장류, 생선, 나물, 고기 등 반찬이 조화롭게 짜여 있어 다양한 식품 섭취가 가능하여, 영양적으로 합리적인 조합을 이룬다.

③ 상차림에 따른 음식의 종류가 많고, 조리법이 다양하다.

④ 정착문화에 따른 습열조리의 발달과 더불어, 국토의 70%가 산악지형으로 산나물류와 채소류가 많아 채식문화가 발달하였다.

⑤ 조선시대 유교의 영향으로 의례를 중히 여기고, 반상규범이 발달하였으며 명절 및 시절음식이 발달하였다.

⑥ 음식의 모양보다는 맛을 위주로 하여 조미료, 향신료, 고명의 이용이 다양하며 자극적인 맛을 추구하였다.

⑦ 삼면이 바다인 관계로 어업기술이 발달하여 수산물 섭취가 많으며, 지리적 폐쇄성으로 인하여 향토음식이 발달하였다.

⑧ 약식동원(藥食同源)의 사상(좋은 음식은 몸에 약이 된다는 사상)으로 음식을 섭취할 때는 영양학적인 면을 우선시하였다.

⑨ 저장음식의 발달로 인하여 발효식품이 발달하였다.

〈표 2-11〉 한국음식의 장단점 및 개선사항

장 점	1. 같은 양에 비해 칼로리가 낮다. 2. 식자재가 다양하여 고른 영양 섭취가 가능하다. 3. 육류보다 생선 소비량이 많다(불포화지방 섭취).
단 점	1. 습열문화에 의한 염분의 과다 섭취 → 음식이 뜨거울수록 염도를 느끼지 못함 2. 상대적으로 육류 섭취비율과 칼슘 및 유제품 섭취 비율이 낮다.
개선책	1. 멸치, 다시마, 청국장가루 등의 천연조미료를 이용한다. 2. 국물 섭취 시 건지를 많이 섭취한다. 3. 유제품 섭취비율을 높인다(두부, 우유 등).

우리나라의 발효음식

발효(醱酵)란 효모나 세균 따위의 미생물이 자신의 효소로 유기물을 분해 또는 변화시켜 특유의 유기산류, 탄산가스 따위의 최종산물을 만들어내는 현상을 말하는 것으로, 현대의 웰빙지향(건강기능성)성 외식문화의 중요한 트렌드로 부상하고 있다. 이러한 트렌드의 변화에 우리는 다행스럽게도 세계가 인정하는 우리나라 고유의 발효식품문화를 가지고 있다.

1) 김치

김치는 우리나라 고유의 음식으로 채소에 다양한 재료를 넣어 숙성시킨 발효식품이다. 채소를 잘 씻어 소금에 절여 항아리에 담아 적당히 숙성시킨 후에 먹은 것이 시초인데 이는 한민족(韓民族)의 제천의식(祭天儀式)과 가무(歌舞) 등에 관한 기록을 보여주는 『삼국지』 「위지동이전」에 기록되어 있다.

이후 단순한 채소절임의 형태였던 통일신라시대와 고려시대를 거친 후, 조선시대에 이르러 김치의 종류가 다양해졌다.

조선시대 김치의 다양성은 고추의 유입이 결정적인 계기가 되었으며, 1776년에 쓰인 『증보산림경제』에 지금의 김치 형태와 흡사한 김치가 기록되어 있다.

김치의 영양학적 기능

① 김치는 숙성 후 유산균을 생성하여 장내의 산도를 낮추어 해로운 균이 자라는 것을 막아주거나 없애주며, 정장작용을 통하여 장을 튼튼하게 해준다.

② 김치의 캡사이신은 위액의 분비를 촉진시켜 소화활동을 돕는다.

③ 풍부한 비타민 A와 비타민 C의 항산화작용으로 노화방지효과를 볼 수 있으며, 식욕을 증진시키고 혈액순환을 원활하게 해주므로 생리대사를 활성화시킨다.

④ 김치의 식이성 섬유는 장의 활동을 활발하게 해주어 몸속의 당류나 콜레스테롤 수치를 낮춰준다.

⑤ 식이성 섬유의 효능은 당뇨병, 비만 등의 성인병 예방과 치료에 도움을 준다.

⑥ 김치의 주재료인 채소는 대장암을 예방해 주고 양념의 마늘은 위암을 예방한다.

특히, 농촌진흥청 연구팀의 세포 노화유도 전·후에 배추김치 시료를 처리하여 세포노화 예방효과를 조사한 결과, 담근 후 보름 정도 지난 적숙(適熟)김치에서 노화방지효과가 가장 뛰어난 것으로 나타났으며, 이것은 잘 익은 김치일수록 젖산 발효균의 작용이 가장 활발하다는 것을 의미한다. 또한 김치의 부재료인 마늘, 생강, 고춧가루, 쪽파 역시 김치 발효균에 의해 발효되면서 항암효과를 더욱 증가시킨다는 사실도 증명하였다.

2) 청국장

청국장은 된장과는 달리 2~3일의 숙성기간만 거치면 먹을 수 있으므로 효율적으로 영양을 섭취할 수 있는 콩 발효식품이라고 할 수 있다.

청국장의 영양학적 기능

① 청국장에 들어 있는 비타민과 칼슘 등의 미네랄은 신진대사를 원활하게

해주어 비만을 예방한다.

② 청국장에 풍부한 '제니스테인'이라는 물질은 유방암, 결장암, 직장암, 위암 등에 효능이 있다.

③ 청국장의 섬유질은 당의 흡수가 서서히 일어나도록 하므로 혈당이 빠르게 증가하거나 떨어지는 것을 조절해 준다.

④ 청국장은 인슐린의 분비를 촉진하는 기능을 하여 인슐린이 부족한 당뇨병 환자에게 좋은 음식이다.

⑤ 청국장의 주요 성분인 레시틴은 체내의 독소를 소변을 통해 배출시키거나 간으로 보내 분해하는 역할을 한다. 또한 레시틴은 수분과 지방분의 균형을 맞춰 수분 부족으로 인해 거친 피부가 되지 않도록 돕기도 한다.

3) 된장

된장은 음식으로서뿐만 아니라 병을 치료하는 여러 가지 민간요법으로도 쓰였으며, 콩으로 메주를 만든 후 소금으로 염도를 맞추고, 발효/숙성시켜 간장과 된장으로 분리된다.

된장의 영양학적 기능

① 된장은 발효식품 중에서도 항암효과가 탁월하다.

② 콩 속의 레시틴은 뇌기능 향상 효과가 있으며 사포닌은 기능성 물질로 혈중 콜레스테롤 수치를 낮추고 과산화지질의 형성을 억제하여 노화 및 노인성 치매를 예방한다.

③ 된장은 노화를 억제하는 항산화물질을 함유하고 있으며 된장 특유의 갈변현상도 노화 예방에 큰 작용을 한다.

④ 전통 된장은 간기능 회복과 간 해독에도 효과가 있으며, 간 독성 지표인 아미노기 전이효소의 활성을 떨어뜨려 간 기능을 강화시킨다.

4) 고추장

고추가 우리나라에 유입된 초기에는 향신료로 사용하였으나, 고추 재배가 널리 보급되면서 된장, 간장에 매운맛을 첨가시키는 방법으로 발달되었을 것으로 추정된다.

고추장은 엿기름, 고춧가루 등을 사용하여 단맛과 매운맛이 한데 어울린 독특한 전통 발효식품이다.

① 고추장은 전분 분해효소인 아밀라아제와 단백질 분해효소인 프로테아제 등의 소화효소가 들어 있어 식사 시 고추장을 곁들이면 소화기능이 좋아진다.
② 고추장의 매운맛을 내는 성분인 '캡사이신'이 체지방을 감소시킨다.
③ 고추장의 비만 방지 효과는 막 담근 고추장보다 숙성기간을 거친 고추장이 더욱 크다.
④ 고추씨에 풍부한 캡사이신은 항균작용을 하고 고춧가루에 다량 함유된 베타카로틴, 비타민 C는 항돌연변이 및 항암 작용에 효과가 있다(한식세계화 www.hansik.org).

6. 한국음식에서 쇠고기와 돼지고기의 부위별 이용법

[그림 2-5] 쇠고기 부위별 사용용도

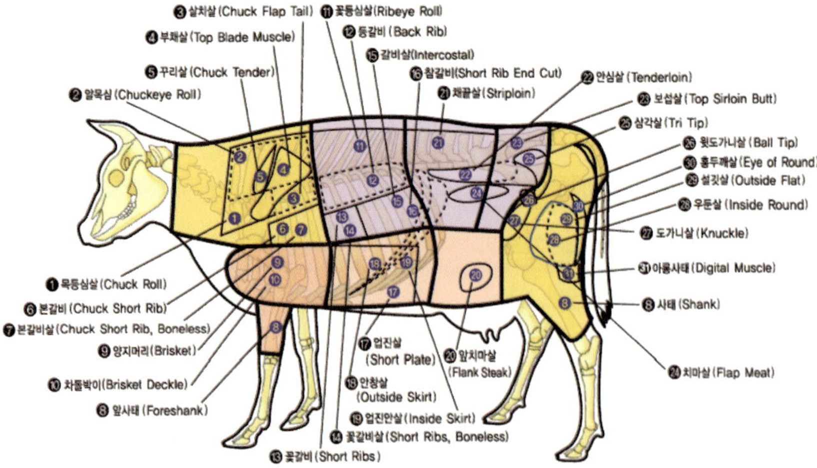

[그림 2-6] 쇠고기의 부위별 분할정형기준

갈 비

소분할 명칭 본갈비, 꽃갈비, 참갈비, 갈빗살, 마구리, 토시살, 안창살, 제비추리

특 징
- 육즙과 골즙이 어우러진 부위로 농후한 맛을 낸다.
- 갈빗살에는 막이 많고 근육이 비교적 거칠고 단단한 부위지만 근내 지방이 많아 맛이 있다.

요리용도
- 마구리살은 통갈비 상하단 부위로 갈비탕용으로 사용된다.
- 갈빗살 · 토시살 · 안창살 · 제비추리는 구이용으로 그 외에는 찜갈비, 불갈비, 양념갈비 등으로 사용된다.

안 심

소분할 명칭 안심살

특 징
- 유일하게 척추뼈 안쪽에 위치하고 있는 근육으로 움직임이 없어 조직이 부드럽고 연하다.
- 저지방으로 담백하며, 육즙이 많고 고깃결이 가늘고 곱다.
- 쇠고기 중 양이 적은 부위로 귀하다.
- 요리 시에는 너무 굽지 않도록 하고 변색이 빠른 특징이 있다.

요리용도
- 고급 스테이크 및 구이용으로 이용된다.

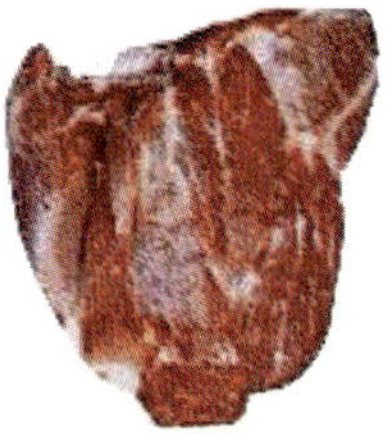

앞다리

소분할 명칭 꾸리살, 부채살, 앞다리살, 갈비덧살, 부채덮개살

특 징
- 갈비 바깥쪽에 위치하고 있다.
- 내부에 지방층과 근막이 많기 때문에 연한 부위와 질긴 부위가 서로 섞여 있으며, 운동량이 많아 육색이 짙은 것이 특징이다.
- 설도, 사태와 비슷한 특징이 있다.

요리용도
- 꾸리살은 카레, 육회나 징기스칸 요리에, 부채살 · 갈비덧살은 구이용으로, 그 외는 불고기나 장조림용으로 사용된다.

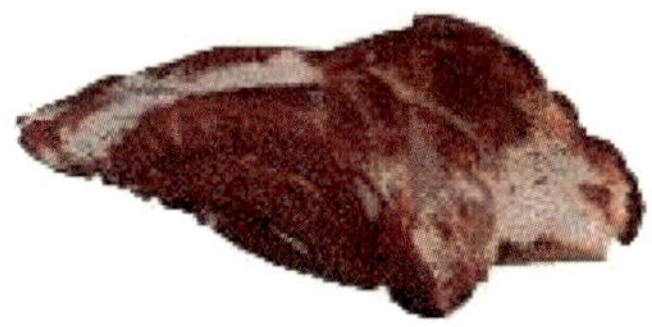

목 심

소분할 명칭 목심살

특 징
- 어깨 위쪽에 붙어 있는 근육으로 여러 개의 다양한 근육이 모여 있고 두꺼운 힘줄이 여러 갈래로 표면에 존재하기 때문에 약간 질긴 편이다.

요리용도
- 1등급 이상의 고급육에서 일부 스테이크나 구이로 이용되며, 2등급 이하는 불고기, 장조림으로 이용된다.

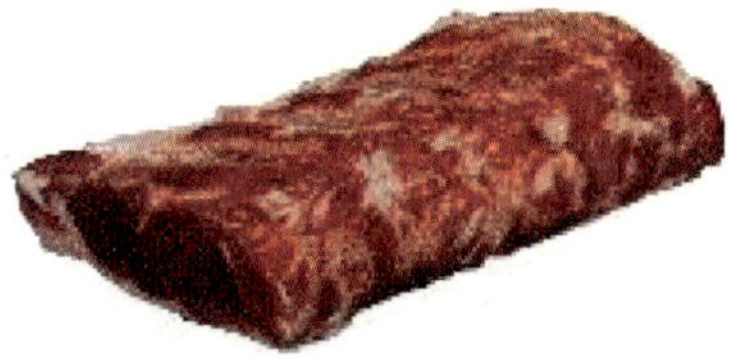

채 끝

소분할 명칭 채끝살

특 징
- 허리부분(등심 뒷부분에 연결)의 등심과 맞닿은 운동성이 없는 부분으로 등심과 비슷한 모양이다.
- 육질이 연하고 지방이 적당히 섞여 있다.
- 등심보다는 지방이 적고 살코기가 많다.

요리용도
- 고급육은 로스구이 · 샤브샤브용으로 활용도가 높고, 저급육은 불고기와 국거리로도 활용한다.

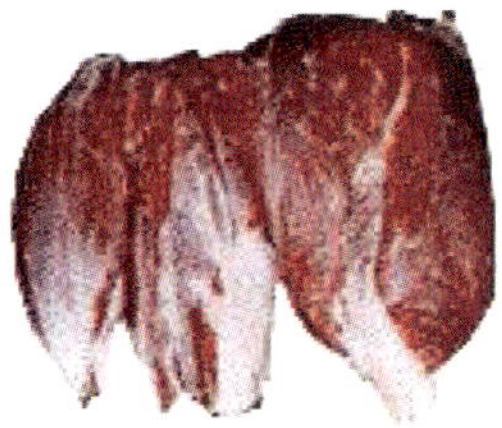

사 태

소분할 명칭 앞사태, 뒷사태, 뭉치사태, 아롱사태, 상박살

특 징
- 앞 · 뒷다리 사골을 감싸고 있는 부위로 운동량이 많아 색상이 진한 반면 근육다발이 모여 있어 특유의 쫄깃한 맛을 낸다.
- 장시간 물에 넣어 가열하면 연해진다.
- 기름기가 없어 담백하면서도 깊은 맛이 난다.

요리용도
- 장조림, 찜, 육회, 탕에 적합하다.

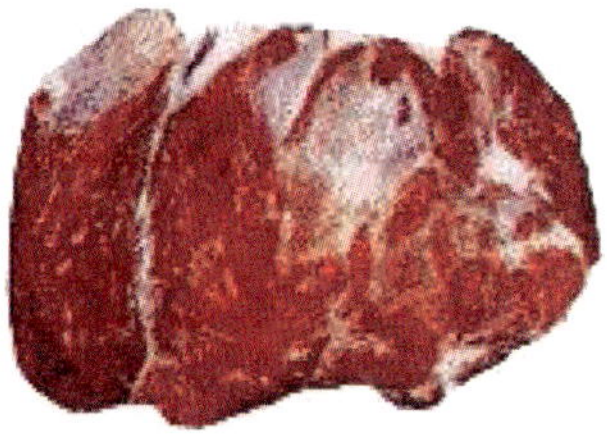

우 둔

소분할 명칭 우둔살, 홍두깨살

특 징
- 지방이 적고 살코기가 많다.

요리용도
- 우둔살은 고기의 결이 약간 굵으나 근육막이 적어 연하여 주물럭, 산적과 육포 및 불고기용으로 많이 사용되며, 홍두깨살은 결이 거칠고 단단하여 육회나 장조림에 많이 활용된다.

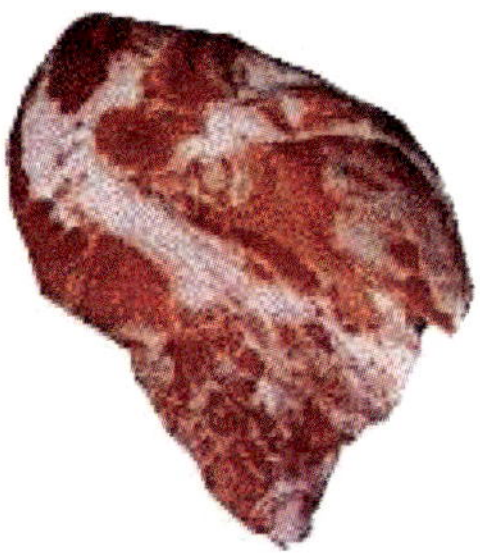

설 도

소분할 명칭 보섭살, 설깃살, 설깃머리살, 도가니살, 삼각살

특 징
- 엉덩이살 아래쪽 넓적다리살로서 바깥쪽 엉덩이 부분으로 다소 결이 거칠고 질긴 편으로 우둔과 비슷하며 부위별 육질차가 크다.

요리용도
- 설깃살은 가장 운동량이 많은 부위로 산적, 편육, 불고기로 사용된다.
- 도가니살은 가장 근육결이 가늘고 부드러워 육회나 불고기로 사용된다.
- 삼각형모양의 삼각살과 설깃머리살은 구이, 불고기 전골에 이용된다.
- 보섭살은 막이 적고 맛이 좋아 스테이크로 이용된다.

양 지

소분할 명칭 양지머리, 차돌박이, 업진살, 업진안살, 치마양지, 치마살, 앞치마살

특 징
- 앞가슴에서 복부 아래쪽에 걸쳐 있는 부위로 결합조직이 많아 육질은 질기다.
- 오랜 시간에 걸쳐 끓이는 조리를 하면 맛이 매우 좋다.
- 국물 맛이 좋고 육질이 치밀하다.
- 업진살과 치마살은 양지의 뒤쪽부분으로 지방과 살코기가 교차하여 풍미가 좋다.

요리용도
- 양지는 대부분 근육이 단단하여 국거리나 장조림용으로 쓰인다.
- 차돌박이는 양지 하단부분의 하얀 조직으로 독특한 맛이 있어 얇게 썰어 구이로 사용된다.
- 양지 중 업진안살 · 치마양지 · 치마살은 구이용으로도 사용된다.

자료 : 축산물품질평가원, 2012(http://www.apgs.co.kr/view/user/information/eat_01.part_01.cow_cow_01.asp)

〈표 2-12〉 돼지고기의 부위별 특징

목심 : 구이용으로 많이 사용되며, 등심에서 목 쪽으로 이어지는 부위로서 여러 개의 근육이 모여 있다.
앞다리 : 어깨부위의 고기로 불고기, 찌개, 수육용으로 사용된다.
갈비 : 늑골(갈비)의 첫 번째부터 다섯 번째 늑골부위를 말하며 근육 내 지방이 있어 풍미가 좋다. 바비큐, 불갈비, 갈비찜으로 사용한다.
삼겹살 : 옆구리살로 구이, 베이컨(가공용)으로 이용되며, 갈비를 떼어낸 부분에서 복부까지의 넓고 납작한 모양의 부위이다.
등심 : 폭찹, 돈가스, 스테이크에 이용되며, 표피 쪽에 두터운 지방층이 덮인 긴 단일 근육이다.
안심 : 탕수육, 구이, 로스, 스테이크로 이용되며, 허리부분 안쪽에 있는 부위이다.
뒷다리 : 살집이 두터우며 지방이 적은 편으로, 튀김, 불고기, 장조림에 이용된다.

제3절 각 나라별 식문화

1. 서양요리의 역사적 배경

서양요리의 역사적 배경은 로마제국의 흥망성쇠와 관련이 깊다. 기원전 이집트의 피라미드 등에서 발견된 요리법과, 당시 페르시아의 화려했던 식문화(연회와 축제)의 기록을 통해 서양요리 초기의 역사적 배경을 알 수 있다. 이러한 요리들은 그리스인들에 의해 로마제국으로 전해지고, 로마제국의 흥망성쇠와 더불어 식문화가 명멸해 갔다. 달리 표현하면 서양요리의 변천은 식민지배의 역사로서 제국의 흥망성쇠와 더불어 식문화의 유형을 달리한 것이다. 일례로 로마제국 말기 그들의 향락문화는 화려함을 자랑하였으며, 그 화려한 향락문화에서 파생된 음식인 달팽이, 굴, 공작알 등의 조리법은 그들이 사라진 지금까지도 이태리요리를 비롯하여 서양요리의 발전에 많은 영향을 주게 되었다.

1) 허브 & 향신료(Herbs, Spices and Seeds)

오늘날 서양요리에 있어서 향신료의 역할은 식욕을 불러일으키는 좋은 향기를 요리에 부여하고, 육류나 생선의 나쁜 냄새를 완화시키며, 음식의 풍미를 더해 주는 데 없어서는 안 될 중요한 요소이다. 이러한 향신료의 역사적 배경을 알아보면, 허브는 라틴어의 'Herba'에서 나왔으며 herba는 풀(grass) 또는 목초, 약초(herbage)라는 뜻이다.

일반적으로 허브는 종자식물로서 씨로부터 자라고 1년생 식물이다. 꽃, 잎, 씨, 뿌리를 요리에 이용하기도 하고 치료목적으로도 사용되었으며 허브와 스파이스로 나뉜다.

허브(Herb)는 향이 있는 식물의 잎, 줄기, 꽃을 말하며 그대로 또는 말려서 조리 시 사용하여 음식의 풍미를 더해주고, 스파이스(spice)는 향을 갖고 있는 식물의 껍질, 뿌리, 씨앗, 열매를 말하는데 허브와는 달리 주로 말려서 사용한다. 허브가 유럽으로 보급되기 시작한 결정적 요인은 앞서 언급했듯이 로마가 이집트를 정복한 후부터인데 당시 귀중하게 생각되었던 향신료는 인도산 후추와 계피였다. 당시 유럽인들의 향신료 사용은 교통의 불편과 냉장시설의 미흡으로 인한 음식의 향미를 높이기 위한 수단이었고, 약품으로서의 사용이었으며, 당시의 사람들은 향신료의 성분과 호르몬의 상관관계를 굳게 믿었기 때문에 미약(媚藥)으로 사용되었다.

현재 각 나라에서 즐겨 사용하는 향초와 그 쓰임을 살펴보면 오레가노, 민트, 딜 같은 경우는 중동지역과 그리스에서 양고기에 사용되며, 태국에서는 코리앤더(coriander)를 거의 모든 요리에 사용하며, 영국은 세이지(sage)를 돼지고기에 사용한다. 딜(dill)은 스칸디나비아에서 생선에, 러시아 · 덴마크에서는 수프에 미국에서는 오이피클에 사용한다(한국관광용품센터, 식자재 가이드 북).

〈표 2-13〉 향신료(Herb)

민트(Mint) : 상쾌하고 시원한 향이 나며, 고기의 맛을 내거나 소스에 이용(양고기 등)되고 젤리나 음료, 디저트 등에 이용된다.

월계수잎(Bay-leaf) : 어린잎이 정유율도 높고 향기도 좋다. 건조된 잎이 방향이 강하여 음식의 나쁜 냄새 제거에 많이 이용된다. 카레, 스튜 등의 조림이나 베이직 소스에 사용한다.

바질(Basil) : 진정작용이 있으며, 토마토와 잘 맞고 이탈리아 요리의 스파게티, 피자, 토마토소스, 샐러드 등에 고루 쓰인다.

처빌(Chervil) : 약간 단맛이 나는 것으로 채소요리, 생선요리, 소스 등에 이용되며 가열하면 향기가 날아가기 때문에 마무리 직전에 넣는다.

딜(Dill) : 뒷맛이 톡 쏘듯 맵다. 식욕을 자극하고, 구취, 두통, 숙면에 효과적이며, 생선요리의 소스, 감자요리 등에 사용되며 특히 연어, 청어 등과 같은 생선요리에 잘 어울린다.

로즈마리(Rosemary) : 기억력 증진, 노화방지의 효능이 알려져 있다. 고기의 풍미를 돋우는 데 사용한다. 풍미가 아주 강하여 조금씩 사용해야 한다.

오레가노(Oregano) : 소화촉진, 피로, 멀미, 신경성두통에 효능이 있고 달콤하고 가벼운 향을 지닌다. 이탈리아 피자, 오믈렛, 드레싱 등에 이용된다. 독특한 쓴맛이 토마토요리에 잘 어울린다.

타임(Thyme) : 호흡기에 대한 살균력이 좋고, 숙취에 좋다.
살균이나 방부 효과가 있으며 고대에는 육류의 보존에 이용되었다. 육류나 생선류의 냄새 제거에 적당하며 햄, 소시지, 피클 등의 가공식품에 사용된다.

세이지(Sage) : 로마시대부터 강장제, 신경계, 소화기 계통의 만병통치약으로 이용되어 왔고, 향이 강하며 돼지고기나 송아지요리에 적합하다.

타라곤(Tarragon) : 단맛 외에 약간의 쓴맛과 셀러리와 유사한 향기를 가진 가늘고 긴 잎을 건조해서 이용한다. 닭고기, 새우에 잘 맞는다.

마조람(Marjoram) : 달콤하고 부드러운 향이 나며, 이탈리아 요리의 소시지, 채소요리, 고기요리, 수프 등에 이용된다.

※ 허브의 저장

허브는 꽃이 피기 시작할 때 채취하여 말려야 좋은데, 꽃이 피는 시기가 향이 가장 좋다. 말릴 때는 허브의 향이 오래갈 수 있도록 빛이 들지 않는 따뜻한 방에 걸어두고 말리거나 오븐에 살짝 익혀 말리고 종이타월에 싸서 빛이 들지 않는 서늘한 곳에 보관한다.
말린 허브는 시간이 흐를수록 풍미나 향을 잃어간다.
프레시(fresh) 허브는 종이타월로 싸서 플라스틱통에 넣어 냉장고의 채소보관실에 저장한다.

〈표 2-14〉 스파이스(Spice)

후추(Pepper) : 상큼한 향기와 매운맛이 난다. 고기나 생선의 비린맛을 없애준다.

넛맥(Nutmeg) : 육두구 열매로서 소스나 케첩에 이용된다.

클로브(Clove) : 향신료 중 유일하게 꽃봉오리 사용.
돼지고기나 햄 등에 통째로 찔러 넣어 굽거나, 스튜에 사용한다.

캐러웨이시드(Caraway seed) : 상큼한 향기와 부드러운 단맛과 쓴맛이 난다. 치즈, 빵, 쿠키 등에 향기와 단맛을 낸다.

커민(Cumin) : 씁쓸하고 달콤하면서 자극적인 맛이 난다.
케이크, 빵, 스튜 등의 육류요리, 피클, 소시지 등에도 잘 어울린다.

사프란(Saffron) : 독특한 단 향기와 쓴맛이 있지만 향미보다 착색성이 강한 스파이스다.
생선요리에 잘 어울린다.

차이브(Chive) : 샐러드나 허브버터, 수프, 오믈렛, 고기, 채소요리 등 어떤 요리와도 잘 맞는다.

2) 서양요리에서의 소스(Sauce)

서양요리에서 소스는 냉장기술이 없었을 때 그리고 음식이 약간 변질되었을 때 맛을 감추기 위해 만들었다는 설과, 품질이 좋지 않은 고기의 맛을 내기 위하여 조리사들이 만들어낸 것이라고 한다.

어원은 소금을 기원으로 라틴어의 "Sal"에서 유래되었으며 "소스류라 함은 동 · 식물성 원료에 향신료, 장류, 당류, 식염 및 식초 등을 가하여 혼합한 것이나 또는 이를 발효 · 숙성시킨 것으로 식품의 조리 전후에 풍미 증진을 목적으로 사용되는 것"(식품공전)이라고 정의되어진다.

서양조리에서 소스는 맛과 색상을 부여하여 풍미를 높여 식욕을 증진시키고 재료의 첨가로 영양가를 높이며 음식의 농도와 윤가를 더해주는 역할을 한다. 따라서 서양요리에서 소스는 주재료의 맛과 영양, 풍미를 더해주는 아주 중요한 부분인 것이다.

소스의 구성은 육수와 농축재로 구성된다.

농축재는 대부분 곡류로부터 만들기 때문에 액체 혼합물에 농도를 더해준다. 농축재의 종류로는 Roux와 리에종(달걀, 버터, 블러드, 전분) 등이 있으며, 육수는 식재료의 종류에 따라 일반적으로, 생선, 채소, 고기, 소나 닭 뼈 등을 이용한다.

맛있는 소스를 만들기 위해서는, 기초 육수가 맛있어야 하고, 신선한 재료와 향신료의 적정사용, 숙련된 조리기능이 필요하다.

[그림 2-7] 색에 의한 소스의 분류

색분류	갈 색	흰 색	브론드색	적 색	노란색
모체소스	Demi Glace	Bechamel	Veloute	Tomato	Hollandaise
	Brown Roux + Brown Stock 갈색육수를 주재료로 만든 소스	Milk + White Roux + White Stock 흰 육수를 이용하고, 생선, 닭 등에 이용됨	Blond Boux + Stock (Fish, Chicken) 우유를 주재료로 하며, 생선, 채소요리에 이용됨	Tomato + Stock 토마토를 주재료로 하고, 돼지고기 이태리요리에 사용됨	Clarified Butter + Egg Yolk 노른자와 기름을 주재료로 하고 생선, 채소 등에 이용됨
파생소스	· Chateaubriand · Caper · Colbert · Truffle · Porto · Zingara · Hunter · Pepper · Bordelaise	· Mornay · Cream · Leek · Modern · Bercy · Mustard · Soubise · Caper	· Alleamande · Supreme · Dill · Ivory · Chive · Cardinal · Normandy · Albufera	· Creole · Spanish · Napolitan · Pizza · Meat	· Bearnaize · Choron · Maltase · Mousseline · Rachel

자료 : 윤수선 외, 주방관리, 백산출판사, p. 305 참고하여 저자 재작성

서양조리에 있어서 소스의 분류는 일반적으로 주재료와 색에 의해 분류된다. 기본적으로 5대 모체소스로 분류되며 5대 모체소스에서 거의 대부분의 소스가 파생된다고 해도 과언이 아니다.

2. 프랑스의 식문화

현대에 와서 서양요리라 하면 보편적으로 프랑스를 중심으로 한 유럽의 요리라 정의할 수 있다. 그중에서도 프랑스 요리가 서양요리의 중심에 있을 수 있는 까닭은 지리적으로 이태리, 독일, 스위스, 스페인과 인접하고 문화적 교류가 활발했으며 유럽 제일의 농업국으로서 조리에 필요한 식재료, 버터 등의 유제품이 풍부하고 서양조리의 필수라 할 수 있는 질 좋은 포도주의 생산이 현재의 프랑스 요리를 만들어낸 요인이 되었다. 또 한 가지 중요한 것은 프랑스 국민의 요리에 대한 남다른 긍지와 애착이 오늘의 프랑스 요리를 세계적인 요리로 만들었다고 해도 허언이 아닐 것이다.

역사적으로 프랑스 요리의 또 다른 도약의 계기는 1550년 Catherina de Madici라는 이태리 Medici가의 공주가 프랑스 Henri 2세에게 시집오면서 함께 온 궁중 조리사들에 의해서 이태리 요리가 프랑스에 전파되었고, 이를 계기로 프랑스 조리사들은 이들 이태리 조리사들로부터 조리기술을 배우고 그들의 예술적 감각과 뛰어난 품질의 포도주에 힘입어 발전하게 되었던 것이다(이연희, 1993).

프랑스 요리의 특징

프랑스는 유럽 제2의 공업국가지만 한편으로 유럽 제일의 농업국가이며, 한랭지역, 온난지역, 대륙붕 등 다변적 기후와 여러 민족(켈트, 게르만, 라틴족)들이 모여 사는 다문화 체제인 까닭에 입맛에 맞는 다양한 음식에 대한 필요가 곧 다양한 요리로 이어졌다. 프랑스의 최고급요리는 오븐에 넣어 뜨거운 공기로 익힌 요리다. 오븐에 넣어 구우면 느끼한 기름기가 빠지고 재료가 골고루 구워져서, 가장 순수하게 재료의 맛을 느낄 수 있기 때문이다. 그 다음으로는 직접 불에 굽거나 프라이팬에 구운 것, 다시 말해 기름을 넣고 지지고 볶거나 구운 것인데, 오븐에 넣어 뜨거운 공기로 구운 것만은 못해도, 재료의 맛이 크게 변하지 않아서 많은 사랑을 받고 있다. 가장 하급으로 치는 요리는 냄비에 끓인 습열조리인데 재료에 물을 넣고 푹푹 끓이는 요리법은 재료 자체의 맛을 잃고 재료의 맛이 모두 국물로 우러나와 섞이기 때문에 상대적으로 맛이 떨어진다. 물을 넣는다는 것부터가 국물을 먹겠다는 목적이고, 적은 재료를 국물로 늘리려는 방법이므로 가난한 집안에서나 해 먹는 요리법이라고 생각하기도 한다. 그래서 손님을 초대할 경우엔 절대로 끓인 요리를 대접하지 않고 반드시 오븐에 넣어 구운 요리나, 프라이팬에 볶아내거나 지져낸 요리가 나오기 마련이다. 그러나 냄비에 넣고 끓인 요리라도 물을 넣지 않고 포도주로 끓여내면 그 요리는 아주 고급스러운 요리가 된다. 결정적으로 어떤 조리법이냐보다 요리에 사용된 포도주의 질에 따라 요리가 고급이냐, 저급이냐의 기준이 정해진다. 대표적인 요리로 Coq au Vin이 있다(닭을 포도주에 조린 음식). 이러한 조리법은 우리나라의 식문화와는 차이가 나는 부분으로 식문화의 다양성과 고유성에서 차이를 두고 이해하여야 할 것이다.

〈표 2-15〉 프랑스 코스요리의 순서

1. 아페리티프(Apéritif) : 간단한 주류 및 음료
   - 식전주 : 식사 전에 한 잔씩 드는 가벼운 알코올류나 비알코올류로, 여기에 백포도주나 주스가 많이 나온다.
   - 아뮈즈 걸(Amuse-geule) : 아페리티프와 함께 먹는 샌드위치, 스낵, 카나페 등
2. 오르되브르(Hors d'oeuvre) : 불에 조리하지 않은 날것
   토마토나 상추를 버무린 샐러드
3. 앙트레(Entrée) : 애피타이저, 육류가 섞이지 않은 요리로 주로 식물성 재료나 해산물을 이용한다.
   굴, 새우, 바닷가재, 연어, 푸아그라 이용
4. 와인(Wine) : 레드, 화이트, 샹파뉴
5. 본요리(생선 Poisson, 육류 Viande, 조류) : 100년전쟁 후 앙리 4세의 영향으로 닭은 대개 일요일에 먹는다.
6. "소르베"라는 청량음식 섭취 후 본요리(생선, 육류, 조류)를 한 번 더 제공한다.
7. 샐러드(Salade 채소)
8. 치즈(Fromage)
9. 디저트(Dessert) : 샹파뉴 곁들임
10. 프뤼이(과일)
11. 커피(Café)
12. 코냑(Digestif) : 소화를 돕는 리큐어; 스카치위스키 or 코냑

〈표 2-16〉 프랑스의 대표요리(French Food)

거위 간(Foie Gras)

불어 Foie Gras는 "Fat Liver"란 의미로서 프랑스 요리에서는 일반적으로 거위(Goose)나 오리(Duck)의 비대해진 간을 Foie Gras로 사용하고 있다. 프랑스, 이스라엘, 헝가리, 폴란드, 미국 등지에서 생산되고 있으며, 물론 프랑스산 Foie Gras가 주류를 이루고 있다. 양질의 단백질, 지질, 비타민 A, E, 철, 구리, 코발트, 망간, 인, 칼슘 등 빈혈이나 스태미나 증강에 필요한 성분이 풍부하다.

캐비아(Caviar)

세계 3대 미식 중 하나인 캐비아는 철갑상어의 알로써 러시아, 카자흐스탄, 이란 남쪽에 접경하고 있는 카스피해에서 대부분이 생산된다. 과거 구소련시절에는 강력한 국가감시체제로 인해 철갑상어의 어획 등이 체계적으로 관리되었지만 구소련 붕괴와 주변국 독립으로 인해 멸종의 위기로 치닫고 있다.

캐비아의 종류

1. Beluga : 철갑상어의 알 세 종류 중 알이 가장 크고 가격이 높다. 철갑상어는 가장 깊은 바다에 살고 있으며 수명은 약 120년이다. 무게는 최대 1톤, 현재 멸종 가능성 1위이다.
2. Osetra : 수명 70여 년, 최대 200kg, 색깔은 황금색을 띠는 갈색이다.
3. Sevruga : 수명 8년, 20kg, 회갈색을 띠며 가장 수가 많으며 비교적 얕은 물에 살기 때문에 많이 이용된다. 평균수명이나 희소성, 풍미 면에서 Beluga의 알이 최상으로 여겨진다.
4. Golden 또는 Imperial Caviar : '차르(옛 러시아 황제의 캐비아)'라고도 불린다. 혹자는 Albino 철갑상어의 알로도 알려져 있고 오세트라와 비슷하지만 수명이 60년 더 길다. Beluga에 이어 희귀한 종류, 전통적으로 차르를 위해 법으로 어획이 보호되었으며 스탈린은 전체 생산량의 2/5를 전용했다고 한다.
5. Pressed Caviar : Payusnaya라고도 불리며 Beluga, Osetra, Sevruga 등의 세 종류 캐비아 상품 선별 후 부서진 알 등으로 만든 제품, 저가용으로 Sevruga보다 가격이 저렴하다.
6. Kaluga : China 캐비아로 알려져 있으며 카스피해가 아닌 중국 아무르 강과 시베리아 근처에서 어획되고 있다. 카스피해 제품보다 품질은 다소 떨어지며 중국인의 선별력이 떨어지지만 러시아 전문가들에게 기술을 전수받아 현재는 품질이 계속 좋아지고 있다.
7. Salmon(Keta) Caviar(연어알)와 Trout Caviar(송어알) : 철갑상어의 알은 아니지만 아작거리는 맛과 저렴한 가격으로 많이 이용되고 있다.

송로버섯(Truffle-Black Diamonds)

Truffle은 Black Diamond로 불린다. 혹은 '기적'이라고 표현한 프랑스 미식가도 있으며 독특한 향으로 인해 사랑의 감정을 만들어내는(Aphrodisiac) 것으로 여겨지고 있다. 또 유명한 소설가 뒤마(Alexander Dumas)는 Truffle이 꼭 "나를 먹고 신을 경배하라"는 느낌을 지울 수가 없었다고 한다.

무엇이 Truffle을 신비스럽게 만들어내는 것인가. Truffle은 고대 그리스 로마시대부터 명성을 얻기 시작했는데 당시에도 상당히 고귀한 버섯으로 여겨졌으며 치료제 등으로도 사용되었다고 한다.

자료 : 한국관광용품센터, 식자재 가이드 북

〈표 2-17〉 레스토랑(Restaurant), 샴페인(Champaign), 소시지(Sausage)의 유래

레스토랑(Restaurant)

1765년 부랑제라는 사람이 건더기 많은 부용(bouillon)을 팔았다. 그래서 레스토랑이 건강 회복제라는 의미로 쓰이게 되었다. 프랑스 대혁명 후 귀족 요리사들이 궁중에서 나와 식당을 차리고 서민들에게 귀족들이 일상적으로 먹은 음식을 그대로 판매하였다. 오늘날 식당의 원조는 보위레이고 식당의 시작은 부랑제이다.

샴페인(Champaign)

프랑스 오트 빌리예에 있는 성 베드로 사원의 포도주 관리인 페리뇽 신부는 여러 종류의 포도주를 섞어서 발효하다가 별처럼 반짝이고 물방울처럼 튀는 별난 포도주를 발견하였다. '별들'이라고 1690년경에 명명한 이 포도주가 샴페인의 원조이다. 처음에는 악마의 포도주라 하여 모두들 꺼렸지만 방돔의 낚시꾼이 샴페인을 가지고 파티를 열기 시작한 18세기 초부터 인기가 좋았다. 코르크 마개는 스페인 수사들이 물통 뚜껑을 이용하는 것을 보고 페리뇽 신부가 코르크나무 껍질로 사용하게 되었다.
과거 샴페인을 시음할 때 샴페인 잔에 모래를 넣고 기포가 발생하는 것을 시각적으로 음미하며 마셨다는 설도 있다.

소시지(Sausage)

16세기 종교 대립으로 프랑스를 두 개로 나눈 위그노 전쟁 당시 상파뉴 지방에 국왕군과 트루아군(군주부대)이 싸우고 있었는데 트루아군이 곧 함락될 지경에 이르렀다. 이 지방에는 불을 가하면 강렬한 냄새가 나는 소시지가 있었는데 국왕군에 소시지와 포도주가 주어지게 되었다. 그날 저녁 먹고 마시고 놀고 있을 때 트루아군이 전열을 가다듬어 마을을 끝까지 지키게 되었다. 소시지의 어원은 프랑스어 saisus(소금에 절인 것)에서 나왔고 비엔나, 프랑크푸르트 등 300종이 넘는다고 한다.

자료 : 최수근, 최수근의 서양요리, 형설출판사

3. 이탈리아의 식문화

이탈리아는 지중해에 위치한 우리나라와 같은 반도국가로 겨울에는 온난다습하고 여름에는 고온건조한 전형적인 지중해성 기후를 가지고 있다. 쌀 · 감자 · 포도 · 올리브 · 오렌지 등이 많이 생산되며, 이 중에서 쌀이나 밀 등의 주요 식량자원은 북부에서 생산되고 과일이나 올리브 등은 주로 남부에서 생산된다.

이탈리아 요리의 특징

이탈리아 요리는 지역적인 특징이 강하다.

북부지방은 밀라노, 베네치아를 중심으로 겨울이 길고 추운 날씨로 인하여

농후한 맛의 요리가 발달했으며, 농업이 발달해 쌀이 풍부하고 버터, 크림, 치즈 등의 유제품도 풍부하다.

중부지방은 로마, 피렌체를 중심으로 하여 음식의 맛이 다양한 특징을 가지고 있으며, 남부지방은 시칠리아 섬과 나폴리를 중심으로 올리브와 올리브유, 토마토나 건조 파스타, 모차렐라 치즈 등이 유명하고 해산물이 풍부하여 이를 이용한 요리가 발달하였다.

그러나 현대에 와서는 지역적 구분이 명확하지 않게 변천되어 가고 있다. 각 지역의 특성을 살려 좋은 점만을 골라 서로 조화를 이룰 수 있게 개발되고 있다.

〈표 2-18〉 이탈리아 코스요리 순서

① 아페리티보(Aperitivo) : 결혼식과 같은 큰 행사 때 주로 먹는 요리이며, 전채요리 전에 나온다.
② 안티파스토(Antipasto) : 전채에 해당하며, 애피타이저의 개념으로 햄과 소시지(살라미), 채소를 올리브유에 절인 것을 주로 사용한다.
③ 프리모 피아토(Primo Piatto) : 파스타와 리소토, 미네스트라나 즈파라고 불리는 수프류가 이것에 해당한다.
④ 세콘도 피아토(Secondo Piatto) : 생선요리 또는 고기요리의 메인디시에 해당하는 것이다.
⑤ 콘토르노(Contorno) : 세콘도 피아토에 곁들이는 채소요리로 곁들임뿐만 아니라 샐러드 · 구이 · 찜 등 소재의 맛을 살린 조리법이 맛의 비결이므로 신선한 재료를 사용한다.
⑥ 돌체(Dolce) : 식후의 디저트. 이탈리아 요리에서는 식후의 달콤한 과자류나 과일이 해당된다.

〈표 2-19〉 이탈리아 대표음식

파스타

파스타의 역사는 1150년 이전으로 올라가며 롱 파스타, 쇼트 파스타로 나뉜다.

① 롱 파스타 : '듀럼 세몰리나'와 물로 만든 가늘고 긴 건조 파스타를 '롱 파스타'라고 총칭한다. 우리나라에서는 원주형의 가늘고 긴 파스타를 총칭해 스파게티라고 부르고 있으나 이탈리아에서는 직경 1.6~1.9mm 되는 것만을 스파게티라 부른다.
② 쇼트 파스타 : 롱 파스타에 비해 '마카로니'로 대표되는 작은 건조 파스타는 '쇼트 파스타'로 총칭되고 있다. 원료는 롱 파스타와 같은 '듀럼 세몰리나'. 마카로니는 중심에 구멍이 있는 관형의 파스타로서 우리나라에서 제일 친숙한 파스타이다. 쇼트 파스타의 구조는 소스가 잘 묻게 고안되어 있으며 여러 가지 모양이 있다.

이태리 식초

세계에서 가장 고가의 식초를 꼽으라면 이탈리아 북부지방의 모데나(Modena)에서 만들어진 '아체토 발사미코' 식초를 꼽을 수 있을 것이다. 그곳 모데나에서는 디너 뒤의 후식음료로 발사믹 식초를 마시기도 한다. 발사믹 식초는 와인 식초의 일종으로 단맛이 강한 포도즙을 나무통에 넣고 목질이 틀린 통에 몇 번이고 옮겨 담아 가면서 긴 세월의 노력을 들여 만든 것이다. 숙성기간은 짧은 것이 5년, 긴 것은 수십 년이다. 그동안에 포도즙이 농축되어 검고 걸쭉해진 '발사믹 식초'로 변하게 된다.

원래 모데나의 후작이 접대나 선물로 쓰던 것으로 '고귀한 식초'라고도 불린다. 기품 있는 향기가 있고, 달고 부드러운 신맛으로 그 자체만으로도 소스로서 충분한 맛이 있다. 샐러드의 드레싱에는 물론, 생선요리, 육류요리의 소스로도 사용된다.

올리브유

올리브유에는 동맥경화를 막고, 혈액 중의 HDL콜레스테롤을 증가시키는 일가(一價)지방산인 올레인산이 많이 함유되어 있다. 또 몸 안에서 유해한 산화물이 만들어지는 것을 방지하는 비타민 E도 많아서, 성인병 예방에 큰 역할을 하고 있다.

① Virgin Olive : 화학적 처리를 하지 않은 올리브유

② 정제 올리브유 : 강한 감각 자극성이나 높은 산도를 정제처리

③ 올리브유 또는 Pure 올리브유 : ①과 ②를 적당한 정도로 혼합

※ 우리나라에서 일반적으로 시판되고 있는 것은 '엑스트라 버진 올리브 오일'과 '퓨어 올리브 오일'의 2종류이다.

토마토

기온이 높은 계절에 건강 과채류로 손꼽히는 토마토의 원산지는 남미의 잉카인데, 16세기경 유럽 대륙으로 건너가 지중해 요리에 빠른 속도로 응용되어 요리의 주재료가 되었다. 토마토는 색깔뿐 아니라 씹는 맛도 좋고 정력에 효과가 있는 식품으로 알려져 있다. 16세기 스페인 배가 아메리카 대륙으로부터 안데스 원산의 황금색의 열매(포모도로)를 달고 있는 식물을 나폴리에 운반해 왔다.

기름기 있는 음식과 함께 먹으면 소화를 촉진시키고, 산성식품을 중화하는 역할도 하므로 건강에도 좋고, 신진대사를 도와주는 비타민 C, 지방의 분해를 돕는 비타민 B, 모세혈관을 강화하고 고혈압을 개선시키는 루틴, 두뇌활동을 좋게 하는 아미노산, 조혈에 필수적인 철분, 칼슘 등의 영양 성분을 고루 갖춘 식품으로 알려져 있다.

자료 : 한국관광용품센터, 식자재 가이드 북

4. 일본의 식문화

일본의 음식문화는 수렵과 어업이 중심이었으나 중국에서 백제를 거쳐 일본으로 전래된 불교와 함께 음식문화가 변화하기 시작했다. 1800년경에는 본선요리, 정진요리, 회석요리, 중국요리, 남만요리 등이 상호 융합하고 서양의 요리문화를 받아들여 일본의 요리문화가 완성되었다.

1) 일본요리의 특징

시각적인 아름다움을 중요시하고, 식품 고유의 맛과 멋을 최대한 살릴 수 있는 조리법을 사용하며, 어패류를 이용한 요리가 많아 신선도와 위생을 제일 중요시한다. 요리를 담을 때는 기물과 공간 및 색상의 조화를 예술적 차원으로 승화시키고, 섬세하고 계절감이 뚜렷하게 1인분을 기준으로 담는다. 조미료는 식초, 술, 간장, 된장, 설탕을 다량 사용하고 '다시'로 시작해서 '다시'로 끝난다고 할 만큼 모든 국물은 '다시'를 이용하는 특징이 있다.

일본요리는 오색(五色), 오미(五味), 오법(五法)에 기반을 둔다. 오색은 흰색, 검은색, 노란색, 빨강색, 청색으로 나뉘며, 오미는 단맛, 짠맛, 신맛, 쓴맛, 매운맛으로 나뉘고, 오법은 조리법으로 날것(활어), 조림, 구이, 찜, 튀김의 조리법이 기본 조리법이다.

2) 일본요리의 지역적 분류

일본요리는 일반적으로 관동요리와 관서요리로 분류된다.

① 관동요리(關東料理) : 무가(武家) 및 사회적 지위가 높은 사람들에게 제공하기 위한 의례요리가 발달. 맛이 진하고 달고 짠 것이 특징이다.

② 관서요리(關西料理) : 관동요리에 비해 맛이 엷고 부드러우며, 설탕을 비교적 쓰지 않고 재료 자체의 맛을 살려 조리한다. 가이세키요리가 중심이다.

3) 일본요리의 형식적 분류

① 본선요리 : 혼젠요리, 관혼상제의 경우에 정식으로 차리는 의식요리.

② 회석요리 : 가이세키요리, 연회석에서 차리는 요리로 순서는 진미(식욕촉진, 공복감 해소) → 전채(중국과 서양요리의 영향을 받은 요리로 시각을 중요시한다) → 맑은 국(계절감을 중요시하고, 일번 다시로 만든다) → 생선회 → 구이 → 조림요리 → 튀김요리 → 초회 → 식사 → 과일 순으로 제공된다.

③ 다회석요리 : 검소하고 비리지 않은 식물성요리를 위주로 한다. 양보다 질을 우선시하며 차를 마시기 전에 차의 맛을 충분히 볼 수 있도록 공복감을 면할 정도로만 제공한다. 즉 차와 같이 대접하는 식사이다.

④ 정진요리 : 불교승의 요리로 동물성을 피하고 식물성인 곡류, 채소류, 두류, 해초류만으로 조리한 요리.

⑤ 탁복요리 : 외국(포르투갈, 네덜란드)요리의 수법을 많이 따르고 중국요리와 일본요리를 혼합하여 만든 요리이며 중국식 식사방법을 따른다.

⑥ 정월요리 : 명절음식으로 과자류, 떡, 반찬 등의 요리이다.

오세치요리는 일본의 새해 음식으로 청어알(자손번영), 고구마조림(복을 기원), 멸치조림(풍년기원), 검은콩조림(건강), 다시마말이(문화를 높임) 등의 재료를 이용한다. 특히 등이 굽은 새우는 장수를 의미한다.

4) 일본요리의 조리방법에 따른 분류

① 생선회(さしみ, 사시미) : 물고기의 살을 찌르다, 꽂다의 의미로 일반적으로 활어(活魚)를 지칭한다.

② 국(しるもの, 시루모노) : 다시(다시마 육수 1번, 2번)를 이용하고, 매운맛의 흰 된장과 붉은 된장을 사용한다.

③ 구이요리(やきもの, 야키모노) : 간장과 된장 등을 사용하며 보통 생선구이는 단맛이 나는 흰 된장을 사용한다.

④ 조림요리(にもの, 니모노) : 생선, 채소 등을 소금, 간장, 설탕, 정종 등을 이용하여 조려서 만드는 음식으로 불 조절이 중요하다.

- 조림에서의 조미료 사용 순서는 다음과 같이 한다. 사(さ) : 설탕(砂糖, さとう) → 시(し) : 소금(塩, しお) → 스(す) : 식초(酢, す)-세(せ) : 간장(醬油, しょうゆ) 재료를 단단하게 해준다. → 소(そ) : 된장(味噌, みそ)

⑤ 튀김요리(あげもの, 아게모노) : 에도시대 포르투갈, 스페인 등 외래문화와 함께 발전하였다.

튀김옷

일본식 튀김은 바삭거리는 식감이 중요한데 기본적으로 튀김을 할 때 재료와 기름의 온도 차이 및 밀가루 반죽 시 글루텐 형성을 최대한 억제하여야 한다.

밀가루는 박력분을 사용하며, 휘저어 뒤섞거나 반죽 후 온도를 가하거나, 실온에 방치해 두면 글루텐이 생성되어 좋지 않다. 차가운 달걀물을 이용하고, 튀김옷을 만들 때는 찬물과 밀가루 자체도 냉장 보관한 것을 사용하는 것이 좋다. 일반적으로 튀김반죽은, 달걀물 한 컵(물 1컵 + 노른자 1개) + 박력분 1컵을 사용한다.

⑥ 찜요리(むしもの, 무시모노) : 증기를 이용하는 조리법

- 술찜 재료에 소금과 다량의 술을 넣고 찜한 요리(도미, 패류, 전복, 대합 등)
- 소금찜 재료에 소금 혼합(패류, 흰살생선, 닭)
- 된장찜 재료에 된장 혼합(흰살생선)

미림

소주에 찐 찹쌀과 쌀누룩을 넣어 양조한 술의 일종으로 알코올농도는 낮고 부드러우며 달콤한 맛이 있어 일본요리의 중요한 조미료이다. 단맛과 감칠맛이 있고 향이 좋다.

⑦ 무침요리(あえもの, 아에모노) : 생선, 채소 등을 무쳐낸다. (채소, 생선, 소라, 회무침 등이 있다.)

⑧ 초회(すのもの, 스노모노) : 계절감과 청량감이 생명이며, 재료의 고유한 맛을 살리는 것이 중요하다.

기본 혼합초

- 니하이즈 : '식초 1 : 간장 1 : 다시국물 1.2'의 비율로 재료를 혼합하여 한번 끓여 사용한다. 갑각류, 패조류, 어패류 초무침과 생선구이 등의 곁들임초로 사용한다.

- 삼바이즈 : '식초 2 : 간장 1 : 다시국물 2.5 : 설탕 1'의 비율로 재료를 혼합하여 한번 끓여 사용하며, 갑각류, 패조류, 어패류 초무침과 생선구이의 곁들임초로 사용한다.
- 아마즈 : '식초 1 : 물 2 : 설탕 1 : 약간의 소금'을 혼합하여 살짝 열을 가한 후 식혀서 사용한다. 채소류 초절임에 사용한다.

⑨ 냄비요리(なべもの, 나베모노) : 보온성이 있고, 가능하면 두껍고 넓은 냄비가 좋다. 지리, 탕, 냄비우동 등이 있다(성기협 · 송병구 · 김종욱 · 이정기, 2008).

〈표 2-20〉 일본음식의 종류

- 무코쓰케(向附) : 주로 생음식을 말하며, 사시미(회), 생채소무침 등이 있다.
- 스이모노(吸い物) : 국을 말하며, 미소시루(된장국)와 스마시지루(맑은국)로 나뉜다.
- 하치사카나(鉢肴) : 생선이나 육류를 구이, 튀김, 찜, 조림 등의 방법으로 조리하여 오목한 그릇에 담아내는 음식이다. 두부류를 사용하기도 하며 채소를 곁들여 담기도 한다.
- 니모노(煮物) : 써는 방법이나 색채를 고려해서 채소, 생선, 육류 등을 조린 음식이다.
- 고돔부리(小丼) : 스노모노(酢物, 초무침), 아에모노(あえ物, 무침음식) 또는 히타시모노(浸し物, 데친 채소에 간장을 뿌린 것)를 작은 돔부리 그릇에 담아내는 음식이다.
- 구치도리(口取り) : 생선을 단맛이 나게 지져서 접시에 담아내는 음식으로, 국물이 적고 맛이 진하다.
- 고노모노(香の物) : 단무지, 나라즈케, 랏쿄 등 절임음식을 2-3가지 정도 담아내는 것이다.

자료 : 위키백과사전

〈표 2-21〉 대표적인 일본요리와 식재료

우동

일본 면의 대표인 우동은 헤이안시대에 당에서 홍법대사가 밀과 동시에 우동의 제법을 가지고 왔다는 설이 있다. 우동은 중국식 칼국수를 뜻하는 말로 굳어졌으며 에도시대에 교토와 오사카를 중심으로 발달한 '면발이 연하고 야들야들한 관서우동'인 사누키(讚岐)우동의 시초이며, 시코쿠(四國) 지방을 중심으로 발달된 것이 사누키우동이다.

스시(수사(壽詞))

전통 스시는 생선에 소금과 쌀 또는 밥을 넣어 발효시킨 식품을 말하며 '나레즈시'가 바로 그것이다. 신맛은 쌀이나 밥의 녹말이 유산균에 의해 분해되어 유산이 생성되기 때문이다. 스시라는 이름도 시다는 뜻의 옛말인 '스시'에서 나왔다는 것이 정설이다. 스시는 무로마치(1333~1573년)시대에 들어 큰 변화를 맞는데 '나마나레'는 3~10일간 살짝 발효시킨 후 생선과 밥을 함께 먹었으며 밥에 식초를 섞게 되었다. 식초는 처음 발효를 앞당기기 위해 첨가됐으나 나중에는 전통 스시의 신맛을 흉내내는 데 쓰였다. 19세기 들어서 손으로 초밥을 적당한 크기로 뭉쳐 어패류를 얹어주는 '니기리즈시'가 개발되었다.

일본요리의 기본재료

① 가쓰오부시(かつおぶし) : 일명 가다랭이포, 쪄서 말린 가다랭이(참다랑어, 참치)를 대팻밥처럼 밀어 놓은 것.

② 다시마 : 도톰하고 폭이 일정하며 하얀 가루가 많이 붙은 것이 국물이 더 잘 우러난다.

③ 혼다시 : 가다랭이 국물맛을 쉽게 낼 수 있도록 만든 인스턴트 조미료. 가다랭이를 주재료로 간장, 청주, 맛술 등을 넣어 분말형태로 만들었기 때문에 된장국이나 오뎅, 국수 등의 국물을 만들 때 가다랭이 국물 맛을 쉽게 낼 수 있다.

④ 시치미도후가라시(칠미) : 일곱 가지 향신료가 배합됨. 즉 고춧가루, 삼씨, 파란 김, 흰깨, 검정깨, 풋고추가루, 산초가루 등을 섞어 일본요리의 매운맛을 낼 때 사용하는 양념.

⑤ 맛술(미림) : 청주에 단맛과 향기를 더한 조리용 술. 음식 맛을 훨씬 부드럽게 하고, 고기의 누린내와 비린내를 없애준다.

⑥ 간장 : 간장은 일본 특유의 발효 조미료로서 진간장, 국간장, 다마리쇼유, 간로쇼유, 시라쇼유 등의 다섯 종류가 있다. 간장의 맛있는 성분은 아미노산류이며 그중에서 약 1/5이 글루타민산이다.

⑦ 미소(된장) : 미소는 삶은 콩을 짓이겨서 소금과 쌀, 밀, 보리, 콩 등으로 만든 코우지(효모의 효과를 내는 누룩)를 섞어서 만든다.

- 가라쿠치코메 미소 : 밝은 갈색의 짭짤한 쌀미소
- 추우카라코메 미소 : 노르스름한 갈색의 비교적 달콤한 맛의 쌀미소
- 무기미소 : 붉은빛이 나는 짠맛의 보리미소
- 마메미소 : 핫코미소라고도 하며, 매우 검고 진한 콩미소
- 아마쿠치 시로미소 : 밝은 노란색이고 다소 단맛을 내는 쌀미소

자료 : 한국관광용품센터, 식자재 가이드 북

5. 중국의 식문화

중국요리는 광활한 영토와 유구한 역사 속에서 숱한 왕조의 역사와 더불어 발전하여 왔다.

일찍이 고대 중국의 주조(周朝)는 처음으로 중국을 통일하고 찬란한 농경문화를 구축하였으며, 진시황제의 전국시대에는 한방식이 시작되었으며, 한나라 시대에 유교와 불교의 가르침으로 식문화의 기반이 조성되었다. 이렇듯 중국의 식문화는 오랜 역사와 풍부한 식재료, 여러 민족의 생활양식이 어우러져 발전하게 되었다.

〈표 2-22〉 중국 식문화의 변천사

시대구분	식 문 화
주조(周朝)시대	농경문화 구축, 농기구와 맷돌의 고안으로 밀가루음식의 발전(빵, 국수)
춘추시대	주례; 음식의 특성과 배합을 기록함 예기; 육적(꼬챙이 사용), 습열조리법을 기록함
전국시대	한방식이 도입되고, 약초를 이용한 가공식품의 태동
한나라시대	유교와 불교를 기반으로 식문화 형성. 금, 은, 칠그릇의 사용
후한~남 · 북조 시대	쌀의 이용이 많아지고 이 시기의 『제민요술』에는 발효법이 소개됨
수 · 당나라 시대	실크로드를 경유하여 향신료 등의 다양한 식재료 유입 제분법이 발달하고, 제비집, 곤충 등을 이용한 구황식품의 가공 저장법이 발달함
원나라시대	몽고의 영향으로 육류조리법 발달
명나라시대	옥수수, 고구마의 유입
청나라시대	중국요리의 부흥기. 행사음식(예 : 만한전석)과 돼지고기요리 발달

중국요리의 특징

① 재료의 선택이 자유롭고 광범위하다.

일반식품은 거의 모두 재료로 이용되며 종류가 다양하고 광범위하다.

② 맛이 다양하고 풍부하다.

오미의 배합으로 맛을 다양하게 한다.

③ 조리기구가 간단하고 사용이 쉽다.

다양한 음식에 비해 조리기구는 가짓수가 적고 단순하며 사용법이 편리하다. 기본 조리기구로는 튀김 팬, 찜통, 볶음용 국자, 국자, 칼, 도마가 있다.

④ 숙식 위주의 조리법이 다양하다.

불이나 뜨거운 물, 기름을 이용해 익혀먹는 숙식을 기본으로 한다.

⑤ 기름을 합리적으로 많이 사용한다.

다양한 기름(고추, 파, 마늘)을 이용하여 보통 고온에 단시간 볶아 식재료 원래의 맛을 살리고 색을 선명하게 하며 영양 손실을 최대한 줄인다. 녹말물로 농도를 조절하여 기름과 수분을 융합하여 분리를 방지하고 맛이 전체에 골고루 들게 하며 잘 식지 않게 한다.

중국요리에서 녹말은 농후제, 윤기, 열전도율을 좋게 하는 데 사용한다.

⑥ 조미료와 향신료의 종류가 풍부하다.
향신료를 이용하여 좋지 않은 냄새를 제거하고 요리에 향이 나게 하여 맛을 풍부하게 한다.

⑦ 외양이 풍요롭고 화려하다.
음식을 수북하게 담아 풍성한 여유를 느끼게 하고 식재료로 모양을 내어 화려하게 장식한다.

지역적 특징에 의한 분류

중국요리는 지역적인 특징에 따라 크게 베이징요리(北京料理), 난징요리(南京料理), 광둥요리(廣東料理), 쓰촨요리(四川料理) 등으로 분류할 수 있다.

〈표 2-23〉 중국요리의 지역적 분류

베이징요리
베이징(北京)을 중심으로 남쪽으로 산둥성(山東省), 서쪽으로 타이위안(太原)까지의 요리를 포함한다. 베이징은 중국의 정치 · 경제 · 문화의 중심지였고, 궁중요리를 비롯하여 고급요리가 발달하였다. 베이징은 지리적으로 한랭한 북방에 위치하여 높은 칼로리가 요구되기 때문에 육류를 중심으로 강한 화력("루매이"라는 석탄 사용)을 이용하여 짧은 시간에 조리하는 튀김(炸)요리와 볶음(炒)요리가 발달하였다.

광둥요리
중국의 남부지방요리이며 광저우(廣州) · 푸젠(福建) · 차오저우(潮州) · 둥장(東江) 지방을 일컫는다. 아열대기후로 생산물이 풍부하여 요리가 많이 발전하였다. 청나라 시대에는 무역의 중심지로 외래의 물품이 유입되고 외국인의 왕래가 빈번하여 식생활문화에 많은 영향을 끼쳤다. '광주식재(廣州食在)'라는 말이 있듯이 풍부한 식재료를 자랑한다(쇠고기 · 서양채소 · 토마토케첩 · 우스터소스 사용).

난징요리(상해요리)
중국 중부지방의 요리로, 난징(南京) · 상하이(上海) · 쑤저우(蘇州) · 양저우(揚州) 등지의 요리를 총칭한다. 난징(양쯔강(揚子江) 하구)을 중심으로 풍부한 해산물과 쌀을 바탕으로 한 식생활을 하였다. 19세기부터 시작한 서유럽의 대륙 잠식 결과 상하이를 중국 중부의 중심지가 되게 했으며, 상하이요리(上海料理)로 발전하게 된다. 따뜻한 기후와 풍부한 농산물, 갖가지 해산물의 집산지로 다양한 요리가 있고 특산물인 장유의 이용이 독특하다. 보통 간장이나 설탕으로 달콤하게 맛을 내며 기름이 많고 진하며 요리 색상이 화려한 것이 특징이다.

사천요리

양쯔강 상류의 산악지대 요리를 대표하는 쓰촨요리는 윈난(雲南) · 구이저우(貴州)요리까지를 총칭한다. 바다와 멀어 해산물요리가 적으나 계절 구분이 뚜렷한 곡창지대로 생산물이 풍부하여 육류와 채소요리가 많은 것이 특징이다. 환경적 요인에 의해 향신료를 많이 이용한 요리가 발달하였다. 특히 매운 요리와 마늘 · 파 · 고추를 사용하는 요리가 많다.

산악지대에서 나오는 암염(岩鹽)은 소금절이의 유래가 되었다.

자료 : 다음지식http://k.daum.net/qna/openknowledge/view.html?category_id=ORR&qid=2eJe9

중국요리의 기본조리법

① 볶음요리는 반드시 센 불로 단시간에 조리한다

재료가 가진 본래의 맛을 살리고, 향료 및 조미료와 재료의 색을 살려내는 것이 중요하다. 이때 주의할 것은 팬을 달군 후 기름을 둘러 예열하는 것이다. 초보자의 경우 팬과 기름을 같이 달궈서 재료를 팬에 넣자마자 타버리는 경우가 종종 있다.

② 파, 마늘, 생강 등의 양념 향이 기름에 배도록 한다

중국요리는 기름을 다양하게 활용하는데 중국요리의 맛에서 느껴지는 향은 재료를 볶기 전에 마늘과 파 등의 양념을 뜨거운 기름에 먼저 볶음으로써, 기름에 양념의 향이 배게 한 것이다. 이때 마늘, 생강, 파, 고추기름 등을 이용한다.

③ 재료를 기름에 데칠 때에는 중간불에서 시작한다

중국요리의 맛을 만들어내는 방법 중 중요한 것이 재료를 요리하기 전에 우선 데치는 것으로 '화'한다고 표현한다. 보통 육류를 달걀과 전분으로 반죽하여 약 60~70℃의 기름에 데치면 재료가 부드럽고 고소하게 된다.

④ 육류 및 해물은 반드시 먼저 간을 해놓는다

어떤 음식이든 밑간을 해놓으면 맛이 더해진다. 밑간을 해두지 않으면 속칭 맛이 '겉돈다'는 표현을 하는데 깊은 맛을 느낄 수 없다. 또한 해물 같은 경우는 밑간 후 약간의 콩기름을 첨가하는데 이유는 양념이 배어나오지 않도록 하고 육질을 부드럽게 해주는 효과가 있기 때문이다.

⑤ 물 녹말은 반드시 재료가 끓을 때 넣는다

물 녹말은 반드시 재료가 끓을 때 넣고 잘 저은 후 한 번 더 국물을 끓여야 한다. 약한 불에 녹말을 넣게 되면 덩어리지는 현상이 생기고 풍미가 좋지 않다. 또한 녹말은 물과 1 : 1의 비율로 하는 것이 좋다. 비율이 맞지 않으면 농도와 간을 맞추기가 어려워진다.

⑥ 튀김용 가루는 녹말을 물에 가라앉힌 후 앙금을 사용한다

중국 튀김요리의 맛을 만들어내는 방법 중 중요한 것은 입히는 재료를 미리 물에 가라앉힌 녹말만으로 요리하는 것이다. 녹말을 물에 녹인 후 몇 시간 후에 윗물을 따라낸 후 아래 가라앉은 앙금을 튀김요리의 옷으로 사용하는데 이것이 중국요리의 맛을 높이는 방법이다. 튀김에는 날 전분만으로 반죽하는 방법이 있고, 물과 달걀을 이용하는 방법이 있는데 튀김의 식감에서 많은 차이가 난다.

〈표 2-24〉 중국요리에 주로 쓰이는 소스

① 두반장 : 매운 요리에 주로 쓰이는 재료. 중국 고추장과 비슷하며 짜고 매운 소스이다. 마파두부, 새우칠리소스 등에 쓰인다.
② 고추기름(辣油) : 매운 향이 나며, 검붉은색이 요리할 때 예쁘게 나온다. 매운 요리에 대부분 사용한다.
③ 소흥주(紹興酒) : 중국 소흥지방의 명주로 정종, 청주 등과 같은 용도로 쓰인다. 조리 시 술의 향을 강하게 낸다.
④ X.O소스(X.O醬) : 마른 관자 등을 주원료로 만든 소스. 해삼요리, 고기요리 등 다양한 요리에 쓰인다.
⑤ 라조장(辣椒醬) : 중국 고추장의 일종으로 두반장과 비슷하다.
⑥ 호유 : 굴소스, oyster sauce 등으로 중국요리에 많이 쓰이는 소스 중 하나로 굴을 삭혀서 만든다. 팔보채, 해삼요리 등에 쓰인다.
⑦ 홍식초(紅醋) : 중국 3종류의 식초 중 하나이다. 상어지느러미요리, 산라탕 등에 사용된다.
⑧ 매실소스(梅花醬) : 매실을 주원료로 만든 소스로 새콤한 과일의 향이 특징이며 단맛이 강하다. 매실소스새우나 생선요리나 단 음식에 많이 사용한다.
⑨ 노두유(老頭抽) : 중국 간장류 중 하나로 노추라고도 불린다. 색이 검고 짠맛이 약하다. 주로 맛보다 색을 내는데 많이 사용된다.
⑩ 해선장(海鮮醬) : 해산물 등을 주원료로 만든 소스로 북경오리소스에도 사용된다.
⑪ 닭소스 : 닭고기국물로 만든 소스로 닭고기 재우는 용이나 조림맛을 낼 때 사용한다.
⑫ 챠쇼우소스 : 고기구기에 많이 이용하는 소스로 매우 짜기 때문에 다른 소스와 섞어 쓴다.
⑬ 짜장 : 짜장면의 원료인 짜장은 중국 여러 요리에도 사용된다. 콩, 밀가루를 섞어 일정기간 발효시킨 후 소금, 캐러멜을 넣어서 만든다.

자료 : 한국관광용품센터, 식자재 가이드 북

중국의 차문화

중국의 차문화는 식사와 행사 시를 비롯하여 일상적으로 생활 깊숙이 파고들어 우리들이 물을 마시는 것과 같다. 별도의 특별한 예의를 요하지 않으나 상대방의 잔에 차가 빌 경우 계속 따라주는 것이 예의이다. 아울러 차에는 소화와 배뇨기능을 활성화시키는 데 도움을 주는 여러 가지 효능이 있다. 차는 중국의 물(석회질이 많음)이 좋지 않은 관계로 물속의 불순물이나 독성을 제거하는 역할을 한다. 특히 기름기 많은 중국 음식물을 먹고 난 후 차를 마시면 기름기 제거에 도움을 준다.

[그림 2-8] 오룡차(烏龍茶, 青茶, Oolong Tea) 추출 모습과 중국의 재래시장

〈표 2-25〉 중국 차(茶)의 종류

녹차(綠茶) : 불발효차

중국의 차 가운데 역사가 가장 길며, 생산량이 많고 품종이 다양하다. 녹차 중의 명차는 서호(西湖) 용정차(龍井茶), 항주(杭州) 벽라춘차(碧螺春茶), 황산모봉 등이 있다.

- 과정 : 살청(덖음)–유념–건조

홍차(紅茶) : 전발효차(발효도 85% 이상)

국내 총생산의 1/4을 차지하며, 수출량은 총수출량의 1/2을 차지한다. 홍차 중의 명차는 기(祁) 홍차, 기(淇) 홍차, 영(英) 홍차이다. 분말형과 엽차형이 있으며, 정산소종 기문홍차가 대표적이다.

- 과정 : 위조–유념–전색–건조

청차(青茶) : 반발효차(발효도 10~65%)

녹차의 향과 특유의 감미로운 맛을 겸하여 갖추었다. 특히 뒷맛이 가져오는 독특한 감칠맛이 좋다. 철관음과 대만우롱차, 무이암차가 유명하다.

- 과정 : 위조–요청–살청–유념–홍배

백차(白茶) : 반발효차(발효도 10~65%)

찻잎 전체가 솜 같은 하얀 털로 덮여 있고, 차에 달인 후의 탕색은 담황색으로 우아한 빛을 발한다. 쓸개와 위에 좋으며 백호은침(白毫銀針)과 백모단(白毫丹)은 백차의 진품이다.

- 과정 : 위조 –건조(불로 가볍게 볶아 건조)

황차(黃茶) : 후발효차(발효도 10~65%)

녹차를 만들다가 살청온도를 낮게 하여 두면 황차가 된다. 군산음침, 곽산황아가 있다.

- 과정 : 살청–유념–민황–건조

흑차(黑茶) : 후발효차(발효도 10~65%)

흑차를 만드는 초기과정은 녹차와 비슷하나 살청을 약하게 하여 계속 발효가 진행되기 때문에 후발효차라고 한다(보이차, 육보차).

- 과정 : 위조–살청–유념–악퇴–건조–보관 및 발효
- 재스민차는 녹차나 홍차에 재스민 향기를 첨가한 차를 말한다(재가공차).

용어해설

- 살청 : 덖음이라고 하며, 물기가 있는 고기나 약재, 곡식 따위에 물을 첨가하지 않고 볶아서 익히는 것
- 유념 : 차향을 높이는 과정으로 차를 비비는 과정
- 위조 : 볕에서 시들게 하는 과정
- 민황 : 찻잎에 열과 습기를 가해 황색으로 변하게 하는 방법
- 요청 : 인위적(손으로 비벼서)으로 찻잎의 푸른색을 빼내고 건조하는 방법
- 홍배 : 약한 불로 말리는 과정
- 악퇴 : 수분함량을 높여 발효시키는 과정

6. 이슬람의 식문화

이슬람문화 하면 문화와 종교적으로 상이함을 느끼는 것이 사실이다. 그만큼 현실적으로 이슬람문화를 접할 기회가 많지 않고, 동떨어진 문화적 구조를 이루고 있기 때문이다. 그러나 이슬람의 문화는 그 역사만큼이나 오랜 전통과 합리적인 생활양식을 가지고 있다. 이슬람 지역이라 함은 지형적 특성이 사막으로 이루어져 있고, 생활양식 또한 유목생활을 하는 민족이다. 따라서 사막이라는 열사의 지역에서 그들이 삶을 영위하기 위해서는 우리의 입장에서 보면 굉장히 독특하고 신비로운 생활양식을 가지고 있는 것이 사실이다. 우리가 그들의 삶의 터전인 지역의 지리적 특수성을 인식하고 열린 마음으로 바라본다면 그들이 지금까지 이루어낸 합리적이고 과학적인 식문화를 배우는 데 어려움이 없을 것이다. 그들은 사막의 유목생활로 인하여 낮에는 이동을 할 수 없어 밤에 이동을 하는 생활양식에 따라 천문학과 점성술이 발전하였으며, 혈연 간의 공동체생활을 통한 공동체의식이 관습적으로 자리 잡고 있다.

또한 이슬람의 음식문화는 허용된 것(halal)과 금지(haram)되어야 할 것을 규정하고 있다. 쿠란(Quran)에 비친 음식금기의 정의를 보면, "믿는 자들이여, 하느님께서 너희에게 부여한 양식 중 좋은 것을 취하고 그분께 감사하고 그분만을 숭배하라. 죽은 고기와 피와 돼지고기를 먹지 마라. 그러나 고의가 아니고 어쩔 수 없이 먹을 경우는 죄악이 아니다. 하느님은 진실로 관용과 자비로 충만하신 분이니라."(쿠란 2장 172~173절)라고 기록되어 있다. 이것을 구체적으로 표현하면 이슬람의 음식에서 금기시되는 음식은 영적으로 허용되지 않은 음식, 즉 무분별한 살생과 그들의 삶의 방식에서 정도를 벗어나지 않는 생활양식을 정한 규범으로도 이해할 수 있을 것이다.

이슬람에서의 금기(haram)음식

하느님의 이름으로 잡지 않는 것, 목 졸라 죽인 것, 때려잡은 것, 떨어뜨려 죽인 것, 서로 싸우다 죽은 것, 다른 야생동물이 먹다 남은 고기, 우상에 제물로 바쳐졌던 고기, 화살로 점을 치기 위해 잡은 것 등.

이와 같이 이슬람에서는 육식에 여러 가지 제한을 두었지만, 굶주림이나 강제와 같이 불가피한 상황에서 허용하는 문도 열어준 것이 이슬람 음식문화의 특징이다.

이슬람문화의 낙타와 돼지고기

이슬람에서는 돼지고기의 섭취를 금하고 있는데, 유독 돼지고기를 금한 이유는 낙타와의 상관관계를 살펴보면 알 수 있다.

낙타가 이슬람문화에서 차지하는 비중은 한마디로 삶 자체라고 표현해도 지나침이 없으며, 그들의 생활양식에서 낙타는 생존수단의 필수조건으로 귀결된다.

① 유목생활의 효율성(운반, 수송, 전쟁)
② 식육으로서의 가치
③ 배설물을 이용한 연료로서의 사용
④ 낙타 젖을 이용한 유제품의 활용
⑤ 털가죽을 이용한 의복의 활용

등의 이유를 살펴볼 때 낙타는 사막에서 생명수와 같은 역할을 한다.

그러나 상대적으로 금기되어진 돼지고기는 그들의 생활 속에 해악의 우려만 있을 뿐 위에서 열거한 효용가치가 낮음으로 하여 종교적 · 문화적으로 금기가 된 것이라고 볼 수 있을 것이다.

축제와 음식

할랄은 인간을 위해 희생된 생명을 위로하고 고기와 가죽, 털을 깔끔하게 정리하여 완전한 순환을 이루며 판매를 목적으로 하지 않으며 축제 때 잡은 고기는 3등분하여 함께 나누는 '나눔의 문화'를 강조한다.

이슬람권의 대표적인 축제는 이둘 피트르(Eid ul Fitr)와 이둘 아드하(Eid ul Adha)이다. 이러한 축제는 종교적 · 사회적 측면에서 이슬람사회에 큰 영향을 끼치며, 경제적인 면에 있어서도 큰 영향을 미친다.

〈표 2-26〉 라마단기간의 이슬람사회

부정적 측면	긍정적 측면
1. 직장과 관공서의 근무시간 단축에 따른 생산성 하락 2. 단축 근무에 따른 소비증대 (생산과 소비의 불균형에 따른 물가상승)	1. 도시와 농촌 간의 경제적 교류를 통한 농촌경제 활성화 2. 라마단기간 말기의 축제를 통한 경제 활성화 (모피산업, 유제품산업 등)

〈표 2-27〉 아랍의 대표음식

양고기 : 숯불에 요리하는 고기를 일반적으로 케밥이라 부른다. 케밥(kebab)은 페르시아어에서 유래되어 오스만제국을 거치면서 터키의 대표적인 음식으로 자리 잡았다.

유제품 : 양젖과 염소젖, 낙타젖은 물론 요구르트와 마시는 발효유인 라반을 만들어 널리 먹고 마신다. 양젖으로 빚은 수백 가지의 치즈도 음식을 발달시키는 주요한 요소이다.

꾸스꾸스 : 좁쌀 같은 작은 밀가루 알갱이에 생선이나 고기를 넣고 양념으로 맛을 낸 대표적인 지중해 음식이다.

검은 올리브와 대추야자 : 대추야자는 라마단 단식기간 동안 저녁 일몰과 함께 단식이 깨어질 때 맨 먼저 먹는 음식이기도 하다. 사막을 횡단하는 카라반(대상)을 할 때는 대추야자가 비상식품 역할도 한다. 샐러드를 만들어 먹을 때는 반드시 올리브오일을 쓰고 레몬즙을 뿌린다.

채소 : 주로 즐기는 채소는 오이, 당근, 양파 등이다. 토마토는 채소로 분류되고 불에 굽거나 삶아서 음식과 함께 먹는다.

음료 : 깨끗한 냉수를 가장 선호하고, 붉은 홍차에 설탕을 진하게 넣어 마신다.

설탕(sugar) : 아랍-이슬람 시대에 멀리 동쪽에서 서쪽으로 전래된 작물인데, 오늘날의 사탕수수였다. 페르시아에서 설탕은 '세케르(sheker)'와 '칸트(qand)' 등 두 가지로 불렸다. 이슬람 중세 내내 설탕의 경작과 정제가 이집트와 북아프리카로 전해졌고, 설탕은 기독교의 유럽으로 수출되는 중동-이슬람 세계의 주요 상품이었다. 설탕의 재배와 플랜테이션 기술은 북아프리카에서 이슬람 치하의 스페인으로, 그곳에서 다시 대서양, 결국 신대륙으로 전해졌다.

현대 음료 : 콜라는 거의 펩시로 통한다. 코카콜라가 유대자본이라 하여 오래전부터 아랍사회에서는 금기시되어 왔기 때문이다.

- 아침은 빵에 꿀을 발라 먹거나 검은올리브 몇 알, 따뜻한 홍차로 가볍게 끝낸다.
  점심은 주로 3~4시경에 저녁은 가족이 함께 모여 9시경부터 비교적 성대하게 먹는다.
  주말에는 가까운 친구나 친지까지 초대하여 밤새 먹고 마시기도 한다.
- 냉 · 온차/수프/샐러드/만두와 튀김/양고기/빵/요구르트/치즈/꿀/과일, 커피

자료 : 이희수, 아랍음식 콜로키움 교육자료, 2012.9.7

코셔(Kosher)식품과 할랄(Halal)식품

- 코셔식품(Kosher) : 이스라엘의 정결음식으로 구약성경에서 지시한 율법대로 행하는 유대인들의 식품
- 할랄식품(Halal) : 쿠란의 율법대로 무슬림이 먹고 쓸 수 있는 제품의 총칭

즉, 영적인 신념에 의거하여 생성된 식품문화이다. 종교적인 가치에 기반함으로써 현대인들에게 안심하고 섭취할 수 있는 식품으로 인식되고 있으며 세계적으로 시장 규모가 늘어가는 추세이다.

3 CHAPTER 주방의 개요

매뉴얼(Manual) 관리

외식사업 운영의 핵심요소인 주방관리에 들어가기에 앞서 효과적인 사업 운영관리를 위하여 각 지점의 통제도구이며, 관리도구로 사용되는 '매뉴얼(manual)'에 대하여 알아볼 필요가 있다. 매뉴얼은 운영 매뉴얼, 메뉴 매뉴얼, 위생 매뉴얼, 조리 매뉴얼, 서비스 매뉴얼, 트레이닝 매뉴얼 등 외식운영에 있어 각 지점의 통제도구로 다양하게 활용된다. 특히 주방관리에서는 위생관리, 구매관리, 메뉴관리, 원가관리로서 두루 사용되는 도구로 그 목적은 직원의 효율적인 운영이라 할 수 있다.

주방관리에서 '매뉴얼'이라는 개념은 표준 업무지침을 마련하여 그에 따른 확인, 즉 일정 시점에서 업무내용을 표준이 되는 것과 비교 분석, 즉 확인하는 행위이다. 외식경영관리에서 요구되는 모든 업무의 내용을 설정하여 경영자가 사전에 설정한 목표를 보다 효율적으로 달성할 수 있는 의사결정의 요약체계로 인식하면 될 것이다.

이러한 관점에서 주방관리에서 이용하는 매뉴얼은 종사원을 단속하기 위한 도구로 구성되어서는 안 되며 외식운영 관리활동의 전반적인 내용을 지속적으로 모니터링하여 비효율성을 지적하고 효율적으로 관리하기 위해 필요한 조치를 내릴 수 있도록 운영되어야 한다. 매뉴얼은 정확한 객관성을 가져야 하며 지속성과 함께 현실성, 적합성이 있어야 한다. 때로는 업무에 관하여 유연한 접근이 필요할 때도 있다. 일례로 고객응대 시 정해진 매뉴얼대로 직원이 움직일 때 벌어질 수 있는 상황도 고려하여야 하며 구체적으로 종업원이보편적이고도 원활하게 업무를 진행할 수 있는 구성으로 설계되어야 한다.

특히 운영 면에서 매뉴얼은 각 지점에서의 관리 시스템의 정립이 매우 중요하다. 외식업체의 영업활동의 흐름은 메뉴선정→구매→검수→저장→출고→준비→생산(저장)→판매→분석→사후분석(Feed back)→구매의 반복적인 순환으로 이루어지는데, 운영관리 중 접점에서 관리가 미흡할 경우 책임소재 분쟁의 우려가 있고 직원들의 주의 있는 관심이 결여될 경우 기업 이윤적 측면에서 손실이 발생될 수 있으며 원인 파악 또한 어렵게 되어 경영상의 어려움을 겪게 될 것이다.

매뉴얼 작성의 방법으로는 계획에 의거한 정보의 수집과 작성 및 실행, 사후평가의 순으로 이루어질 수 있다. 즉 식재료의 구매를 예로 들면, 구매계획에서는 철저한 시장조사, 검수가, 저장단계에서는 안전한 재료관리에 관계되는 모든 요소와 절차를 정립하여 향후 미비점을 분석 · 보완하여 문제점이 재발되지 않도록 시스템을 구축하는 것이라 할 수 있다. 외식사업 운영에 있어 훌륭한 매뉴얼 설계야말로 목적을 달성하기 위한 구체적이고 체계적인 방법과 절차, 정해진 목적을 실행할 당사자의 참여 정도에 따라서 생산성 높은 통제 시

〈표 3-1〉 매뉴얼 관리

'매뉴얼(manual)'이란 외식사업 운영의 순환 프로그램에서 각각의 업무 중 문제점이나 비생산적인 요인을 분석하여 업무 흐름을 순조롭게 진행할 수 있도록 만들어놓은 관리도구로서 업무별로 직무분장, 작업순서 및 범위를 표준화한 절차서이며 항상 정기적인 관리가 이루어져야 한다. 또한 운영상의 접점관리의 도구로 사용된다.

현실적으로 완전한 매뉴얼 관리란 상시 영업활동의 모든 과정을 포괄적으로 관리하는 것으로 표준설정→실제와 표준 비교분석→수정실행 관리 절차로 마무리하는 것으로 요약할 수 있다.

1. 표준설정; 개념정립, 정보수집, 계획
2. 실행관리; 위생관리, 메뉴관리, 구매관리, 생산관리, 재고관리, 서비스관리
3. 사후관리; 각 지점의 분석

- 매뉴얼의 조건 : 객관성, 유연성, 현실성, 적합성, 지속성, 보편성, 시의 적절성

스템을 이루어낼 수 있다.

제1절 주방의 개념과 특성

외식사업의 대표적인 수익 센터로서 식음료 생산을 담당하는 주방은 외식사업의 특성에 따라 여러 종류로 구성될 수 있으나, 그 핵심적 역할은 고객에게 맛과 멋을 제공하여 고객만족을 통한 기업의 수익성을 향상시키는 데 있다.

주방과 관련하여 개념을 정립한 논거들을 살펴보면 다음과 같다.

〈표 3-2〉 주방의 정의

- 고객의 취향과 기호에 알맞게 음식을 제공하기 위하여 전문적인 조리지식과 기술을 가진 조리사가 양목표(量目表, recipe)에 의한 조리작업을 할 수 있는 각종 조리시설 · 기구 · 장비 · 설비 등을 복합적으로 갖추어 놓은 일련의 공간(우성근, 1996)
- 주방이란 기술을 가진 조리사가 정해진 방법과 양목표에 의해 고객에게 판매를 목적으로 음식을 가공, 조리할 수 있도록 시설을 갖추어 놓은 일정한 장소(이보순, 2000)
- 주방이란 조리상품을 만들기 위한 각종 조리기구와 식재료의 저장시설을 갖추어 놓고, 조리사의 기능적 및 위생적인 작업수행으로 고객에게 판매할 음식을 생산하는 작업공간(고진철 등, 2004)
- 주방이란 식품이 함유하고 있는 영양소를 미각적으로 맛있게, 위생적으로 안전하게, 시각적으로 보기 좋게, 영양적으로 손실이 적게 음식을 만들거나 차리는 방 또는 조리를 위하여 준비를 갖춘 방이나 기타 공간을 의미한다(김종성, 1993).

이러한 정의를 바탕으로 주방은 '조리사가 고객의 욕구와 필요를 충족시킬 수 있는 상품을 만들어내는 생산공간'으로 정의할 수 있다.

주방은 외식사업의 규모에 따라 다양하지만 일반적으로는 레스토랑의 상품생산을 담당하는 영업 주방(outlet kitchen)과 이를 지원해 주는 메인 주방(main kitchen)으로 크게 나뉜다. 따라서 영업 주방과 메인 주방 간의 상호 협동적인 분위기는 조직의 성과를 달성하는 데 중요한 요인이 된다. 어느 기업이나 마찬가지지만 한두 직원의 능력으로 조직의 목표를 달성하기는 쉽지 않다. 이러한 관점에서 주방은 복잡한 인적자원으로 구성되며 조리업무를 보다 효과적으로 달성하기 위하여, 각각의 직원에게 업무를 규정하고 그에 따르는 권한과 책임을 부여하여 관계를 정립한 일체의 인적 구성체라고 할 수 있다. 비슷한 맥락에서 주방은 복잡한 인적자원으로 구성되어 있기 때문에 상하 동료 간의 긴밀한 협동이 요구되고, 인적자원 의존도가 큰 노동집약적 산업으로서 음식을 만드는 과정에서 조리종사원의 창의성과 기능을 요구하는 곳이라고 하였다(이창국, 2000). 결국 외식사업 주방은 직무별로 구체적으로 세분화되어 있기보다는, 영업장의 고객, 업무상황에 따라서 상호유기적인 협력형태로 구성되어 운영되는 특성을 지닌다고 볼 수 있다.

1. 주방의 생산적 측면의 특성

외식사업 주방의 특성을 생산적 측면에서 살펴보면 다음과 같다.

첫째, 생산과 소비(판매)가 한 장소에서 이루어진다.

호텔 레스토랑과 외식서비스업 같은 전통적인 서비스업의 특징은 생산지역과 소비지역이 같은 장소 또는 서로 인접한 곳에 위치하고 있다는 점이다. 즉 식재료가 구매되어 조리과정을 거쳐 상품화되고 상품화된 메뉴가 고객에게 서비스되기까지의 과정을 생산활동이라고 할 때, 호텔 레스토랑과 외식서비스업은 생산과 판매가 한 장소에서 이루어지는 특징을 가진다. 그러나 최근 기술혁신, 인건비 상승, 비용 절감을 위해 기존의 전통적인 방식에서 변형된 새로운 시스템이 도입되고 있다(양일선 등, 2004).

둘째, 주문 생산을 원칙으로 한다.

일반 제조업의 경우는 잠재고객을 위한 대량생산 혹은 다품종 소량생산을 특징으로 하지만, 호텔 레스토랑과 외식서비스업의 생산방식은 고객의 개별주문에 의한 생산을 기본으로 한다. 주문생산에 의한 개별상품을 생산하는 것을 원칙으로 하기 때문에, 특히 연말연시의 경우 고객이 과다 집중할 경우, 호텔 레스토랑과 외식서비스업은 조리사의 스트레스가 크며 제한된 공간에서 주방설비 관리에 어려움이 따를 수 있다. 주문생산방식에 대한 지나친 의존은 생산성의 저하를 초래할 수도 있으며(김영국, 1997), 최근에 미리 반조리된 음식을 준비하여 제공한다거나, 고객 자신이 직접 조리하게 하는 방법을 제시하기도 하였다. 이러한 관점에서 본다면 호텔 레스토랑과 외식서비스업에서의 주문 생산은 만병통치약이 아니며 이를 위해 새로운 생산 시스템의 대체가 필요할 수 있다.

셋째, 수요예측이 곤란하다.

호텔 레스토랑과 외식서비스업을 이용하는 고객의 유형별, 시간별, 요일별, 계절별로 정확한 수요예측을 하는 것이 어렵기 때문에 생산관리와 조직관리에 어려움이 있고, 일정량의 재고(par stock)를 항상 가지고 있어야 하므로 재고관리의 필요성이 대두된다. 특히 식자재의 경우 장기 보관할 수 없는 특징으로 인해 메뉴관리와 원가관리 등 주방관리의 전반에 어려움이 따를 수 있다.

이상에서 언급된 내용을 바탕으로 외식서비스업의 특성을 종합해 보면, 주방은 노동 · 기술 집약적인 특성을 지니고 있으며, 생산과 판매가 동시에 한 장소(공간)에서 이루어지는 생산과 판매의 동시성 특징이 있다. 또한 이용고객의 주문에 의한 개별생산으로 인해 메뉴의 종류가 많고, 수요예측이 곤란하다. 이로 인해 메뉴관리, 재고관리, 원가관리 등 주방관리 전반에 대해 어려움이 따른다.

따라서 광의의 개념으로 주방의 개념을 다시 한 번 정립하면 주방은 고객에게 제공되는 식음료 상품을 만드는 공간으로 식음료 상품의 질을 결정하고, 나아가 관리론적 차원에서 경영성과의 가장 중요한 역할을 하는 공간이라 말할 수 있다. 즉 음식이라는 유형의 상품과 이를 판매 · 서비스하는 무형의 생산품이 결부되어 하나의 이윤발생구조를 이루는 공간이라고 말할 수 있다.

2. 주방의 기능

외식사업의 상품 생산기능을 담당하는 조리부문은 환경조건에 따라 외적 기능과 내적 기능으로 대별된다. 외적 기능이란, 조리부문 외부의 상호관계(고객, 영업부 직원 등)에 의해 주고받는 영향을 의미하며, 내적 기능은 조리 부문 내부의 요소(구매, 검수, 조리 등)들에 의한 상호관계를 의미한다. 주방은 음식

생산을 위한 시설 기능은 물론이고 음식물을 조리하는 이외에 인적 · 물적 서비스를 제공한다.

생산부문에 해당하는 주방의 외적 · 내적 기능은 다음과 같다.

따라서 주방의 기능은 상품의 개발 및 생산, 마케팅 기능과 지속적인 생산성 향상을 위한 식재료관리, 노무관리, 설비관리 등으로 정리할 수 있다.

〈표 3-3〉 주방의 내 · 외적 기능

1. 고객 분석(소비성향, 소비주체)을 통한 메뉴의 상품화 2. 상품(메뉴)생산 및 고객의 요구에 따른 적합 제공 3. 재무기능 : 인력관리를 통하여 노무비용 절감을 위한 인력관리기능, 효율적 구매관리를 통한 원가절감 기능

제2절 주방관리와 조직구성

1. 주방관리의 개념

관리란 "다수의 인간 활동의 결합에 의하여 특정한 목적을 달성하고자 하는 행위인데, 이것을 단적으로 표현하면 타인으로 하여금 일을 하도록 하는 것"이라고 할 수 있다(박강수, 1993). 일반적 의미로 인적 · 물적 자원을 지휘 감독하거나 통제하는 것이라 말할 수 있으며, 이와 같은 관리의 기본적인 원칙을 전제로 한다면 외식사업의 주방관리 역시 사전에 설정된 매뉴얼을 바탕으로 주방의 크기와 위치를 결정하고, 주방의 시설과 배치, 주방기물의 선정, 주방환경 등의 기본원칙을 바탕으로 영업장의 상황적인 변수를 고려하여 기능적으로 계획된 후 디자인되고 운영되도록 관리하여야 한다. 또한 외식업의 주방관리는 주방이라는 공간에서 고객에게 제공될 상품을 가장 경제적으로 생산하여 최대의 이윤을 창출하는 데 요구되는 사항들을 구체적으로 통제하는 것을 말하는데 결국 "주방이라는 공간에서 가장 경제적으로 조직의 목표를 달성하는

데 사용하는 인적자원과 물적 자원의 효율적 운영"이라고 말할 수 있다.

〈표 3-4〉 주방관리

광의의 주방관리 : 주방의 조직(인력), 직무(조리), 위생, 안전, 메뉴, 원가, 구매, 판매 관리 등을 포함하는 총체적인 관리활동
협의의 주방관리 : 음식을 생산하기 위해 기본적으로 요구되는 주방시설과 종사원 등을 체계적으로 관리하는 것

2. 주방관리의 특성

주방은 하나의 생산조직이며 생산시스템이다. 그렇기 때문에 주방을 구성하고 있는 모든 요소들은 어떠한 형태로든지 조리과정에 영향을 미치고 있다. 조리사, 주방설비, 조리기술, 식자재 등의 생산자원과 구매, 조리, 마케팅, 인력자원관리, 원가관리 등의 관리기능은 모두 상호 의존관계에 따른 상호작용을 하기 때문이다. 최소의 비용 투입으로 최대의 생산효과를 달성하고 이를 지속적으로 유지하기 위하여, 주방은 생산자원과 관리기능이 효율적으로 기능을 발휘하여야만 시스템으로서 유효성이 있는 것이다. 아무리 독립된 영업 주방이라 할지라도 독자적인 조리업무는 어렵기 때문에 상호 보완적인 관리시스템을 갖추어야 하는 것이다.

3. 주방관리 운영의 중요성과 대상

외식경영에 있어서 주방이 차지하는 역할은 매우 크고 중요하다. 호텔을 예로 들면 현대 호텔경영에서 객실영업과 식음료 사업은 2대 수익발생 부문(Gerad W. Lattin, 1977)이며, 숙박업의 발전 초기와는 반대로 객실영업에 비하여 식음료사업의 중요성이 점차 제고되는 경향이 있다. 또한 현실적으로 외식사업의 시설과 설비가 훌륭하다 할지라도 주방에서 상품의 질이 최고급 수준을 유지하지 못할 때 고객감소로 이어져 외식사업 경영관리는 매우 어려워질 것이다.

외식사업 주방의 운영은 기본적으로 시간 내에 고객이 주문한 식음료의 서비스를 할 수 있도록 하기 위한 능률적인 설비 및 주방인력의 이용과 계획은 물론 예상된 수량의 식음료를 올바르게 생산하는 데 대한 전반적인 내용을 대상으로 하고 있다(이정자, 1990). 그중에서도 식재료의 관리와 인적자원 관리는 주방운영관리의 핵심이다.

식재료의 구매, 저장, 관리를 과학적이고 합리적으로 하지 않으면 매출에 비례하여 손실이 크고, 시설, 설비, 비품으로부터 실제적으로 상품의 생산에 많은 비용이 필요하게 된다.

또한 인건비 역시 노동집약적 특성을 갖는 외식산업에 있어서 매우 중요한 문제이다.

인력관리는 인력의 적재적소 원칙의 인사관리 측면과 근무인원의 효과적 활용, 나아가 적정 근무인원의 산출 등이 있다. 여기서 인력의 적재적소 원칙은 업무의 수행능력, 재능, 기타 본인의 희망 등 각 개인의 신상을 충분히 파악하여 가능한 본인의 의사를 최대로 고려하여 배치함을 의미한다(신라호텔 조리직무교재, 1994).

따라서 주방관리운영의 대상을 요약하면,

① 인적자원관리

② 위생적이고 균등한 품질의 상품관리

③ 생산성 향상을 통한 원가관리로 요약할 수 있다.

제3절 생산시스템에 따른 주방의 종류 및 역할

주방의 형태는 음식이 상품가치와 동반하여 고객에게 제공되는 과정이기 때문에 상품의 질, 수량, 가격, 서비스의 형태 등에 의해서 나누어진다.

1. 주방의 생산시스템

Spears(1995)는 주방의 생산 시스템을 크게 전통적(conventional or traditional), 중앙공급식(commissary), 조리저장식(ready prepared), 조합식(assembly/serve) 시스템의 4가지로 구분하였는데 각각의 특징을 살펴보면 다음과 같다(양일선 등, 2004).

〈표 3-5〉 주방의 생산시스템

① 전통적(conventional or traditional) 시스템 ② 중앙공급식(commissary) 시스템 ③ 조리저장식(ready prepared) 시스템 ④ 조합식(assembly/serve) 시스템

첫째, 전통적(conventional or traditional) 생산시스템

전통적 생산시스템은 음식의 생산과 서비스가 모두 같은 장소에서 이루어진다. 그리고 생산된 음식은 필요에 따라 적절한 장소에 보관된 후 가능한 가장 빠른 시간에 서빙된다(나정기, 2000). 그런 까닭에 식재료 흐름 전반에 걸쳐 통제가 필수적이다. 구체적으로 Ninemeier(1998)는 메뉴계획, 구매, 검수, 창고, 출고, 준비, 조리, 보관, 서비스까지 식음료의 흐름으로 간주하였다. 과거 전통적인 푸드 서비스는 부처, 제과 · 제빵, 그리고 채소를 준비하는 곳이 별도로 갖추어져 있었다. 결국 전통적 시스템은 식품재료의 구매로부터 시작하여 조리가 완성되고 상품화하여 고객에게 제공된 음식에 이르기까지 각 단계가 한 장소에서 이루어진다고 할 수 있다(김재민 · 신현주, 1997).

전통적 생산시스템 방식은 고객의 다양한 요구를 충족시킬 수 있고, 메뉴 수정이 용이하며, 메뉴의 미생물적 · 관능적 · 영양적 품질 수준을 유지할 수 있는 장점을 가지는 반면에, 고객이 갑자기 증가할 경우 호텔 주방의 하드웨어와 소프트웨어를 적절하게 활용할 수 없으며, 수요예측 실패로 인한 재료의 낭비를 초래할 수 있고, 조리인력을 효율적으로 활용할 수 없어 인적자원 관리에 어려움이 따를 수 있고, 조리사 역시 불규칙적인 고객 수요와 특정 시간에 조리업무가 집중되기 때문에 이로 인한 스트레스를 경험할 수 있다. 오랜 경험을 지닌 조리사가 필요할 경우 인건비가 증가될 수 있다.

둘째, 중앙공급식(commissary) 시스템

중앙공급식 시스템은 단위 영업장(outlet kitchen)에서 음식을 생산하여 서비스하던 시스템에서 탈피하여, 메인 주방(main kitchen)에서 이를 일괄처리 혹은 대량생산하여 각 단위 영업장에 음식을 전달하는 체제이다. 즉 이 시스템은 멀리 떨어져 있는 많은 지역에 공급할 아이템을 생산하기 위해서 식재료를 집중 구매하여 마지막 준비와 서비스할 수 있는 상태로 준비한 후 분배할 수 있는 시설을 갖춘 곳이라고 설명할 수 있다(나정기, 2000). 이 시스템은 변환(transformation) 과정을 강조하는데, 구체적으로 여기에는 조달(procurement), 전처리(preprocessing), 생산(production), 보관(holding), 운반/배달(distribution), 위생과 유지(sanitation and maintenance) 등이 포함된다(Spears, 1995). 호텔에서는 오래전부터 뷔페 주방, 연회(banquet) 주방, 양식 주방 등에서 이 시스템을 적용해 오고 있다. 또한 커피숍과 룸서비스 주방처럼 공통적인 메뉴가 존재할 경우 시너지 효과를 이룰 수 있다. 호텔에서 외식사업부를 운영할 경우에도 적용가능한 방식이다.

중앙공급식 주방은 1970대 초 미국에서 인건비 상승, 인력 감소, 이직률 증가에 따른 어려움이 부각되면서 관심을 끌게 되었다. 나정기(1998)에 의하면 이 방식은 식재료 흐름을 간단하게 할 수 있으며, 생산활동을 축소할 수 있고, 각 주방의 시설과 공간, 그리고 인원과 기능을 최소화할 수 있어 결국 생산성의 향상 효과를 이룰 수 있다고 제안하였다. 추가로 이 시스템은 특정요리를 중심으로 한 단일(單一) 기능 중심에서 모든 요리를 다룰 수 있는 다기능(多技能) 중심으로 요리사의 경력을 개발할 수 있는 부수적인 효과도 있다고 하였다. 그렇지만 중앙공급식 시스템은 생산과 서비스가 분리되어 있어 운반과 보관 문제가 발생할 수 있고, 시간 간격에 따른 음식의 미생물적 · 관능적 품질의 수준이 저하될 수 있다(양일선 등, 2004).

셋째, 조리저장식(ready prepared) 시스템

조리저장식 시스템은 음식을 조리된 형태로 미리 준비하여 보관하였다가 서비스 직전에 재가열하여 제공하는 방식이다. 즉 이 시스템은 메뉴 아이템이 생산된 후 서비스될 때까지 냉장 또는 냉동된 상태로 보관된다. 조리저장식 시스템에서는 즉시 제공하기 위해서 메뉴상의 아이템을 생산하지 않고 일단 저장한 후 사용할 목적으로 생산하는 것이 전통적인 시스템 유형과 다른 점이다(나정기, 2000). 이 시스템은 음식의 생산과 소비가 시간적으로 완전히 분리되는 특징이 있다. 음식 저장방식에는 크게 조리-냉장(cook-chill), 조리-냉동(cook-freeze), 수-비드(sou-vide) 방식이 있다. 조리-냉장 방식이란 메뉴를 서비스하기 전에 음식을 미리 조리하고 이를 급속 냉각시켜 3℃의 온도대로 냉장 보관한 후에 재가열하여 서비스하는 방식을 말한다. 특히 완제품인 수-비드 방식에 의해 생산된 음식은 항상 일정한 품질과 위생적인 면에서 거의 문제가 없는 것으로 나타났다(최영준, 2000). 또한 조리-냉장 방식은 1960년대 초부터 미국의 단체급식(학교나 산업체)에서 이를 적용하기 시작하였고, 국내에서는 기내식에서 이 방식을 활용하고 있다. 호텔의 경우에도 연회장에서 사용하는 냉동커피는 많은 고객을 서비스해야 할 경우 유용하게 사용되며, 냉장식품이나 냉동식품 등으로 표현되는 편의식품의 사용 빈도가 예상되는 현재 새로운 생산방식으로의 변화는 필수적으로 검토되어야 할 시점이라고 판단된다. 조리저장식 시스템의 장점은 생산량을 계획적으로 조절할 수 있고, 우수 인력을 전문적인 조리작업에만 투입할 수 있어 조리사의 능률을 최대화할 수 있고, 그 자신 역시 특정시간에 업무 집중으로부터 해방되므로 스트레스가 감소된다. 뿐만 아니라 재고를 통제할 수 있어 재고 비용, 재고회전율(inventory turnover), 재고자산 보유일수(number of days of inventory on hand)를 최적화할 수 있게 되어 결국 원가관리를 통한 원가절감을 거둘 수 있다. 추가로 고객의 다양한 욕구와 필요를 충족하기 위한 다양한 메뉴공급이 가능할 수 있다. 반면 이 시스템의 단점은 냉장, 냉동 등의 시설과 주방기기를 추가로 필요로 하여 투자비용이 증가될 수 있고, 이를 다루기 위한 조리사 교육이 필요하며, 냉동보존 음식에 대한 재가열 과정에서 음식의 조직이나 질감이 많이 달라지거나 냄새가 나는 문제점이 발생할 수 있다(양일선 등, 2004).

넷째, 조합식(assembly/serve) 시스템

조합식 시스템은 일명 편의식 푸드서비스(convenience foodservice) 혹은 최소 조리 콘셉트(minimal cooking concept), 전처리과정이 거의 필요 없는 원재료 즉 가공식품 혹은 편의식품을 대량 구매하여 보관하였다가, 최소한의 조리나 재가열하여 바로 서비스되도록 하는 방식이다. 즉 최대한 사전에 준비된 상태의 식재료가 대부분이며 준비와 조리를 요하는 식재료는 거의 없다. 저장, 취합, 가열, 그리고 서비스 기능만이 행하여지기 때문에 저장과 준비, 생산에 소요되는 인건비와 기기, 그리고 공간을 최소화할 수 있다(나정기, 2000). 외국에서는 인건비 상승, 인력난, 이직률 등의 문제점을 해결하기 위한 대안으로 각광받고 있다. 편의식품에 대해 호텔 식음료 관리자(주방이나 레스토랑)는 부정적인 선입견을 지닐 수 있으나, 요즘에는 식품 제조기술의 발전으로 인해 고품질의 편의식품이 많이 생산 · 보급되고 있으며, 점차 편의식품에 대한 사용빈도나 도입 여부를 진지하게 검토해야 할 필요가 있다(신재영 · 조구현, 2000).

조합식 시스템의 장점으로는 음식의 질이 동일하게 유지되고, 최소의 주방기기로 빠른 서비스가 가능하다. 특히 편의식품의 사용으로 노동시간이 감소되고 숙련된 조리사의 필요성이 감소되므로, 인건비가 절감되며 생산성이 증가될 수 있다. 또한 가열단계에서 음식의 중량은 거의 줄지 않고, 영양 면에서도 비타민, 지방, 단백질 등이 가열단계에서 분해되는 것이 방지된다고 하였다(최영준, 2000). 반면 이 시스템은 가공, 반가공 상태에서 구매하는 관계로 식재료 원가가 상승할 가능성이 있고, 저장공간이 별도로 추가될 수 있다. 아울러 고객의 음식에 대한 만족도가 저하될 우려가 있다.

2. 영업형태에 따른 주방의 분류

1) 전통형 주방

전통적 생산시스템 주방으로 볼 수 있으며, 조리공정, 즉 구매, 전처리, 조리,

판매가 같은 장소에서 이루어지는 형태의 주방으로, 소규모 음식점에 적합하다.

2) 편의형 주방

조합식 생산시스템 주방으로 볼 수 있으며, 조리업무는 하지 않고 판매만을 위한 주방으로, 완전 or 반가공된 식재료(편의식품)를 사용하는 주방형태이다.

3) 혼합형 주방

생산과 판매가 한곳에서 이루어지고 전처리공간, 세척공간, 저장공간, 조리 완성공간 등으로 구획이 구분되어 있으며 비용의 최소화가 가능하나, 투자비가 많이 소요되는 전통형 주방의 형태이다. 전문화를 이루어 연속적으로 작업이 이루어지는 곳에 적합한 형태이다. 음식의 생산과 소비가 시간적으로 완전히 분리되는 특징만 제외하면 일종의 조리저장식시스템으로 볼 수 있다.

4) 분리형 주방

전처리 준비작업, 조리업무를 수행하는 공간과 마무리 조리업무 공간이 분리되어 있는 주방으로 대량생산에 적합한 주방이다. 생산적 측면에서 중앙 공급식 주방이 여기에 해당될 수 있다.

3. 기능에 따른 주방의 분류

기능에 따라 메인주방(MainKitchen)에 소속되어 Hotkitchen, Coldkitchen (gardemanger), Butcher Shop, Bakery & Pastry 주방으로 구성된다. 전문화 · 표준화가 용이하고, 비용절감과 신상품개발이 용이하며, 분업화 · 대량구매를 통한 인건비와 원가절감의 효과가 있다.

1) 지원주방(Support Kitchen)

〈표 3-6〉 지원주방의 분류 및 역할

지원주방(Support Kitchen)의 분류	역 할
 더운 요리주방(Hot Kitchen)	Soup, sauce, stock 등을 조리하여 단위영업장에 공급해 주는 주방으로 더운 음식을 주로 만든다. 외식업에 있어 음식의 질(맛)을 좌우하는 핵심주방이다.
 찬 요리주방(Cold Kitchen Gardemanger)	Appetizer, sauce, salad bar, cold item을 단위영업장에 공급해 주는 주방으로 주로 찬 요리를 만드는 주방이다. 색과 모양을 중시하는 음식을 만들며, 특히 위생적인 상품관리에 주의해야 한다.

어 · 육류가공주방(Butcher Kitchen)

영업장 내 주방 전체에서 사용하는 육·어류를 각 업장에서 신청받아 부위별로 효율적으로 공급함으로써 식품재료 원가관리에 있어 가장 중요한 업무를 담당하는 주방이다.
각종 육류, 생선류 등을 부위별로 손질하고, 햄·베이컨·소시지를 생산하여 공급하는 주방
근래 들어 축소되는 경향이다.

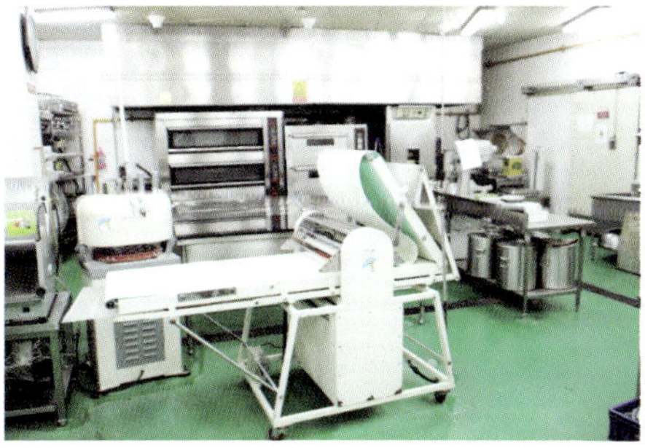

제과 · 제빵주방(Pastry and Bakery Kitchen)

빵, 케이크, 초콜릿, 쿠키 등의 제과제빵과 디저트를 생산하여 단위영업장에 공급해 주는 업장으로 제빵은 토스트(Toast Bread)용 빵과 아침식사에 필요한 Soft Rolls, Croissants, Muffins, Pastries 등 빵(Bread)류를 제조하고, 제과는 후식으로 제공되는 더운 후식과 Creams, Puddings, Cakes, Pies, Tarts 및 Decoration Cakes, Cookies 등을 생산한다.

2) 영업주방(Business Kitchen)

영업주방은 지원주방의 지원을 받으면서 고객의 주문에 의해 직접 음식을 만들어 판매하는 주방으로 조리장은 상품의 가치성을 높이며, 주방업무의 운영을 보다 효율적으로 산정하고 인원을 배치해야 하며, 각 담당별로 업무가 원활하게 이루어지도록 세심한 주의를 기울여야 한다.

〈표 3-7〉 영업주방(Business Kitchen)의 역할

연회주방(Banquet Kitchen)

연회행사를 전문적으로 수행하는 주방으로 대개 메인 주방에서 운영한다.
주요리 및 중간 코스요리는 연회주방에서 준비하고, 수프(Soup)류는 메인(Main Production)주방에서 직접 준비하지만, 기타 음식은 각 부서에서 준비하여 음식제공시간에 맞게 운반하여 고객에게 제공하는 업무를 수행한다.
이러한 형태는 전문조리기술을 통한 높은 음식의 질(Quality)을 유지하는 데 도움이 된다.

커피숍주방(Coffee Shop Kitchen/ Room Service Kitchen)

커피숍주방/룸서비스주방은 일반적으로 통합 · 운영되며, 고객의 접근성이 용이해야 한다.
객실에 투숙한 고객 및 work-in 고객(불특정 다수의 고객)에게 식음료를 제공하는 업무를 수행한다.
조식뷔페, 일품요리(A LA Carte), 커피, 차를 제공한다.

뷔페주방(Buffet Kitchen)

자체적으로 또는 메인 주방과 기타 주방의 지원을 받아 여러 종류의 다양한 음식을 생산하는 뷔페주방은 많은 종류의 음식을 준비하기 때문에 높은 원가부담은 있으나 식자재재고(Left over)를 효율적으로 활용할 수 있는 이점이 있다.
뷔페주방은 각 나라의 특색 있는 음식을 조리하기 위하여 한식, 중식, 일식, 서양요리, 샐러드(Salad) 그리고 제과 · 제빵담당으로 구분하여 업무를 수행하며, 근래에는 즉석요리 부분을 강화하는 특징이 있다.

3) 업장별 분류(Restaurant Kitchen)

한식, 일식, 중식, 프랑스식, 이태리식 등의 국가별 고유음식을 생산하는 주방

〈표 3-8〉 업장별 분류

한식주방 : 전통조리, 약선조리, 사찰조리

일식주방 : 초밥코너, 칼판, 익힘요리, 철판요리

양식주방 : 프랑스식 식당, 이탈리아식 식당, 미국식 식당 등

중식주방 : 북경식 · 사천식 · 광동식 · 남경식 요리

제4절 주방의 조리업무 및 직무관리

1. 조리의 개념 및 목적

조리는 식품을 위생적으로 적합하게 처리한 후 먹기 좋고 소화하기 쉽도록 한다. 또한 맛있고, 보기 좋게 하여 식욕이 나도록 하는 과정을 말한다.

조리는 조리를 통한 식품 자체의 성분 및 형태의 변화를 일으켜 소화·흡수를 돕고 위생적인 안전을 도모하는 것을 목적으로 한다.

근래 들어 조리는 영양소의 절대 섭취보다는 건강식에 대한 배려를 중요시하고, 최근 편이식이 갖는 영양상의 불균형이나 각종 첨가물에 대한 허용기준 등의 문제에 대한 관심이 고조되어 가는 추세이다.

〈표 3-9〉 조리의 목적

① 음식의 소화성을 높인다.
② 식품의 외관을 좋게 한다.
③ 식품의 풍미를 증진시킨다.
④ 식품의 영양가를 보존 및 향상시킨다.
⑤ 식품을 위생적으로 처리하여 안심할 수 있도록 한다.
⑥ 식품에 다양성을 준다.

2. 주방업무 및 조직구성

주방조직은 인적·물적 요소가 복합되어 있으나 주방조직의 실질적 업무는 인적자원에 크게 의존한다. 그러므로 주방조직이 설정한 목표를 달성하기 위해서는 주방조직의 업무관리에 있어서 개개인의 성향과 능력을 파악하는 것이 관리자로서 매우 중요한 문제로 대두된다.

주방조직의 업무를 살펴보면 다음과 같다.

〈표 3-10〉 주방업무

① 주방의 직무관리	② 인적자원관리
③ 주방시설관리업무	④ 판매예측업무
⑤ 생산업무	⑥ 사후관리업무

1) 주방업무

(1) 주방 직무관리

주방은 직무분장(매뉴얼)에 따른 통제가 이루어져야 한다.

또한 사전계획을 통하여 생산되어야 한다.

표준구매, 표준검수, 표준조리법 등과 같은 규정 및 방침들은 문서화되어야 하며 이를 모든 구성원들이 숙지하여야 한다.

종사원의 교육 · 개발 · 동세를 통하여 표준시스템을 항상 유지해야 한다.

(2) 인적자원관리

주방조직이 상품을 적절한 품질로 필요한 시간에 정확하게 만들 수 있는 목표를 달성하기 위해 주방 인적자원을 계획 · 수급 · 배치 · 전환 · 통제하고 안전 및 위생 교육을 행한다.

(3) 주방시설관리업무

상품의 질을 결정하는 핵심적 요소로서 고객과 주방종사원의 만족을 동시에 도모해야 한다. 특히, 현재 생산하고 있는 상품의 원활한 작업수행 및 그 기능의 유지를 위하여 지속적이고 객관적인 시설관리가 필요하다.

(4) 판매예측업무

기초 자료를 바탕으로 과학적 분석과 경험을 활용한 예상 고객 수 산출→ 식자재의 구매 및 작업계획 수립.

과거 생산기록, 환경적 변화 등을 세심하게 관찰한다.

(5) 생산업무

고객이 만족할 수 있는 상품의 개발과 제공, 제공된 상품의 품질 유지, 직원 교육 및 숙련된 조리사를 양성해야 한다.

(6) 사후관리업무

조리상품 생산 후 판매하는 과정을 통해 다양한 고객의 정보를 수집, 활용, 미비점 등을 보완한다.

2) 주방의 조직구성

상품의 생산, 식재료의 구매, 인력관리, 메뉴관리, 시설관리 등 조리상품과 주방운영에 관계되는 전반적인 업무의 효율적 수행을 위한 인적구성이 필요하다.

주방조직 운영 시 고려사항

주방조직 운영 시 다음과 같은 사항을 염두에 두어야 한다.

① 유연성 : 어떠한 조직을 운영하건 간에 원칙은 중요하다. 그러나 유연성이 결여된 원칙은 곤란하다. 외식사업에 있어 불특정 다수의 고객을 대면하게 되는 곳이 주방 종사원들이다. 따라서 운영매뉴얼상의 원칙만을 고수하여 고객의 만족도를 하락시키는 우(憂)를 범하지 말아야 한다. 또한 상품생산에 있어서도 상황에 맞는 생산량 조절능력을 갖추어야 한다.

② 조정성 : 다양한 서비스 상황에서 고객의 요구와 변화에 적절히 대처하여야 한다.

③ 단순성 : 모든 조직관리에서 업무가 복잡하게 되면 효율성과 효과성 측면에서 조직에 이로울 것이 없으므로 업무의 단순화 작업이 요구된다.

④ 용이성 : 단순성과 비슷한 개념으로 작업수행에 있어 시설, 장비 등은 사용하기에 용이해야 하며 위생관리에 있어서도 편리성이 요구된다.

(1) 주방조직도 및 업무내용

[그림 3-1] 호텔 및 외식 주방조직도

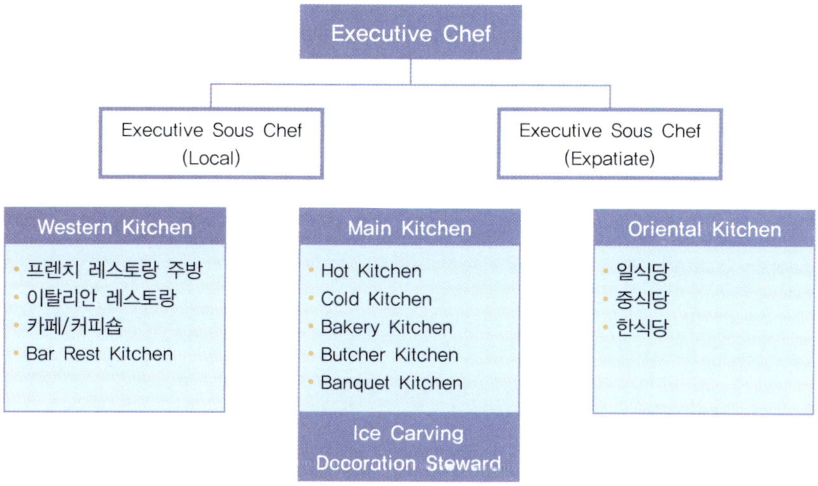

① 총주방장(Executive Chef)

생산부서인 주방의 운영을 계획, 실행, 통제하는 최고 책임자로서 주방운영 전반에 관한 인사, 교육, 메뉴관리와 새로운 메뉴개발, 원가관리, 주방시설관리 등 식음료 생산에 관련된 전반적인 책임을 진다. 일반적으로 대규모 호텔의 경우 총주방장은 전반적인 운영과 관리를 중점적으로 책임지며, 생산은 단위주방장이 담당한다.

- 경영 전반에 걸쳐 참여하고 기획, 집행, 결제
- 종사원의 안전관리 및 메뉴개발

특급호텔의 경우 총주방장을 돕는 부 총주방장(Executive sous chef)을 두어 역할을 분담하기도 한다. 그러나 규모가 작은 호텔의 경우에는 총주방장이 운영과 생산을 모두 관리한다.

② 단위주방장(Sous Chef)

단위영업장의 전반적인 음식생산에 책임을 진다.

- 총주방장과 부 총주방장을 보좌. 단위 주방부서의 장으로서 역할을 수행
- 중간 관리자로서 업무계획, 식자재 구매와 관리, 원가율을 유지, 스케줄 작성, 기타 행정적인 관리업무를 수행한다.

③ 조리사(Cook)

조리장을 도와 여러 가지 조리방법에 따라 음식을 준비한다. 전문요리사인 first cook과 숙련요리사인 second cook으로 세분된다. 주요업무는 식재료 유지관리, 식재료 준비, 음식의 조리(cooking), 냉장고 관리 등 실제 조리과정의 업무를 수행한다.

④ 1급조리사(1st Cook; 수석조리장 Chef de Partie)

- 기술적인 측면에서 최고 기술을 낼 수 있는 직급이다.
- 고객에게 제공될 때까지 생산에서 서브까지 세분화된 계획을 수립한다.
- 조리의 중추적인 생산라인을 담당한다.

⑤ 2급조리사(2nd Cook; 부조리장 Demichef de Partie)

- 1급조리사와 함께 전반적인 생산라인에서 상품의 품질과 맛을 낼 수 있는 직급이다.
- 1급조리사 부재 시 업무대행과 직접적인 생산업무를 담당한다.

⑥ 3급조리사(3rd Cook)

- 단순한 조리작업을 수행한다.
- 상품 생산을 위한 식재료의 전처리작업을 수행한다.

⑦ 조리보조(Cook-Helper)

주방청소, 필요한 식재료를 창고로부터 수령, 육류 · 생선 · 채소 등의 식품을 조리하기 위한 준비과정(preparation), 간단한 품목의 요리를 담당하는 직책이다.

- 조리실습생(Trainee) : 식재료 수령 등 단순업무 수행

⑧ 기물관리(Steward)

주방 모든 집기의 세척 및 위생을 담당. 주방의 청소, 식기, 유리그릇(glass), 은기류(silver), 도자기(china) 등의 세척 및 보관, 기물의 적정수량 확보, 주방 전반의 위생관리를 담당한다. 근래에는 아웃소싱(outsourcing)형태로 운영되는 추세이다.

⑨ 얼음조각(Ice Carving/Decoration)

아이스 카빙의 경우 메인 주방에 배속되어 연회행사 시 필요한 장식의 업무를 수행하고, 꽃방 즉 업장 내 소품을 담당하는 경우 영업부에 배속되는 것이 관례로 업장 내 소품 및 장식의 업무를 수행한다.

3. 조리의 기초지식

1) 조리의 분류

① 비가열조리 : 생식, 무침 등

② 습열조리 : 삶기, 찌기, 끓이기

③ 건열조리 : 굽기, 볶기, 튀기기 등

2) 조리조작

(1) 계량

조리생산의 표준화를 위한 사전규격화 과정(육수, 버터, 밀가루 등)을 말한

다. 식품의 계량을 위해 알아두어야 할 기본적 계량단위는 다음과 같다.

〈표 3-11〉 계량단위

- 1/2컵 = 1/4파인트(pints) = 1/8쿼트(quart)
- 1컵 = 200(ml) = 200(cc)
- 1테이블스푼(tablespoon : TS) = 15(ml) = 15(cc)
- 1티스푼(teaspoon : ts) = 5(ml) = 5(cc)
- 1온스(ounce : oz) = 28.35(g)
- 1파운드(pound) = 16온스 = 453.6(g)
- 1쿼트(quart) = 32온스
- 1Gallon = 4Quarts = 8Pints = 16Cups

(2) 세척

식품의 표면에 묻어 있는 위해물질을 제거하여 안전한 식품이 되도록 한다. →채소는 소금이나 식초를 사용하면 살균 및 잔류농약의 제거 효과가 있다.

(3) 침수(불리기)

조리 시 물에 담가두는 조리방법으로 식품에 수분을 주어 흡수 · 팽윤 · 연화 작용을 하며 유해한 성분을 배출시킨다. →육류/어패류의 핏물 제거, 우엉, 토란 등

(4) 썰기

가식부위의 크기성형, 가열시간의 단축, 식품성분의 침출, 조미료 침투의 촉진, 외관의 미화기능을 하는 작업과정이다.

(5) 갈기

분쇄와 마쇄의 기능이 있다.

- 분쇄 : 수분함량이 적은 건조식품을 입자가 작은 형태로 부스러뜨리는 조작을 의미하며, 식품조직의 세분, 소화율의 증가를 목적으로 한다.

- 마쇄 : 수분함량이 비교적 많은 식물을 갈아서 조직을 파괴시키는 조작으로 조직의 파괴, 효소작용의 촉진기능을 한다.

(6) 응고

식품을 굳히는 조리조작으로 식품 외관의 풍미 향상과 저장성을 높인다.

3) 조리방법에 따른 특성

(1) 습열조리

① 삶기/끓이기 : 식품조직을 연화시키고, 단백질을 응고시키며, 죽순, 토란 등 식품에 들어 있는 유해성분을 제거한다. 수용성 비타민, 무기질, 지미성분이 용출되는 등 영양 손실의 문제점이 있다.

② 찜 : 증기를 이용하는 조리법으로 식품에 온도를 골고루 전달하며, 모양이 흐트러지지 않고 식품의 표면이 건조해지지 않지만, 조리과정 중간에 양념하기가 어렵다.

(2) 건열조리

① 구이 : 식품의 연화 및 지방의 분해, 당질의 캐러멜화 작용을 통해 맛이나 향기를 낸다. 또한 소화력을 높이고 살균효과가 있다.

② 볶음 : 고온단시간처리로 비타민의 손실을 줄여준다.

볶음 조리 방법

㉠ 미리 물기를 제거하여 볶을 때 열 저하를 방지한다.

㉡ 단단한 것을 먼저 볶다가 연한 것을 나중에 넣는다.

㉢ 간은 미리 준비하여 적당한 시기에 넣어야 조리하기가 용이하다.

㉣ 볶음의 기름양은 재료의 10~15%, 염분은 0.8~1.2% 정도로 한다.

③ 튀김 : 튀김 기름의 온도는 식품에 따라 다르지만 일반적으로 160~180℃

를 이용한다. 가열시간이 짧아 영양손실이 가장 적은 조리방법이다.

4) 재료별 조리방법

(1) 쌀의 조리

① 쌀을 불리는 이유는 열전도율이 좋아져 밥의 맛이 좋아지기 때문이다.

② 밥 짓는 단계

㉠ 쌀의 침수 : 여름 30분, 겨울 50분 정도

㉡ 가열

- 온도상승기 : 60~65℃ 호화 시작(강한 화력에서 10~15분 정도)
- 비등기 : 물을 흡수하여 대류가 이루어져 쌀의 입자는 비등하고, 호화 및 점착됨(중간화력의 5분 정도)
- 증자기(뜸들이기) : 쌀 표면의 수분이 증기가 되어 입자가 쪄지며 호화·팽윤하며 수분의 흡수가 이루어짐(약한 화력의 15~20분 정도)

③ 밥의 맛은 쌀이 생산된 토질과 품종에 따라 다르지만 일반적으로 묵은 쌀이나 건조된 쌀의 맛이 떨어진다.

(2) 밀가루의 조리

① 밀가루는 글루텐 함량에 따라 강력분, 중력분, 박력분으로 나눠지며 용도에 따라 쓰임이 달라진다.

㉠ 강력분 : 글루텐 13% 이상 - 식빵, 마카로니, 스파게티 등
탄력성, 점성, 수분흡착력이 강함

㉡ 중력분 : 글루텐 10~13% - 국수류, 만두(다목적 밀가루)
탄력성, 점성, 수분흡착력이 강력분, 박력분의 중간단계

㉢ 박력분 : 글루텐 10% 이하 - 과자, 튀김류 케이크
탄력성, 점성, 수분흡착력이 약함

② 밀가루에서 첨가물의 역할

㉠ 팽창제(공기, 증기, 탄산가스) : 가스를 발생시켜 반죽을 부풀게 한다.

- 공기 : 밀가루를 체에 칠 때, 난백의 거품을 낼 때 첨가된다.
- 증기 : 반죽의 수분에서 생긴다.
- 탄산가스 : yeast, 베이킹파우더 등에 의해 발생된다.

㉡ 지방(버터) : 층을 형성하여 연화작용, 갈변작용을 한다.

㉢ 설탕 : 단맛과 단백질의 연화작용, yeast의 영양물질로 발효를 촉진한다. 수분이 적은 식품에서 바삭한 질감을 준다.

㉣ 소금 : 글루텐의 강도를 높여주고, 이스트 사용 시 발효작용을 도와준다.

㉤ 달걀 : 유화성의 성질로 조직이나 질감을 향상시킨다.

(3) 육류의 조리

① 사후강직과 숙성

동물을 도살하여 방치하면 근육이 단단해지는 강직현상이 일어나고 이 기간이 지나면 체내의 효소에 의해 자가소화현상이 일어나면서 고기는 연해지고 풍미도 좋고 소화도 잘되게 되는데 이 현상이 숙성이다. 숙성이 지나치면 부패된다.

육질에 영향을 주는 요인으로 동물의 연령, 근육의 운동량, 지방의 분포상태 등이 있다.

② 육류의 연화법

기계적인 방법으로 고기결의 반대로 썬다거나, 다지는 방법이 있으며, 단백질 분해효소를 가진 과일(키위, 파인애플, 배, 무화과 등)을 이용하기도 한다.

(4) 어패류의 조리

① 어취의 제거

생선을 조릴 때 처음의 일정시간은 뚜껑을 열어두는 것이 좋으며, 생강, 술, 설탕, 간장, 파, 마늘 등의 양념을 사용한다. 특히 생강과 술의 탈취효과가 크고, 생강이나 마늘 같은 향신료는 끓고 난 후 나중에 넣는 것이 효과적이다.

② 조리 가열 시의 변화

결합조직이 적으므로 물이나 양념장이 끓을 때 넣어야 원형을 유지하고 영양 손실을 줄일 수 있다.

조개류는 가열하면 호박산에 의해 감칠맛이 나며, 신선한 재료에는 핵산이라는 지미성분이 있어 별다른 양념을 하지 않아도 맛이 좋다.

(5) 채소 및 과일의 조리

① 채소의 조리

조직의 연화와 불미성분의 제거, 소화를 용이하게 하는 것을 주목적으로 한다.

② 조리에 의한 색의 변화

㉠ 엽록소(chlorophyll) : 알칼리에 안정하고 산과 열에 불안정한 성질을 가지고 있어 끓는 물에 채소를 데칠 때는 소금을 약간 넣어주고, 다량의 조리수에 단시간 데쳐 찬물에 헹궈주면 녹색을 유지시킬 수 있다. 조리 시에 생기는 휘발성 유기산은 채소를 누렇게 변화시킬 수 있으므로 뚜껑을 열고 데친다.

㉡ 카로티노이드(carotinoid) : 등황색 채소와 녹색 채소에 들어 있는 황색이나 오렌지색 색소로서 지용성이며 조리온도에 크게 영향을 받지 않는다. 당근은 등황색, 고구마 · 옥수수는 황색, 토마토는 빨간색으로 나타난다.

㉢ 안토시안(anthocyan) : 산성에서는 적색, 중성에서는 보라색, 알칼리에서는 청색을 띠며, 철 등의 금속이온과 결합하면 고운 청색을 띤다.

㉣ 플라보노이드(flavonoid) : 콩이나 밀, 쌀, 감자, 연근 등의 흰색이나 노란색 색소이다. 삶거나 알칼리에서는 황색으로, 산성에서는 백색으로 변한다. 열에 비교적 안정적이다.

과일 및 채소의 갈변방지법

① 냉장 및 가열 : 냉장의 경우 효소의 최적온도가 40℃이므로 냉장하면 어느 정도 방지할 수 있다. 가열의 경우 채소는 열을 가하여 효소를 파괴시키면 방지할 수 있으나 과일은 적당하지 않다.

② pH를 이용 : pH가 낮으면 효소활동이 저하되므로 과일을 식초물, 레몬즙에 담근다.

③ 설탕/소금물 사용 : 설탕을 과일에 뿌리거나 소금물에 과일을 담그면 산소가 차단되어 갈변현상이 방지된다.

④ 진공포장 : 공기와 접촉하지 않도록 진공포장을 하면 효소의 활력이 저하되므로 갈변이 방지된다.

일반적으로 주방에서는 과일의 갈변을 막기 위하여 서브 직전에 과일을 손질하거나 설탕과 소금, 레몬즙을 이용하여 갈변을 방지한다.

- 채소를 조리할 때는 비타민 C의 파괴에 주의해야 하는데 이는 채소에 비타민 C의 함량이 많고 열에 약하여 쉽게 산화되는 특징이 있으므로, 식품 조리 시 가열시간을 최대한 줄이고, 물에 오랫동안 담가두지 않으며, 금속 용기를 피하여 조리하며, 가급적 날것으로 섭취하는 것이 좋다(생채류).

(6) 달걀의 조리

① 열응고성

난백은 60℃ 정도에서 응고되기 시작하여 65℃ 정도에서 완전응고되며, 난황은 65℃ 정도에서 응고되기 시작하여 70℃ 정도에서 완전응고된다. 열응고성은 단백질의 농도, 염, 당, pH의 영향을 받으며, 반숙달걀의 소화가 빠르고 달걀 프라이가 가장 늦다.

② 난백의 기포성

㉠ 식품의 질감을 가볍게 하고 팽화한다.

㉡ 신선한 것보다 오래된 달걀이 잘 일어나며 안정성은 적다.

봄과 가을에 산란된 달걀이 여름 것보다 기포성이 좋으며 양도 많다.

㉢ 난백의 온도가 30℃ 전후에서 기포성이 좋고, pH 4.8 부근에서 기포성이 좋기 때문에 소량의 산을 첨가하기도 한다. 우유와 지방은 기포형성을 방해하고 약간의 식염은 기포형성을 도와주며, 설탕은 기포를 섬세하게 해주는 특징이 있다.

(7) 유지의 조리

① 발연점과 조리

유지 가열 시 푸른 연기가 나기 직전의 온도를 발연점으로 한다.

튀김 시 발연점이 낮으면 기름의 흡수가 많아 좋지 않다.

② 유화

서로 혼합할 수 없는 두 가지의 액체가 서로 혼합되어 있는 상태를 말하며 난황의 인지질(레시틴)이 좋다.

유화식품으로는 마요네즈, 프렌치 드레싱이 대표적이다.

③ 연화

밀가루 반죽 시 글루텐 표면을 둘러싸서 길고 복잡하게 연결되는 것을 방해하여 음식을 부드럽고 연하게 하는 것을 연화(쇼트닝화)라고 한다.

④ 산패

유지함량이 많은 식품을 장기간 저장하거나 가열을 반복할 경우 공기 중의 효소, 광선, 미생물, 수분, 금속 등에 의해 변화되는 것을 의미하며, 지방이 산패하면 맛과 영양소가 저하되고 악취가 나며 신맛을 가진다.

산패를 방지하기 위해서는 공기와의 접촉을 차단하고, 서늘하고 어두운 곳에 보관 사용한다.

(8) 향신료 및 조미료

식품의 향미와 기호성을 높여준다.

① 대표적인 향신료

- 생강 : 매운맛 성분이 식품의 누린내와 비린내를 없애주며, 한국음식 조리 시 음청류에 많이 이용된다.
- 겨자 : 시니그린 성분이 분해되어 아릴이소티오-시아네이트가 생겨 매운맛을 낸다.
- 고추 : 캡사이신의 매운맛이 건위효과와 살충효과를 준다.
- 후추 : 육류와 어류의 잡냄새 및 비린 맛을 제거하는 데 사용된다.
- 마늘 : 매운맛의 대표적인 향신료로서 다양한 조리에 사용된다.

② 조미료

- 소금 : 식품을 절이고 간을 맞추는 데 이용하며, 체액의 생리적 조절작용을 한다.
- 설탕 : 음식에 단맛을 주며, 식품가공 및 저장의 재료로 수용성 · 방부성이 있다.
- 간장 : 음식의 간을 맞추고 저장식품(장아찌류)을 만들 때 사용하며, 일반적으로 재래식 간장은 국, 구이, 볶음 등에 사용하고, 양조간장은 조림류에 많이 이용된다.
- 식초 : 식품의 신맛을 내고 방부효과와 살균효과가 있다.
- 화학조미료(MSG) : 맛의 종류에 따라 감미료, 산미료, 지미료, 염미료 등으로 구분된다.

4 주방위생과 안전관리

CHAPTER

제1절 주방위생 개론

인간이 인체를 형성하고 생명을 유지하는 데 필요한 영양소는 식품으로부터 섭취한다. 이러한 의미에서 식품을 취급하는 주방 및 식품위생은 아무리 강조해도 지나침이 없다. 따라서 식품을 취급하는 일에 직접 관계하는 사람들과 위생의 관계는 보통 사람들의 위생과는 달리 특별한 의미를 갖게 되는 것이다. 외식업은 식재료가 상품의 주체이다. 식품의 관리 소홀로 인해 각종 세균이나 기타 인체에 유해한 물질에 오염되었다든지, 혹은 식품을 조리하는 조리사가 질병에 전염되어 있는 경우, 또는 식품을 다루는 기물, 장비, 기기 등이 비위생적으로 관리된다면, 인간의 생명을 위협하는 중대한 결과로 나타날 것이고, 외식산업 전체의 존립기반이 흔들릴 수 있을 것이다. 따라서 외식업에 있어 식품위생 관리는 기업의 이윤보다도 우선해야 하며, 윤리경영의 첫머리에 두어야 할 과제인 것이다.

1. 위생관리의 목적 및 대상

외식사업에 있어 위생관리의 목적은 일차적으로 자신을 질병으로부터 보호하여 정식적 · 신체적으로 건강을 유지하고, 쾌적한 주방공간을 확보하여 작업 능률을 향상시키며, 조리종사원들의 작업재해를 사전에 방지하는 데 목적이 있다.

아울러 식품 취급과정에서 일어날 수 있는 각종 병원균을 방지하고, 상품의 가치를 높이며, 식재료의 품질관리를 통하여 원가를 절감하고, 또한 철저한 시설관리를 함으로써 장비기기 및 기물의 수명을 연장하고, 종사원의 안전을 확보함으로써 생산성 향상에 기여함을 목적으로 한다.

식재료와 조리사, 주방시설과 그 주변환경 그리고 기물과 기기 및 기구가 전반적으로 중요한 위생관리 대상이 된다.

주방위생의 관리과정에서 행해져야 하는 대상별 기준은 다음과 같다.

① 식재료를 취급하여 음식을 만드는 조리사는 개인적인 위생관리를 위해 정기적인 건강진단과 위생교육을 실시한다.
② 음식을 조리할 때, 안전하고 위생적으로 사용할 수 있는 시설 및 설비를 확보하고 취급방법을 숙지하여야 한다.
③ 식재료를 위생적으로 취급 · 보관하고, 언제나 신선한 식재료를 공급할 수 있도록 관리의무를 철저히 해야 한다.

2. 주방위생의 범위와 내용

우리나라 식품위생법상의 식품위생이라 함은 "식품, 첨가물, 기구 또는 용기 · 포장을 대상으로 하는 음식에 관한 위생"을 말한다(「식품위생법」 제1장 2조7항).

WHO의 환경위생 전문 위원회의 정의에 따르면 "식품위생이란 식품의 성장(배경, 양식), 생산 · 제조로부터 시작하여 최종적으로 사람에게 섭취되기까지의 모든 단계에 걸친 식품의 안전성 · 건전성 및 완전무결성을 확보하기 위한 모든 필요한 수단을 말한다."라고 정의하고 있으며, 이에 대하여 건전한 식품이란 영양성과 안전성을 모두 갖춘 경우이며, 이외에 기호성, 저장성, 편리성, 경제성을 추가한 부분을 식품위생의 범위로 요약할 수 있다.

식품의 안전성과 건전성을 위협하는 요인으로는, 자연환경 및 생물학적 요인(광선, 온도, 습도, 미생물, 기생충, 자연독)과 환경 · 생활 오염요인(대기오염, 수질오염, 토양오염) 등을 들 수 있다.

안전한 식품을 섭취하기 위한 황금 룰 10가지(WHO)

① 안전하게 가공된 식품을 선택할 것
② 철저하게 조리할 것
③ 조리된 음식은 즉시 먹을 것
④ 조리된 음식은 조심해서 저장할 것
⑤ 한번 조리되었던 음식은 철저히 재가열할 것
⑥ 날로 된 식품과 조리된 음식이 섞이지 않도록 할 것
⑦ 손을 자주 씻을 것
⑧ 부엌의 모든 표면을 매우 깨끗이 할 것
⑨ 곤충이나 쥐, 기타 동물들을 피해서 식품을 보관할 것
⑩ 깨끗한 물을 이용할 것

3. 개인위생관리

주방에서 근무하는 조리사들은 개인의 위생관념과 청결이 선행되어야 한다. 개인위생관리로 건강진단의 실시를 들 수 있다.

건강진단은 식음료 관련 전체 영업장 직원을 대상으로 하며 연 1회 정기적으로 실시하여야 한다. 건강진단의 대상자는 식품 제조, 가공, 판매, 운반 등에 직접 종사하는 자로 하며 완전포장된 식품을 운반 · 판매하는 종사자는 제외한다.

관리자는 매달 건강진단 결과서 기간 만료자에 대하여 충분한 기간을 두고 사전 통보하고, 신규 입사자는 배치 전 건강진단 결과서를 제출하도록 한다. 전염병예방법에 의한 1군 전염병, 3군 전염병 중 결핵, 피부병, 화농성질환, AIDS 등에 감염된 자는 영업에 종사할 수 없다.

〈표 4-1〉 조리사의 개인위생관리

조리사는 두발을 단정히 하고 조리 시 머리를 만지지 않으며, 여성조리사는 머리망을 착용한다. 명찰과 머플러는 상시착용하며, 위생복은 고객 접대 시 불쾌감을 주지 않도록 항상 청결히 한다. 앞치마를 두를 때는 길게 늘어뜨리지 말고, 끝자락을 깔끔하게 마무리한다. 안전화는 수시로 체크하여 솔로 문질러 항상 청결히 한다. 식품을 조리, 가공, 제공할 때는 목걸이와 귀걸이, 반지, 시계 등의 착용을 삼가고, 매니큐어는 사용하지 않는 것을 원칙으로 한다.

4. 식품위생

주방위생에서 조리사는 식자재를 모든 위해요인으로부터 안전하게 관리하여 최종적으로 고객에게 안전하고 맛있는 상품을 서비스할 의무가 있다. 따라서 식품 취급자는 다음과 같은 식품의 위해요인을 방지하여야 한다.

① 세균성 식중독균 및 경구전염병의 원인균이 식품에 오염되지 않도록 해야 하며 일단 오염된 것은 절대로 사용해서는 안 된다.

② 식재료의 구매, 저장, 조리과정에서 안전하게 식재료를 다루고, 첨가물의 사용은 자제한다.

모든 식자재는 위생적으로 취급하고 식품에 관한 각종 정보를 연구하여 식품의 안전성 확보에 최선을 다한다.

5. 시설위생

주방에서 시설이라 함은 주방이 차지하고 있는 공간에서 식자재를 다루는 모든 기구와 장비들을 총칭하는 말로서, 이에 대한 청결관리와 안전관리를 시설위생관리라 한다.

주방시설을 설비할 때는 다음과 같은 부분을 고려하여야 한다.

① 상, 하수도 및 도시가스 배관관리
② 쓰레기 처리시설 및 방충, 방서관리
③ 정기소독을 통한 시설 및 기구의 위생점검관리

6. 직원교육

관리자는 지속적이고 반복적인 위생교육을 통하여 조리사들의 위생과 안전에 관련된 의식을 높이고, 위생과 관련한 새로운 정보를 전달해야 한다. 아울러 위생교육 실시 후 위생교육 결과에 대하여 교육 결과보고서를 작성 후 교육대상자의 서명을 실시하여 보관 · 관리하여야 한다.

위생교육의 궁극적인 목표는 어려운 정보를 전달하는 것이 아니라 지속적이고 반복적인 교육을 통하여 조사원들의 올바른 위생관념을 확립하는 것이다.

7. 식품위생사고 발생 시 대처요령

식품위생사고 발생 시 다음과 같은 요령으로 대처하도록 한다.

① 사고상황 확인/보고
② 사고 발생 시 제공된 식재료의 수거 및 냉장보관 필요시 즉시 공인기관에 실험분석을 의뢰하고 시험성적서를 보관
③ 피해인원, 건강상태, 입원병원, 증상, 진단서(식중독 관련) 발급 유무에 대한 신속한 파악 및 고객으로부터 불만사항을 직접 청취하며 내용을 기록

④ 고객의 건강상태를 확인한 후 치료지원

⑤ 사고가 재발되지 않도록 해당 부분에 대하여 즉시 개선한다.

⑥ 사태 수습과정에서 발견된 문제점을 수정 · 보완하고 필요시 교육훈련을 실시한다.

- 특히 식중독의 증세는 알레르기 형태를 제외하고 일반적으로 감기 몸살 증세와 비슷하기 때문에, 잘못 판단하여 지사제를 사용할 경우 설사를 통하여 자연적으로 몸 밖으로 배출되는 세균이나 세균성 독소 등의 배출을 막아 몸속에 쌓이게 하여 더욱 심각한 증상을 초래할 수 있으므로 사용 시 주의해야 한다. 환자 구토물 처리 시, 일회용 장갑 등을 사용하여 닦아 내고 소독제를 이용하여 2차 감염을 방지하여야 한다.

제2절 식중독

1. 식중독의 범위와 정의

식중독이란 병원성 미생물이나 유독, 유해한 물질로 오염된 음식물을 섭취하여 일어나는 건강상의 장해를 말하며, 집단 식중독은 식품 또는 물이 질병의 원인으로 확인되거나 의심되는 경우로서 동일한 식품이나 동일한 공급원의 물을 섭취한 후 2인 이상이 유사한 질병을 경험한 사건을 말한다. 식중독의 범위에 속하지 않는 것으로는 영양 불량이나 물리적 · 기계적 장해, 뜨거운 것을 섭취해 입는 상처 등이 있을 수 있다.

식중독 발생의 주된 원인으로는 식품을 충분한 온도와 시간으로 조리하지 못할 때, 조리 후 음식을 부적절한 온도에서 장시간 보관할 때, 오염된 기구와 용기, 개인의 비위생적 습관, 취급 부주의, 안전하지 못한 식품 원료 사용 등을 들 수 있다.

식중독의 증상으로는 고열, 복통, 설사, 구토, 두통 등이 대표적이며 때로는 호흡곤란, 탈수 등을 일으켜 생명을 위험하게 할 수도 있다(식품의약품안전청, 2006).

〈표 4-2〉 식중독의 정의

식품위생법상의 식중독 정의(제2조 제10호)
식품의 섭취로 인하여 인체에 유해한 미생물 또는 유독물질에 의하여 발생하였거나 발생한 것으로 판단되는 감염성 또는 독소형 질환

WHO의 식중독 정의
식품 또는 물의 섭취에 의하여 발생하였거나 발생된 것으로 판단되는 감염성 또는 독소형 질환

2. 식중독을 일으키는 병인물질

식중독은 생물학적 · 화학적 · 자연독, 곰팡이독소 등에 의하여 기인한다. 다음은 식중독을 일으키는 미생물과 병인물질에 대하여 정리하였다.

미생물은 현미경으로 볼 수 있는 매우 작은 생물들을 총칭한다. 종류로는 세균, 효모, 원생동물 등이 있고, 진균은 자낭균류, 담자균류, 조균류 및 불완전 균류를 통틀어 이르는 말로서 몸이 무색의 균사(菌絲)로 이루어져 있으며, 엽록소가 없어 다른 생물에 기생한다. 버섯, 곰팡이, 효모, 깜부기균 등이 이에 속한다. 세균은 단세포의 미생물로서 핵막이 없는 원핵생물의 한 무리이며, 바이러스는 세균보다 훨씬 작은 전염성 병원체인 미생물이다.

일반적으로 세균을 분리할 때는 그람반응을 이용한다. 그람 반응(Gram反應)은 그람 염색법으로 염색된 세균이 나타내는 반응이며 양성과 음성으로 나타난다.

- Gram- : 염색이 되지 않는 세균성 대장균, 이질균, 유산균 등.
- Gram+ : 그람반응에서 짙은 자주색을 보이는 세균으로 결핵균, 디프테리아균, 포도상구균 등이 있다.

[그림 4-1] 미생물의 분류

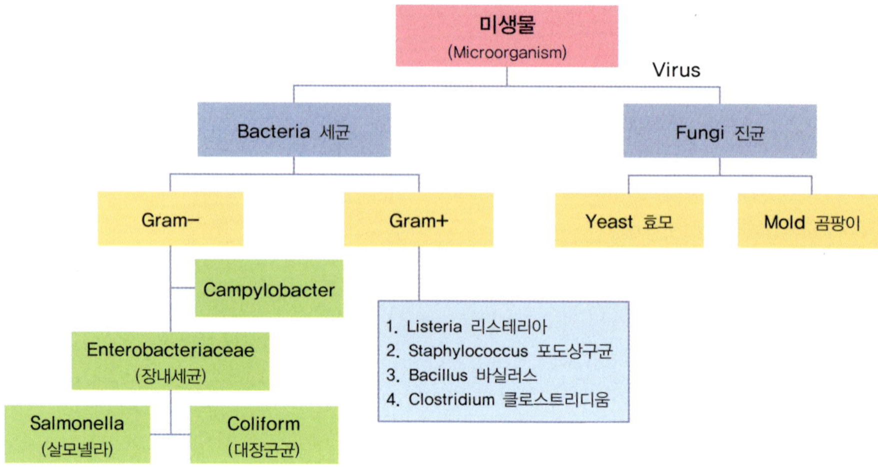

〈표 4-3〉 식중독의 분류와 병인물질

생물학적 식중독	① 감염형 식중독	살모넬라균, 장염비브리오균, 병원성 대장균, 캠필로박터 제주니, 바이러스, 기생충 등
화학성 식중독	② 독소형 식중독	포도상구균, 보툴리누스균 등
자연독 식중독	① 고의 또는 오용으로 첨가되는 유해물질 ② 본의 아니게 잔류, 혼입되는 유해물질 ③ 제조 · 가공 · 저장 중에 생성되는 유해물질 ④ 기타 물질에 의한 중독 ⑤ 조리기구, 포장에 의한 중독	각종 첨가물, 유해첨가물 잔류농약, 유해성 금속화합물 지질의 산화생성물, 니트로사민 메탄올, 간수 등 녹청(구리), 납, 비소 등
곰팡이 독소에 의한 중독	① 동물성 자연독에 의한 중독 ② 식물성 자연독에 의한 중독	복어독, 조개독, 시가테라독 등 감자독, 버섯독 등
	마이코톡신 식중독	황변미독, 맥각독, 아플라톡신 등

자료 : 식약청, 식중독 예방교육교재, 2006, p. 9 참고하여 저자 재작성

3. 식중독의 종류

「식품위생법」에 의거해 식중독 발생 통계가 작성되어 보고된 것은 1970년대부터이며, 식중독 발생상의 특징은 사계절이 뚜렷한 기후와 지리적 특성의 영향으로 여름철에 세균성 식중독이 많으나, 근래 들어 겨울철 식중독 또한

늘어가고 있는 추세이다.

다음은 식품공전상의 식품과 수산물의 규격에 관한 공시사항이다.

〈표 4-4〉 식품공전상의 식품일반에 대한 공통기준 및 규격

식품공전

식품일반에 대한 공통기준 및 규격

식육(제조, 가공용 원료는 제외한다), 살균 또는 멸균 처리하였거나 더 이상의 가공, 가열조리하지 않고 그대로 섭취하는 가공식품에서는 특성에 따라 살모넬라(Salmonella spp.), 황색포도상구균(Staphylococcus aureus), 장염비브리오(Vibrio parahaemolyticus), 클로스트리디움 퍼프린젠스(Clostridium perfringens), 리스테리아 모노사이토제네스(Listeria monocytogenes), 대장균 O157 : H7(Escherichia coli O157 : H7), 캠필로박터 제주니(Campylobacter jejuni), 바실러스 세레우스(Bacillus cereus), 여시니아 엔테로콜리티카(Yersinia enterocolitica) 등의 식중독균이 검출되어서는 아니된다. 다만, '제4. 식품별 기준 및 규격'에서 식중독균에 대한 규격이 정량적으로 정하여진 식품에는 정량규격을 적용한다.

수산물에 대한 잠정규격

더 이상의 가공, 가열조리를 하지 않고 그대로 섭취하는 수산물에서는 장염비브리오(Vibrio parahaemolyticus), 살모넬라(Salmonella spp.) 황색포도상구균(Staphylococcus aureus), 리스테리아 모노사이토제네스(Listeria monocytogenes)가 음성이어야 한다.

1) 세균성 식중독

살아 있는 세균에 의한 감염이나 음식물 내에 세균이 만들어 놓은 독성이 남아 있는 경우, 음식물 섭취 후 장내에서 만들어진 독성에 의하여 발병한다.

〈표 4-5〉 세균성 식중독

세균성 식중독의 분류

㉠ 감염형 식중독 : 살모넬라균, 장염비브리오균, 병원성 대장균, 캠필로박터 제주니, 바이러스, 기생충 등

- 식중독 바이러스 : 노로바이러스(Norovirus), 로타바이러스(Rotavirus), 간염 A형 바이러스(Hepatits A virus) 등

㉡ 독소형 식중독 – 황색포도상구균, 보툴리누스균, 세레우스균 등

식중독균의 증식요인 : 온도, 시간, 영양, 수분, pH, 식품의 종류 등

세균성 식중독의 예방 : 세균에 의한 오염방지, 세균의 증식방지, 세균의 사멸 등

〈표 4-6〉 바이러스 식중독

바이러스 식중독

① 바이러스 식중독이란 바이러스에 오염된 음식물을 섭취하여 일어나는 건강상의 장해를 말한다.
② 주요 원인 바이러스는 노로바이러스(Norovirus)이며, 그 밖에 간염 A형 바이러스(Hepatitis A virus), 로타바이러스(Rotavirus) 등이 알려져 있다.

바이러스 식중독의 증상

① 바이러스 식중독의 증상은 메스꺼움, 구토, 설사, 위경련 등이며, 때때로 미열, 오한, 두통, 근육통과 피로감을 동반한다. 감염되었을 경우 갑작스러운 설사 등이 발생하며 1~2일 정도 지속된다.
② 소아의 경우 성인보다 심한 구토 증세를 나타내는 경우가 많다.

바이러스 식중독과 세균성 식중독의 차이

가장 큰 차이점은 ① 미량의 개체(10~100)로도 발병이 가능하고,
② 바이러스는 자체적으로 증식이 불가능하며,
③ 바이러스는 항생제로 치료가 불가능하다.

바이러스 식중독의 치료와 예방

현재 노로바이러스에 대한 치료법이나 감염 예방 백신은 없다. 건강한 성인에게는 감염증상이 경미하나, 소아, 노인, 환자에게 발생하는 탈수 증상은 생명에 치명적인 위해를 가져올 수 있기 때문에 구토, 설사 증세가 있을 경우 탈수를 막기 위해 음용수를 충분히 섭취해야 한다.

바이러스 식중독은 치료법이 없기 때문에 예방이 가장 중요하다.

① 개인 위생의 준수 : 요리 전, 식사 전, 화장실 용무 후 항시 손 세척
② 위생적 식습관의 생활화 : 굴, 과일, 채소 등을 깨끗이 세척하여 섭취
③ 정수처리시설 관리 : 물탱크, 저수조, 배관관리 등 위생적인 식수공급
④ 감염 후 관리 : 바이러스에 오염 가능성이 있는 옷과 이불 등의 소독 및 감염자와의 접촉을 피하여 2차 감염예방

자료 : 식품의약품안전청, 식중독 예방교육 표준교재, 2006

주요 세균성 식중독균

① 살모넬라

감염형 세균성 식중독균으로 역사적으로 가장 오래된 균이다. 최적 발육 온도는 35~37°이며, 62~65°C에서 20분 정도의 가열로 사멸한다.

식육이나 난류, 부적절하게 가열된 동물성 단백질 식품이 원인식품이며, 저온보존 및 저온유통, 가열조리를 통해 예방할 수 있다.

② 장염비브리오

장염비브리오 식중독을 최초로 보고한 나라는 일본이며, 최적 발육온도는 30~37℃, 최적 pH는 7.4~8.2이다. 원인식품은 어패류가 압도적으로 많고, 여름의 근안 해수와 갯벌에 광범위하게 분포되어 있으며 6~9월에 발병빈도가 높다(오징어, 꼬막 등).

예방대책으로 여름철 근해의 어패류 및 조개류의 섭취를 자제하고, 저온관리, 가열식용한다.

③ 병원성 대장균 식중독

대장균은 사람과 동물의 장관 내에 있는 정상 세균군으로 병원성을 보이지 않으나 병원성 대장균은 설사나 급성장염을 일으킨다. 햄, 치즈, 소시지 등이 원인 식품이며 최적 발육온도는 37℃이다.

대장균은 장관 침입성 대장균, 장관 병원성 대장균, 장관독소원성 대장균, 장관출혈성 대장균으로 분류된다. 예방대책으로 식품과 음료수의 가열이 효과적이다.

④ 포도상구균

엔테로톡신을 함유한 대표적인 독소형 균으로 소금농도가 높은 곳에서도 증식하며, 건조상태에서도 저항성이 강하다. 특히 60℃, 30분 가열로 균은 거의 사멸되나, 장독소인 '엔테로톡신'은 100℃에서 60분 정도 가열해야 파괴된다.

오염원은 손과 조리기구 등을 매개로 식품을 오염시키고, 육류, 크림, 우유, 김밥 등에서 유발된다. 예방대책으로 개인 및 조리도구의 위생을 철저히 하고 창상, 화농에 주의한다.

⑤ 로타바이러스

근래 들어 겨울철에도 식중독이 많이 발생하는데 대표적인 원인이 로타바이러스에 의한 식중독이다. 로타바이러스는 주로 겨울철에 유아들의 장염을 유발하며 심한 구토와 고열, 설사를 동반하고 분변→구강 경로로 발병한다.

예방대책으로 개인위생을 철저히 한다.

이외에 노로바이러스, A형 간염 바이러스, 아스트로 바이러스 등이 있다.

2) 자연독 식중독

동·식물의 유해성분으로 급성중독을 일으킨다.

(1) 식물성 자연독

① 버섯

㉠ 독버섯 : 알광대버섯, 무당버섯, 미치광이버섯, 웃음버섯 등

㉡ 원인물질로는 무스카린증후군이라 하여 무스카린이나 무스카리딘 등을 함유하고, 아마톡신, 팔로톡신, 비로톡신 등을 함유한 팔로이드 증후군이 있으며, 지로미트라증후군으로 지로미트린이 있다. 지로미트린은 증기 흡입 시 중독된다.

② 식물성 식품 중 유해요소

㉠ 솔라닌 : 감자

㉡ 시큐톡신 : 독미나리

㉢ 테물린 : 독보리

㉣ 아미그달린 : 사과, 살구, 아몬드 등의 미숙한 과일

㉤ 리나마린 : 두류, 토끼풀 등

(2) 동물성 자연독

① 복어독

㉠ 원인물질 : 테트로도톡신(TTX)

㉡ 중독 증상이 1시간 이내로 짧고 매우 빨리 중독된다.

㉢ 예방대책 : 자격을 갖춘 음식점에서 섭취

② 시가테라독

㉠ 열대·아열대 지방의 산호초가 발달된 해저에서 생식하며, 유독 플랑크

톤에서 비롯된다.

(3) 조개류 독소

① 패독

㉠ 유독성 플랑크톤을 먹은 조개 내에 축적된 독소물질로 사람이 조개를 먹었을 때 중독을 일으키는 원인물질

㉡ 홍합, 굴, 피조개, 바지락 등 껍질이 2장인 조개류(二枚貝)에서 발생한다.

㉢ 수온이 6~18℃가 되는 매년 2~6월경 주로 남해안 지역에서 발생하며, 수온이 18℃ 이상으로 상승되는 6월 중순경에 소멸된다.

② 패독의 종류 및 특성

㉠ 마비성 패독(Paralyti Shellfish Poisoning, PSP)

- 조개가 알렉산드리움 타마렌세(Alexandrium tamarensc) 등의 유독성 플랑크톤을 먹음으로써 독소가 발생된다.
- 독소의 주성분은 삭시톡신(Saxitoxin)과 고니오톡신(Gonyautoxin)이다.
- 증상은 섭취 후 30분 뒤부터 발병하며 입술, 혀, 안면마비 등에 이어 목, 팔, 전신마비, 심하면 호흡마비로 사망하게 된다.

㉡ 기억상실성 패독(Amnestic Shellfish Poisoning, ASP)

- 원인 생물은 Pseudonitz schia sp. 등의 규조류이며, 진주담치, 굴 등에서 발생한다.
- 독소성분은 Domoic acid 등이다.
- 증상은 조개를 먹은 후 24시간 내에 설사, 두통, 구토 등이 나타나고 중독 시 위장염, 단기 기억상실 등이 나타나며 심한 경우 만성적인 신경 이상증세가 나타난다.

㉢ 설사성 패독(Diarrhetic Shellfish Poisoning, DSP)

- 원인 생물은 Dinophysis fortil, D. acuminata 등의 플랑크톤이며, 진주담치, 굴, 모시조개에서 발생한다.
- 독소성분은 Okadaic acid, Dinophysistoxin Pectenotoxin, Yessotoxin 등이다.

③ 패독에 의한 식중독 예방

㉠ 2월과 6월 사이 수온이 높아지는 시기에 근해의 패류 채취 및 섭취 금지

㉡ 패독 발생지역에서 패류를 채취하지 않는다.

㉢ 발생지역의 패류를 이용하여 식품을 제조, 가공 또는 조리하지 않는다.

3) 화학성 식중독

음식 조리에 사용되었거나 간접적으로 사용된 기타 첨가물로 인해 발병한다. 증상은 수시간 이내에 소멸될 수 있으나 특별한 치료가 필요한 경우도 있다.

(1) 고의 또는 오용으로 첨가되는 유해물질

① 유해성 감미료

㉠ 에틸렌 글리콜 : 무색 · 무취의 액체로 체내에서 옥살산이 되며 신경장해를 일으킨다.

㉡ 둘신 : 소화효소 억제, 혈액독 발생, 중추신경계에 작용한다.

㉢ 사이클라메이트 : 설탕보다 40~50배의 감미도가 있으며 열에 안정하고 청량한 느낌이 있으나, 발암성 물질을 생성한다.

② 인공 착색료 : 아우라민(황색색소, 과자 · 단무지 · 종이 등), 로다민 B(과자, 생선묵)

③ 보존료

㉠ 붕산 : 영양소의 동화작용 방해, 지방분해 촉진(마가린, 버터, 베이컨 등)

㉡ 포름알데히드 : 단백질의 변성작용을 막고 살균 · 방부작용을 하나, 독성이 강하다.

㉢ 불소화합물 : 공업용 풀의 방부제로 이용된다.

㉣ 유로트로핀 : 포름알데히드와 암모니아의 반응생성물.

㉤ 승홍 : 강력한 살균작용이 있어 의약품에 쓰이나 독성이 매우 강하다.

④ 표백제 : 니트로겐 트리클로라이드, 형광표백제

⑤ 기타 : 메탄올(산 중독증 유발, 시신경 장해)

(2) 본의 아니게 잔류 · 혼입되는 물질

① 농약에 의한 중독

㉠ 유기염소제 : DDT, DDD, methoxychlor. γ - BHC 등이 있으며 화학적으로 안정해 분해가 잘 되지 않는다.

㉡ 유기인제 : TEPP Parathion 등이 있고, 콜린에스터라제와 결합하여 아세틸콜린을 축적시켜 신경이상을 가져온다.

㉢ 비소화합물 : 산성비산납, 비산칼슘 등이 있다.

㉣ 유기수은제 : 독성이 매우 강하며, 인체에 용이하게 흡수되고 배설속도는 느리다.

② 유해 금속화합물에 의한 중독 : 납, 카드뮴, 수은, 비소 등은 지용성으로 배설이 어렵다.

③ 음식용 기구 및 포장에서 유해되는 중독 : 구리, 아연, 납 또는 이들의 합금 사용 시 중독 가능성이 있다.

4) 곰팡이 독소중독

(1) 곰팡이독소

① 곰팡이독소(마이코톡신) : 곰팡이가 생산하는 유독성 물질로 사람 · 동물에게 질병을 유발한다.

② 마이코톡신 중독증의 특징 : 곡류, 목초 등 특정한 식품 또는 사료의 섭취가 원인이다.

(2) 곰팡이독소의 분류와 종류

① 식중독 유래 곰팡이독소 : aflatoxin, Fusarium 독소균, patulin 등

② 오염균주 유래 곰팡이독소 : 황변미독

③ 보존균주 유래 곰팡이독소 : 식품과 직접관계가 없다.

(3) 허용기준

독성이 가장 강하며, 식품과 사료에서 가장 많이 발현되는 아플라톡신으로 허용기준을 정하고 있다.

아플라톡신

칠면조의 떼죽음으로 인해 알려졌고, 간장독이며 강력한 발암성물질이며 열에 강한 특징이 있다. 원인식품으로는 된장, 곶감 등이 있다.

황변미독

① toxicarium 황변미 : Penicillium toxicarium의 대사산물인 시트레오비리딘으로 신경독이다.

② Penicillium citrinum의 대사산물로 신장독인 시트리닌이다.

③ Islandis 황변미 : penicillium islandicum이 생성하는 황색색소인 luteoskyrin과 함염소 peptide(islanditoxin, cyclochlorotin)이다(간장독).

맥각독

① Claviceps purpurea는 보리, 밀, 호밀에서 잘 번식하며, 이 곰팡이와 균핵이 맥각이다.

② 맥각(evgot)의 주성분은 맥각알칼로이드이며, 맥각독에는 에르고타민, 에르고크리스틴, 에르고메트린이 있다(예지각, 1999).

4. 식중독 예방

식중독의 예방은 가장 기초적인 부분에서 시작할 수 있다.
다음은 식중독을 예방하기 위한 기본적인 수칙이다.

① 개인 및 조리도구의 청결을 유지한다

일반적으로 유해 미생물은 손, 행주, 조리기구, 특히 도마를 통해 옮겨질 수 있다. 업무를 시작하기 전, 화장실 이용과 휴식 후, 배식 전 등에는 반드시 손 세척을 실시하여야 한다.

② 익힌 음식과 익히지 않은 음식은 분리 · 보관의 원칙을 적용한다

익히지 않은 식품(육류, 가금류, 해산물)에는 인체에 유해한 미생물이 있을 수 있기 때문에 교차오염을 방지하기 위하여 반드시 분리 · 보관하여야 한다.

③ 식품은 완전히 익힌다

대부분의 유해한 미생물은 가열하면 사멸되지만, 다진 고기, 구이용 고기말이, 뼈가 붙어 있는 고기 및 통째로 조리된 가금류는 특히 주의가 필요하며, 연구에 의하면 식품을 70℃까지 가열하면 안전하게 식품을 섭취할 수 있다고 한다. 특히 죽, 수프 등의 남은 음식을 재가열할 때에는 내부온도가 70℃ 이상이 될 때까지 가열한다.

④ 식품은 안전한 온도에서 보관한다

실온에서는 식품 중 미생물이 매우 빨리 증식할 수 있으므로, 보관온도를 5℃ 이하나 60℃ 이상(danger zone)으로 유지할 경우 미생물의 증식은 둔화되거나 중지된다.

⑤ 신선한 식재료를 사용한다

신선하고 질 좋은 식품을 선택 사용하여야 한다. 특히 채소나 과일 등의 신선제품을 사용할 때는 흐르는 물에 3회 이상의 세척이 필요하며, 유통기한이 지난 식품은 사용하지 않는다.

5. 식품과 관련된 질병

1) 구제역(Foot and Mouth Disease)

구제역은 바이러스에 의한 전염성이 매우 높은 급성 전염병으로 특별한 치

료법이 없고 조직배양 백신을 이용한 예방법이 이용되고 있다. 발굽이 2개인 소 · 돼지 등의 입 · 발굽 주변에 물집이 생긴 뒤 치사율이 5~55%에 달하는 가축의 제1종 바이러스성 법정전염병이다. 소의 경우 잠복기는 3~8일이며, 초기에 고열(40~41℃)이 있고, 사료를 잘 먹지 않고 거품 섞인 침을 흘린다. 잘 일어서지 못하고 통증을 수반하는 급성구내염과 제관(蹄冠) · 지간(趾間)에 수포가 생기면서 앓다가 죽는다. 특별한 치료법은 없고, 만일 이 병이 발생했을 경우에는 검역을 철저히 해야 하며, 감염된 소와 접촉된 모든 소를 소각하거나 매장해야 한다. 영국에서 발생하여 유럽 · 동남아 · 남미 등지로 번졌다(두산백과).

2) 광우병(Bovine Spongiform Encephalopathy)

4~5세의 소에서 주로 발생하는 전염성 뇌질환으로 증상은 소의 뇌에 구멍이 생겨 갑자기 미친 듯이 포악해지고 정신이상과 거동불안, 그리고 난폭해지는 등의 행동을 보이는 것이 특징이다. 영국은 광우병에 대한 조사 보고와 함께 1996년 3월 쇠고기의 일시 판매중지를 선언하고 유럽연합도 영국산 쇠고기에 대한 전면 금수조치를 취하였다. 그 후 유럽의 쇠고기 소비량은 40%나 감소하고 수많은 소가 떼죽음을 당하여 유럽 전역의 육류시장과 농가에 커다란 피해를 입혔다(두산백과).

3) 조류독감(조류인플루엔자 pathogenic avian influenza)

닭 · 칠면조와 같은 가금류와 야생 조류 등에 감염되는 급성 바이러스 전염병으로, 감염은 조류의 분비물을 직접 접촉할 때 주로 일어나며, 비말(飛沫) · 물, 사람의 발, 사료차, 기구, 장비, 알 겉면에 묻은 분변 등에 의해서도 전파된다.

소화기성 전염병이 아닌 호흡기성 전염병이므로 70℃ 이상에서 가열하여 익혀 먹으면 인체에 해가 없다(두산백과).

4) O-157

식중독을 집단 발생시키는, 페로독소를 만드는 병원성 대장균의 하나. O는 균의 특성을 나타내는 독일어(Ohen)의 머리문자이다. 대장균은 균체의 항원 항체반응의 차이로 173종류로 분류하는데, 157번째로 발견되어 붙여진 명칭이다. O-157의 감염보고는 매년 5월경부터 증가한다. 이 균은 원래 소의 장내에 있기 때문에 육류에서의 감염 위험성은 이전부터 지적되어 왔지만, 그간 발생한 증례의 분석으로는 육류뿐만 아니라 채소를 포함한 신선한 식품 전부에서 오염 가능성이 있는 것으로 생각된다. 오른쪽 하복부의 복통과 설사가 특징적이지만, 출혈성 설사를 하는 경우에는 중증화 우려도 있다. 특히 유아나 노인의 경우, 용혈성 요독증후군(HUS)이라는 합병증에 감염될 염려가 있어 위험하다. 근래, 미국에서 어린이가 병원성 대장균 O-157에 감염되었을 때 항균제를 사용하면 오히려 병세가 악화되었다는 보고가 있다(생명과학대사전).

제3절 주방위생 안전관리

주방은 육절기, 분쇄기 등의 조리도구와 끓는 물, 기름의 이용과 같은 조리업무를 수행하는 특성상 안전부분에 있어 취약성을 가지고 있다.

조리사는 업무 중 안전에 유의해야 하며 개인의 실수로 인하여 제3자가 신체적 위해를 입을 수 있음을 명심하고 주방안전관리에 임해야 하며, 개인의 신체적 위해로 인한 불편함과 아울러 동료의 업무 과중으로 인한 생산성의 저하는 기업 이윤적 측면에서도 크나큰 손실임을 인지하고 주방위생 안전관리에 대하여 관리자는 심혈을 기울여야 한다. 따라서 주방위생 안전관리는 식품안전에 관한 지침 및 기준을 확립하여 식품사고를 사전에 예방하고 효율적인 위생관리의 모형을 제시함으로써 고객에게 안전한 식품 및 서비스를 제공하고 기업의 이윤창출에 기여해야 한다.

주방을 안전하게 관리함에 있어 다음과 같은 수칙을 준수해야 한다.

주방안전수칙

① 주방 바닥은 미끄럽지 않도록 청결을 유지한다.
② 뜨거운 팬 사용 시 마른 수건을 사용한다. (젖은 행주는 마른 수건보다 열전도율이 높기 때문에 오히려 위험하다.)
③ 뜨거운 음식물은 용기의 7부 이하로 담아 이동한다.
④ 창고의 물건 취급 시 장애물과 미끄러움에 주의한다.
⑤ 나이프 끝이 바닥을 향하게 하고 떨어지는 나이프는 잡지 말고 피한다.
⑥ 전열기구 사용 시 물이 닿지 않도록 주의한다.
⑦ 가스 솥 등 가스용기 사용 후 중간밸브를 꼭 잠근다.
⑧ 골절기나 식품커터기 등의 조리도구는 사용방법을 숙지하고 안전교육을 실시한다. 특히 골절기, 초퍼 등의 장비를 사용할 때는 서두르지 말고 천천히 작업을 진행한다.

1. 조리공정 중 위생 및 안전 관리

1) 전처리

전처리할 때에는 위생장갑을 착용하고, 칼, 도마, 장갑, 용기 등은 세척, 소독되어 있는 것을 사용한다.

〈표 4-7〉 식재료별 전처리방법

구분	내용
육류/가금류	세척, 소독이 실시된 육류용 도마(적색)와 칼을 사용한다.
생선/해산물	세척, 소독이 실시된 생선, 해산물, 도마(노랑)와 칼을 사용한다.
채소/과일	표면의 흙 등의 불순물을 깨끗이 제거, 세척(3회 이상)을 실시한다. 세척, 소독이 실시된 채소 및 과일용 도마(녹색)와 칼을 사용한다. 전처리 작업이 완료되면 전용 용기에 담아 보관하거나 조리작업을 실시한다.
기타 완제품	세척, 소독이 실시된 완제품용 도마(흰색)와 칼을 사용한다. 바로 먹는 완제품은 절단 시 오염되지 않도록 신속하고 청결하게 작업을 실시한다.
공통사항	사용한 칼, 도마 외 다른 도구가 2차 오염되지 않도록 정해진 장소에서 작업을 실시한다.

육류 작업 시 주의사항 및 선도관리

① 청결, 정리정돈의 원칙

② 위생모, 위생복, 앞치마, 위생화 착용

③ 작업 개시 전 작업 테이블/개인 조리도구 등에 대하여 사전소독 실시

육류는 자체 온도가 2℃ 이상이 되면 드립이 발생하기 시작하며, 온도가 7℃ 이상이 되면 육즙의 발생량이 증가한다. 따라서 육류의 선도관리에 있어 주의점은 첫째, 냉장고는 5℃ 이하, 냉동고는 -20℃로 항상 온도를 설정한다. 둘째, 정확한 발주와 재고관리로 적정재고량과 상품회전율을 설정한다. 셋째, 상품화공정에서의 선도관리 및 유지로서 조리환경 및 조리사에 대한 위생관리를 철저히 한다. 원료육은 외부공기와 장시간 접촉하지 않도록 하고 되도록 신속하게 상품하한다.

2) 해동

① 해동된 식육은 일반냉장육보다 부패의 가능성이 높으므로 신속하게 조리한다.

② 냉장 해동 시 냉장고 선반 하단에서 실시하고 식별 표시를 한다(식별표시에는 해동 시간, 기간, 해동 중 등을 표시한다). 냉장 해동 시 육류, 생선류, 가금류, 완제품으로 구분하여 실시한다.

③ 해동은 안전과 위생에 가장 효과적인 냉장해동을 하도록 한다.

④ 철저한 사전계획(생산량)에 의거하여 사용량만 해동한다.

⑤ 해동기간을 명시하여 누구라도 알 수 있게 해동한다.

〈표 4-8〉 해동 시 유의사항

해동방법	유의사항
냉장해동	육류, 가금류, 생선 등의 해동 시 적합하다. 크기가 큰 냉동품의 해동에 적합하다. 해동 시에는 해동 시작 시간과 날짜, 해동 완료 예정 시간 등이 표시되어야 한다. 해동 공간은 가급적 냉장고 선반 아래쪽을 지정하여 해동 시 발생하는 육즙(Drip)으로 인한 오염이 발생하지 않도록 한다.
유수해동	조개류, 해산물의 해동 시에 적합하다. 유수 해동 시 물의 온도는 20°C 이하로 유지되어야 한다. 포장상태가 유지되도록 해동해야 한다.
전자레인지해동	전자레인지를 이용하여 해동이 실시되었을 경우 해당 식재료는 즉시 소비되어야 한다.
상온해동	가장 위험한 해동방법으로 가능한 사용이 지양되어야 한다. 상온해동은 멸균처리가 실시된 냉동 밀폐용기 식재료에 한하여 제한적으로 사용될 수 있다.

3) 조리공정 관리

① 식품제조 가공 시에는 식품의 중심온도가 75°C 이상 1분간 유지되도록 하여 완전히 익을 수 있도록 해야 한다.

② 조리된 음식은 60°C 이상 또는 냉장 보관하고, 냉각은 조리 후 30분 이내에 하여야 한다.

③ 조리된 음식을 재가열할 경우 75°C 이상에서 1분 이상 가열한다.

④ 조리된 음식은 보관용기에 담아 뚜껑을 덮어 보관하고, 조리 전의 원재료와 접촉하지 않도록 유의한다.

⑤ 가공식품은 상온에서 2시간 이상 방치하지 않도록 해야 한다.

〈표 4-9〉 조리공정 식재료 저장관리

- 육류와 생선류, 원자재와 가공품은 분리 보관한다.
- 식자재를 냉동시킬 때에는 급속냉동시킨 후에 냉동고로 옮긴다.
- 육류의 경우 반제품은 선반 위쪽, 원자재는 선반 아래쪽에 보관한다.
- 생선의 경우 향취가 약한 것을 선반 위쪽, 강한 것을 선반 아래쪽에 보관한다.
- 가공품의 경우 가장 나중에 생산한 것을 선반의 아래쪽, 먼저 생산한 것을 위쪽에 보관한다(FIFO).

자료 : 장태경, 관광호텔 부쳐 주방관리의 효율성에 관한 연구, 2003

[그림 4-2] 실온 해동

4) 냉각

올바른 냉각방법의 실천은 식품위생과 관련하여 매우 중요하며 특히 식중독 사고의 원인 중 상당부분이 식재료의 냉각공정에서 비롯된다. 식품이 냉각되면서 Danger Zone(5~60°C)에 머무는 시간을 최소화하여 식품의 안전을 확보하는 것이 중요하다.

① 가열조리식품의 냉각 시 전용냉각기를 이용한 냉각 권장
② 냉장, 냉동고에서 냉각 시 교차오염의 예방을 위하여 가장 상단에 보관 냉각하며 내부온도가 상승하지 않도록 온도가 충분히 내려간 다음 냉각을 실시한다.
③ 냉각 완료 후 덮개를 덮고 냉장 저장한다(5°C 미만).
④ 냉각 시 사용한 용기는 세척, 소독을 실시한다.

〈표 4-10〉 식품의 냉각

소 분	냉각시키는 식재료를 작은 단위로 나누어서 냉각 실시 (냉각, 해동이 용이하여 온도변화로 인한 위해요소를 줄일 수 있다)
냉각기	음식의 중앙에 얼음주머니를 이용하여 수시로 저어주어 외부와 중심 온도를 동시에 낮춰준다.

[그림 4-3] 소스 쿨러

5) 메뉴 제공

조리공정 중 고객에게 상품 제공 시에는 다음 사항에 주의한다.

① 가열이 완료된 음식은 적절한 보온·보냉 실시하에 저장한다.

② 사전에 조리된 식품은 신속히 제공한다.

③ 새로운 음식과 기존에 제공되었던 음식을 섞지 않는다.

④ 재가열은 필요한 만큼 덜어서 한 번만 실시한다.

⑤ 고객 제공 후 남은 미제공 메뉴는 폐기를 원칙으로 하여 위생 위해요소를 최소화시킨다.

〈표 4-11〉 메뉴 제공 시 온도 관리

육 류	가열 시 중심온도 75°C 이상(스테이크류는 제외)
생선류	중심온도 63°C 이상
가금류	뼈 있는 부근의 중심온도 75°C 이상
재가열 음식	식품 내부온도 75°C 이상
따뜻한 음식	60°C 이상으로 유지, 제공(heat lamp, food warmer)
차가운 음식	5°C 이하로 차갑게 유지, 제공(냉장보관, ice bathing)

[그림 4-4] 메뉴 보관

6) 손님에게 제공되는 먹는 물 관리

수돗물이 아닌 물을 음용수로 사용하는 경우 먹는 물 관리법의 먹는 물 수질 기준에 적합한 것이어야 한다.

(1) 정수기

정수기 관리는 필터교환이 중요하다. 필터를 관리해 주지 않으면 더 해로운 물을 마시는 결과를 초래하므로 정수기 기종, 필터의 모양과 규격을 파악하여 정기적으로 필터를 교환하여야 한다. 또 정수된 물이라도 기온이 올라가는 여름철에는 일반세균이 번식할 우려가 높으므로 1달에 2~3회 청소 및 소독을 반드시 해주는 것이 좋다.

(2) 지하수

지하수는 수돗물과 달리 정기적인 수질검사가 어렵고, 소독도 잘 이루어지지 않으므로 세균들에 의한 수인성 질병의 가능성이 높아, 지하수의 관리는 위생상 매우 중요하다. 그러므로 정기 수질검사를 통한 관리와 더불어 반드시 물을 끓여서 제공하는 것이 좋다.

7) HACCP System을 적용한 조리공정

HACCP은 Hazard Analysis & Critical Control Point의 약자로서 '식품위해요소중점관리제도'이다. 식품 제조과정에 대한 과학적이고 체계적인 위해관리를 통하여 식품의 안전성을 확보하는 제도이며, 해당식품에서 발생 가능한 위해요소를 사전에 분석하여 예방 제거하는 종합적 위생관리 시스템을 말한다. 즉 일차적으로 식품의 제조공정을 분석하고, 공정 중 위해요소를 분석하여 예방관리 및 위해요소를 제거하여 식품의 안전성을 확보하는 관리시스템으로 모든 식품에 적용가능하다.

HACCP은 다음과 같은 구조로 이루어진다.

(1) HA(위해요소분석)

원료공정에서 발생가능한 병원성 미생물, 생물학적 · 화학적 · 물리적 위해요소 분석

(2) CCP(중요관리점)

위해요소를 예방, 제거 또는 허용 수준으로 감소시킬 수 있는 공정이나 단계를 중점관리

(3) HACCP System의 적용원칙

① 원칙 1 - 위해분석 : 위해 목록의 작성

㉠ 반입되는 원료, 제품특성 등의 조사

㉡ 가공, 제조조작 순서의 조사(순서도 작성, 시설 내부도 및 작업원의 행동 패턴도 작성)

㉢ 현장에서의 실제 작업순서 관찰

㉣ 가공 · 제조 조건의 측정

㉤ 측정결과의 균의 발육 · 사멸조건의 비교검토

② 원칙 2 - 중요관리점의 설정

③ 원칙 3 - 관리기준의 설정

④ 원칙 4 - 모니터링 방법의 설정

⑤ 원칙 5 - 개선조치의 설정

⑥ 원칙 6 - 검증방법의 설정

⑦ 원칙 7 - 기록의 유지 · 보관 시스템의 설정

(4) HACCP의 적용

식품제조, 가공업에서 사전예방 접근방식으로 제조공정 중 위해요소 제거 및 예방이 용이하고 경제적이며, 중요한 공정에 자원을 집중 투자할 수 있다.

또한, 변질에 의한 제품의 손실을 감소시킬 수 있고, 신뢰성과 안전성이 확보된다.

[그림 4-5] 조리공정의 식품위해요소 관리

1. **메뉴명** : 구절판

2. **위해요소 관리점** : 식재료 구매 시 배달 및 보관온도 준수
조리 시 세척, 조리도구의 소독여부
배식 시 손소독 및 마스크 착용
온도관리

3. **지속적 모니터링**

구매 및 검수

1. 양념류(설탕, 식초, 간장) 채소류는 신선한 상태의 것을 구매

→ **CCP 체크포인트**
1. 운송차량 위생 및 온도체크
2. 식재료 품질 확인

↓

전처리1

2. 채소류를 잘 다듬는다. 채소류를 흐르는 물로 세척 후 소독하고 헹군다.

→ **CCP 체크포인트**
1. 식재료 소독 및 세척 상태
2. 손소독 여부

↓

전처리2

3. 채소를 알맞은 크기로 썬다.

→ **CCP 체크포인트**
1. 전용도구(도마, 칼) 사용여부
2. 위생장갑 착용여부

↓

조 리

4. 썰어둔 채소와 양념을 넣고 밀전병을 부친다.

→ **CCP 체크포인트**
1. 소독된 용기 사용여부
2. 손소독
3. 위생적 조리도구의 사용여부

↓

메뉴 제공

5. 고객에게 제공한다.

→ **CCP 체크포인트**
1. 손소독 여부
2. 배식용 마스크 착용여부
3. 식품온도관리

2. 주방 시설 · 설비의 위생관리

조리장의 청결관리는 외식사업에 있어서 고객만족의 출발점이며, 잘 정돈 · 관리되는 시설은 감가상각비를 낮추어 사용연수를 늘림으로써 원가절감에도 기여하는 부분임을 인식하여야 한다.

1) 조리장 및 주방시설 관리

(1) 조리장의 청소요령

주방의 바닥은 물기가 없어야 하며 음식물의 기름기나 찌꺼기가 남지 않도록 깨끗이 세척하고, 쓰레기는 방치하지 않고 수시로 치우며 오전과 오후 하루 2회 이상 정리정돈을 실시한다.

(2) 전처리실

원재료에 묻어 있는 흙이나 이물질을 제거하도록 충분한 공간을 확보하고, 원재료에 의한 교차오염이 발생하지 않도록 주의한다.

(3) 조리실 및 조리설비

조리실은 조리에 불편함이 없도록 충분한 공간을 확보하고 식품과 식기류의 보관설비는 모두 바닥에서 15㎝ 이상의 위치에 설치하고, 조리대와 조리시설은 부식성이 없는 스테인리스 스틸로 제작하여 녹슬지 않도록 한다.

(4) 바닥 및 배수로 관리

바닥은 내수처리가 되어 있고 미끄러지지 않는 재질로 설비하고, 배수가 잘 되도록 적당한 경사면을 준다.

특히 배수로는 각종 음식물 찌꺼기로 인하여 위해 미생물이 번식할 우려가 크므로 정기적으로 세제를 이용하여 청소 및 소독

[그림 4-6] 주방 바닥

을 실시하여야 하며, 청소가 용이하도록 시설, 설비를 단순하게 시공한다.

(5) 출입문

원료 및 음식의 운반구와 종업원의 출입구는 별도로 구분 설치하여야 하며 쥐가 침입할 수 없도록 문은 항상 닫혀 있어야 한다. 조리실 입구에 발판소독 시설과 손소독 시설을 갖추도록 한다.

[그림 4-7] 발판소독기/손소독기/출입문

발판소독기

손소독기 설치

주방 출입문

(6) 천장/조명

채광 및 조명은 모든 조리, 청소작업에 적합한 조도를 유지하여야 한다.

전기배선, 조명갓, 조명설비 등은 식품오염이 발생되지 않도록 설치되어야 한다.

특히 근래에는 조명갓의 빛의 반사를 줄이기 위하여 천장 속 내장형으로 시공이 많이 이루어지고 있다.

천장은 먼지 또는 기름때가 잘 부착하지 않는 자재와 구조로 설비되어야 하며 곤충이나 미생물이 번식하지 않도록 청결하게 관리해야 한다.

[그림 4-8] 천장/조명

(7) 환기시설

수증기 열 및 냄새 등을 배기시키고 조리장의 적정온도를 유지시킬 수 있는 환기시설을 갖추어야 한다.

기름기 많은 장소에 있는 후드는 부착된 기름기를 쉽게 청소할 수 있는 구조로 설치되어야 한다. 기름때가 농축될 경우 고열에 의한 화재의 가능성도 있기 때문에 세심한 관리가 요구된다.

[그림 4-9] 환기시설

(8) 방충, 방서 시설

조리장에는 쥐, 곤충 등이 들어오지 못하도록 방충 및 방서시설을 갖추어야 한다.

[그림 4-10] 방충, 방서 시설

(9) 청소, 소독 시설

모든 주방설비 및 기구는 정기적으로 청소 및 소독을 하여야 하며 관리대장을 만들어 매일의 청소상태를 점검 · 기록하여야 한다.

[그림 4-11] 청소도구 관리

(10) 창고(비품) 관리/쓰레기 관리

쓰레기는 반드시 재활용 쓰레기통, 잔반 수거통, 일반쓰레기통으로 분리 사용한다.

쓰레기가 놓였던 장소는 수거 후에 세척 및 소독을 실시한다.

주방 비품은 항상 청결하게 관리되어야 한다.

[그림 4-12] 창고(비품) 관리

2) 조리기기 및 기구의 위생

조리기구, 용기, 칼 등을 사용한 후에는 흐르는 물로 깨끗이 세척하고 건조시켜 청결한 장소에서 위생적으로 보관한다. 칼은 자외선 살균기에 넣어 보관하고, 도마, 조리, 목제 기구는 세균이 잔존할 가능성이 높으므로 충분히 건조하여 위생적으로 사용한다. 가능한 목제 재질의 조리도구는 사용하지 않는다.

(1) 냉장, 냉동고 관리

① 냉장, 냉동고는 온도점검일지를 비치하고 확인, 기록한다.

② 워크-인 냉장, 냉동고의 경우 내부에서 밖으로 나오는 문은 수시로 정상 작동 여부를 확인하며 사람이 갇히는 경우에 대비하여 비상벨을 설치한다.

③ 냉장, 냉동고 청소 시 성에 및 식재료 찌꺼기, 문짝의 묵은 때, 곰팡이 제거에 특히 유의하여야 하며 청소 시 성에나 얼음을 제거할 때는 날카로운 기물을 이용하지 말고 찬물을 이용하여 청소한다.

④ 냉장(냉동)고 내 온도가 적정온도보다 높고 찬바람이 약하게 나올 때는 냉매가스를 확인하고, 응축기의 먼지 제거를 실시한다. 영업장의 냉장고는 직접냉각 방식보다는 간접냉각 방식의 냉장고를 사용하는 것이 냉장고 관리에 효율적이다.

[그림 4-13] 냉장/냉동실 관리

Walk-In 냉장고

냉동실 성에 관리

(2) 분쇄기/초퍼/슬라이서 관리

① 분쇄기/초퍼/슬라이서의 사용요령을 충분히 숙지한다.

② 청소하는 경우를 제외하고는 절대로 용기 안에 손을 넣지 않는다.

③ 청소 시 음용에 적합한 물로 씻어 낸다.
④ 사용 시 절대로 서두르지 말고 집중해서 작업한다.

[그림 4-14] 분쇄기/초퍼/슬라이서 관리

(3) 제빙기 관리

음용으로 사용하는 제빙기는 1회/월 이상 세척 및 소독을 실시하고, 기록을 유지하고, 얼음 삽은 내부걸이에 걸어서 보관한다.

[그림 4-15] 제빙기 관리

(4) 스팀 국솥 관리

① 사용 중에는 끓는 상태를 수시로 확인하며 국솥 내부의 뜨거운 내용물이 넘치지 않도록 주의한다.
② 국솥을 사용한 후에는 스팀 밸브를 꼭 잠가 놓는다.
③ 회전 국솥은 내용물을 끓일 때 안전핀을 항상 고정해서 사용한다.

[그림 4-16] 스팀 국솥 관리

(5) 식기세척기 관리

① 바닥에서 최소한 15cm 이상 위에 설치한다.

② 온도, 수압을 알리는 계기판은 잘 보이는 장소나 기계 가까이에 부착하여 쉽게 확인할 수 있어야 한다.

[그림 4-17] 식기세척기 관리

(6) 식기와 각종 기물

① 사용 후 뜨거운 물로 깨끗이 씻어내고 세제를 묻힌 스펀지로 더러움을 제거한다.

② 완전히 건조시켜 보관한다.

③ 물을 사용하지 못하는 기물들은 더러움을 제거한 후 청결한 행주로 닦고 소독용 알코올을 분무한다.

[그림 4-18] 식기/기물 관리

(7) 자외선 소독기/칼, 도마, 행주 관리

① 자외선은 표면 소독만 가능하므로, 소독기에 보관하는 칼, 도마 및 주방 소도구는 소독면이 위로 가도록 하여 보관한다.

② 자외선 전등에 불이 들어오지 않으면 소독효과가 없으므로 사용 중 불이 들어오는지 확인하여야 한다.

③ 조리도구들이 수시로 보관되는 곳이기 때문에 철저히(하루 1회 이상 세척) 관리한다.

④ 도마는 압축고무나 아크릴로 만든 것으로 틈이나 금이 없어야 한다.

⑤ 칼은 식품별로 구분해서 사용하여 교차오염을 방지한다.

⑥ 행주는 5분 이상 자비소독한다.

[그림 4-19] 자외선 소독기/칼, 도마, 행주 관리

➾ 직원 상해 발생 시 대처요령

① 상처 발생

㉠ 상처가 생긴 손은 각종 병원성 미생물이 쉽게 자랄 수 있으므로 특히 화농성 질환인 황색포도상구균에 의한 전염에 주의하여야 한다.

ⓛ 손 등에 상처가 생긴 조리원은 상처부위를 완벽히 차단하여 조리작업 시 식품이 오염되지 않도록 유의하여야 한다.

ⓒ 건강에 이상이 있는 직원은 반드시 보고를 거쳐 조리작업에서 제외시켜야 한다.

② 작업 제외조건

㉠ 작업 중 칼이나 날카로운 도구에 의해 상처가 났을 때

㉡ 화상을 입었을 때

㉢ 발열, 구토, 복통, 피부병이 발생하였을 때

③ 영업장 준비약품

〈표 4-12〉 비상구급품 비치 내용

화상약	화상용 연고나 화상용 바셀린, 거즈 구비
상처약	상처용 연고(예 – 마데카솔)
소독약	소독용 알코올, 과산화수소수 등 구비
1회용 밴드	1회용 밴드/조리용 특수 원색 밴드
고무골무	손가락용 고무밴드
기 타	가위, 핀셋 등

[그림 4-20] 위생상비약 구비

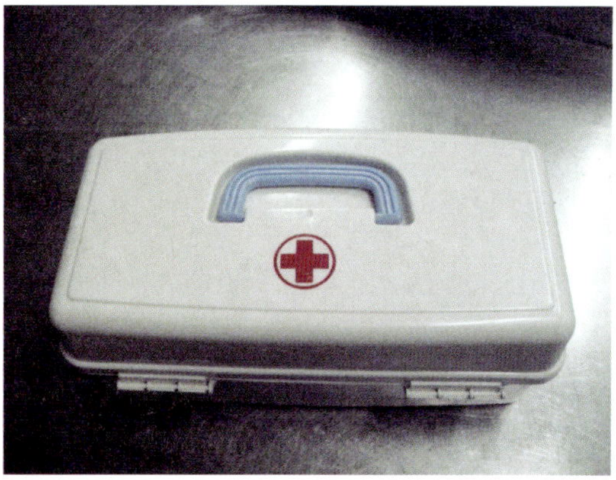

영업장 위생 점검표

위생 점검표

결 재	담 당	2팀장	1팀장	부 장

점검일 : 20　년　월　일

구 분	점 검 내 용	업장별 위생점수				
		영업장 1	영업장 2	영업장 3	영업장 4	영업장 5
식재료 관리 위생	○ 무표시 원료 및 무허가식품의 사용 여부					
	○ 반제품이나 완제품의 라벨부착(원산지표시사항) 이행여부					
	○ 부패, 변질된 원료 또는 식품의 사용					
	○ 음식물을 실온에서 장시간 보관하고 있지 않은지					
	○ 냉장(5°C 이하), 냉동(−18°C 이하) 적정온도 유지					
	○ 식품을 바닥에서 15cm 이상 띄워놓았는지 여부					
	○ 반제품, 완제품 보관 시 뚜껑이나 랩 사용 여부					
	○ 식재료의 유통기한 준수 이행 여부					
시설 및 설비의 위생	○ 조리장 내 방충 및 방서 확인					
	○ 기계, 기구류의 정리정돈 및 살균 · 소독 실시 여부					
	○ 폐기물의 분리수거 및 용기의 뚜껑 사용 여부					
	○ 조리장 및 사무실 내 금연 및 정리정돈					
	○ 조리장 및 주방바닥의 청소상태 또는 건조상태					
	○ 도마 및 칼의 용도별 구분사용 및 소독 여부					
	○ 냉장 · 냉동고의 청소상태 및 정리정돈					
	○ 트렌치 및 구리스트랩(메놀) 청소여부					
	○ 식재료 운반카트의 청소상태					
개인 위생	○ 위생모의 착용 및 액세서리 착용 여부					
	○ 조리작업 전 · 후의 손 세척 및 소독여부					
	○ 두발 및 복장 상태					
점수	매우 좋음 : 5점,　좋음 : 4점,　보통 : 3점,　불량 : 2점, 매우 불량 : 0점　합계 :					

영업장 위생 업무일지

위생 업무일지

결 재	담 당	2팀장	1팀장	부 장

점검일 : 20 년 월 일

<table>
<tr><td rowspan="3">인원현황</td><td colspan="6">총원 : 명 보건증 명</td></tr>
<tr><td colspan="6">근무 : 명</td></tr>
<tr><td colspan="6">휴무 : 명</td></tr>
<tr><td rowspan="9">업장별 위생상태</td><td colspan="6">업장별 위생상태(양호 : 0, 불량 : X)</td></tr>
<tr><td>구 분</td><td>영업장 1</td><td>영업장 2</td><td>영업장 3</td><td>영업장 4</td><td>영업장 5</td></tr>
<tr><td>유통기한</td><td></td><td></td><td></td><td></td><td></td></tr>
<tr><td>온도관리</td><td></td><td></td><td></td><td></td><td></td></tr>
<tr><td>식자재관리</td><td></td><td></td><td></td><td></td><td></td></tr>
<tr><td>개인위생</td><td></td><td></td><td></td><td></td><td></td></tr>
<tr><td>청소 및 정리정돈</td><td></td><td></td><td></td><td></td><td></td></tr>
<tr><td>선입선출</td><td></td><td></td><td></td><td></td><td></td></tr>
<tr><td>라벨부착</td><td></td><td></td><td></td><td></td><td></td></tr>
<tr><td>금일업무 및 고객사고 처리</td><td colspan="6"></td></tr>
</table>

제4절 주방시설 위생관리 적용사례 : The K-Seoul Hotel

1. 주방시설 위생 적용사례 1(개선해야 할 부분)

고무장갑, 세척용 앞치마 분리 사용

냉장고 관리자 미지정

주방바닥 홈 제거

주방 내 목제제품 사용금지

보관용기 불량

낙하세균 방지 불량

라벨 미부착

식품/작업화 분리 저장

2. 시설 위생 적용사례 2(개선사항)

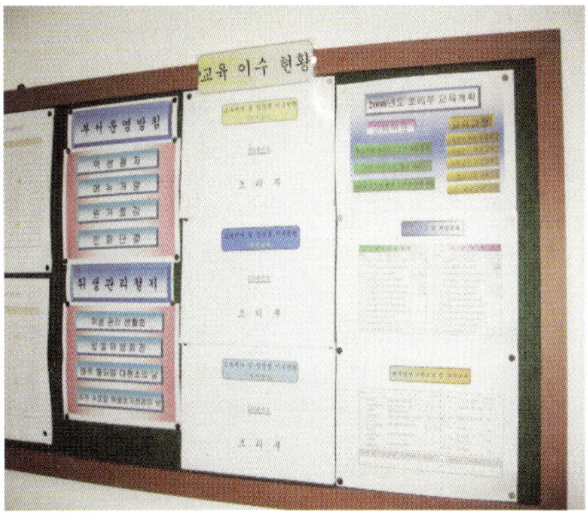

위생교육 게시판 운용

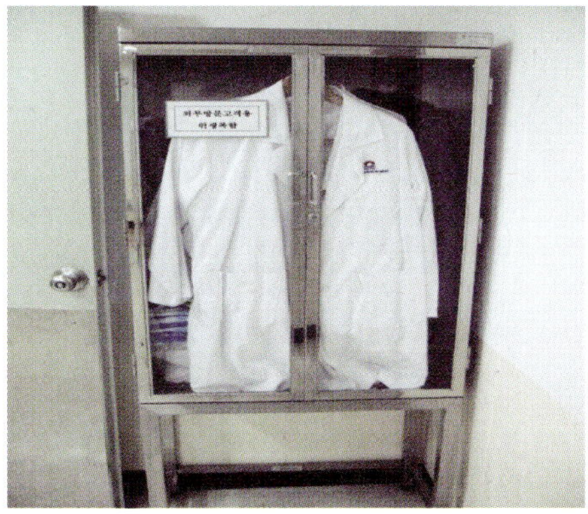

방문자용 위생복함 구비

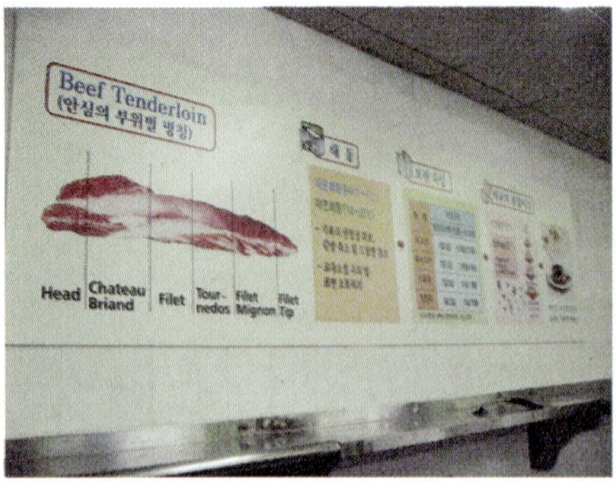

육류 전처리과정 및 위생적 단계

위생 수거함 제작

릴 호스 부착

랩 걸이대 교체(스테인리스 제품)

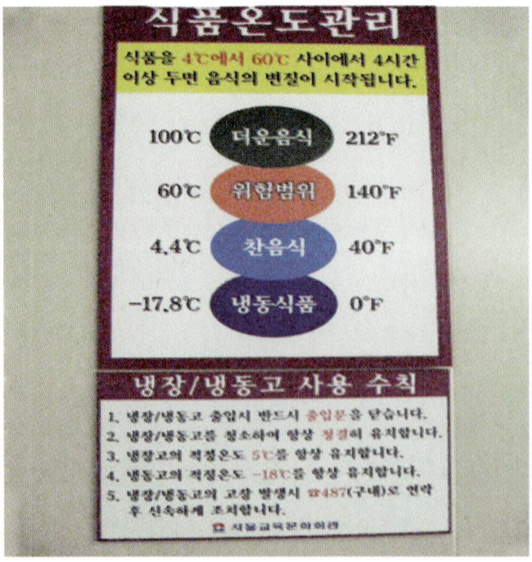

위생사인물 부착 1

위생사인물 부착 2

중량물 취급주의 게시판

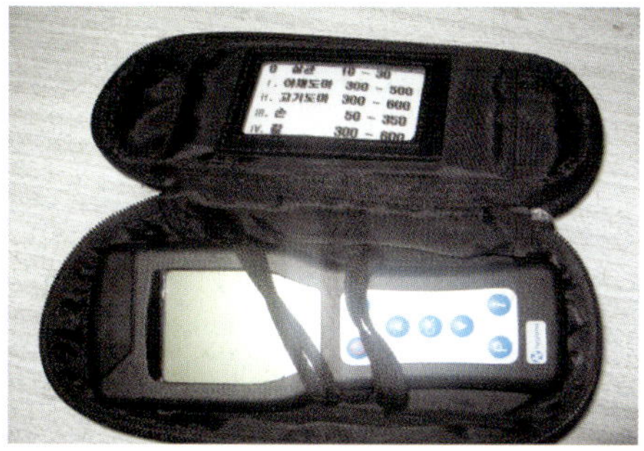

미생물 측정기기

계단/논슬립재 시공

나무재질판을 아크릴판으로 교체

세척대/조리대 분리대 설치

유통기한 관리 라벨

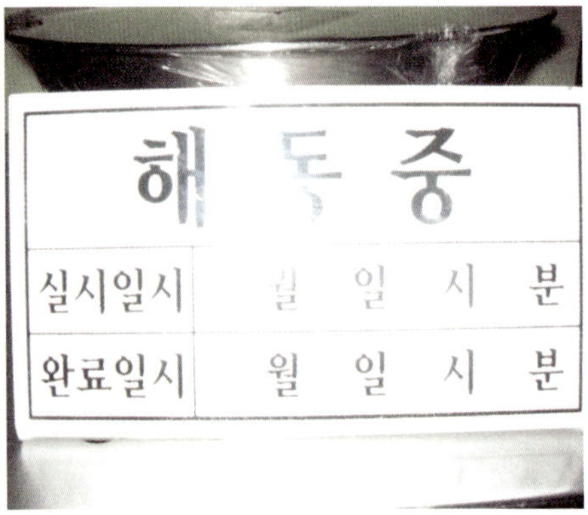

식품위생관리 푯말 제작

자외선소독고 구매

폐기물 분리수거 실시

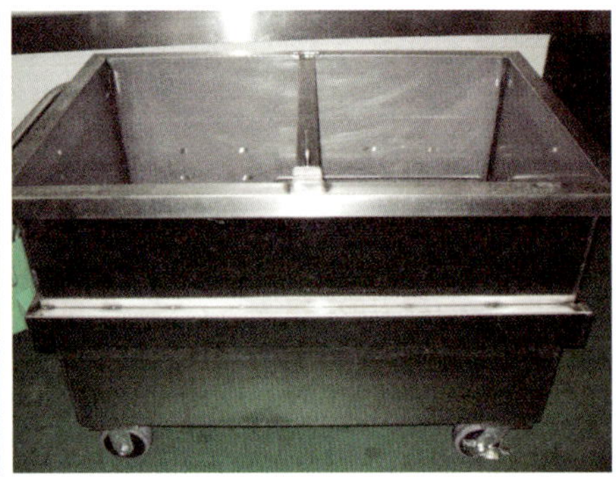

도마 소독조 제작

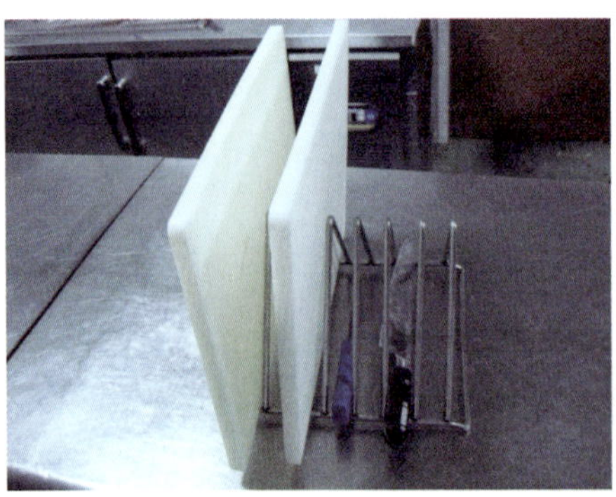

도마 건조대 제작 구매

식재료 적재대 제작

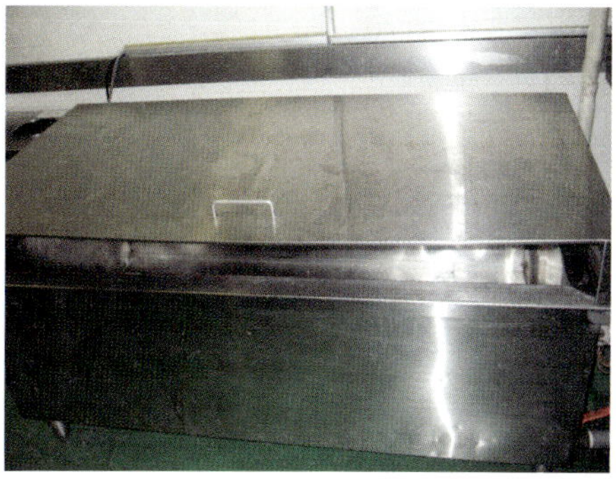

소스 쿨러 제작

랩 걸이대 제작

멀티박스를 이용한 정리정돈

위생행주 수거함 제작

5 주방디자인

CHAPTER

제1절 주방디자인

외식사업에 있어 주방디자인이란 영업장 운영에 필요한 주방의 공간설계, 상품개발, 장비선정 등을 포함한 시설 및 설비와, 필요한 기능을 계획하는 것을 의미한다. 즉 상품의 생산성을 높이기 위해 주방의 구조설계와 동선(Lay-out)의 배치를 이르는 말로, 공간과 장비를 생산업무의 기능에 맞게 설계배치함으로써 고객과 직원에게 효율적이고, 쾌적한 환경을 제공하는 것이라 할 수 있다.

주방의 설계와 설비는 경영자와 종사원 상호 간의 조정을 통하여 이루어져야 하며, 효율적인 작업동선과 고객이동, 위생과 안전, 업장의 행사 성격에 맞는 유연성과, 통제관리의 용이성 등이 다양하게 구비되어야 한다.

주방디자인에서 유연성이란 영업장의 콘셉트, 신메뉴에 대한 개방적 사고로의 접근방식을 의미하며, 용이성이란 주방업무 시 작업효율을 높이기 위한 장비 및 시설의 효율적 배치를 의미한다.

1. 효율적인 주방설계의 원리

외식사업의 시설설계의 목적은 고객(내 · 외부 고객)만족에 있다. 효율적인 설계는 빠르고 정확하게 고품질의 음식을 조리할 수 있게 해주기 때문이다.

외식사업 시설설계의 또 다른 목적은 위생과 안전에 있다.

일례로 식음료 직원이 업무도중 불합리한 동선구조로 인하여 업무에 불편을 느끼다가 무더운 여름철 뜨거운 국물을 어린 고객에게 쏟은 일이 발생한 적이 있다. 이 일로 인하여 어린 고객은 세 번의 피부 재생수술을 해야 하는 씻을 수 없는 상처를 안게 되었고, 영업장 역시 엄청난 금전적 손실을 입는 경우를 본 적이 있다. 예(例)에서 알 수 있듯이 외식업에서 효율적인 디자인이란 재료와 사람, 직원과 고객 간의 원활한 이동흐름이 이루어져야 하는 것이다. 이러한 원리에 기초하여 주방디자인 설계 시 고려요인은 다음과 같다.

1) 유연성

일반적으로 외식업 창업 시 업장의 콘셉트에 맞게 주방과 식음료 시설이 정해진다. 그러나 이러한 과정에서 너무 정형화된 장비와 기물을 이용하는 경우가 대부분이다.

근래 외식업의 특징 중 하나는 트렌드의 다변화이다. 몇 개월 사이를 두고 외식업의 유행이 변화되는 과정에서 정형화된 장비와 기물로는 그 속도를 따라갈 수가 없다.

언제라도 변할 수 있는 트렌드의 변화에 적극적으로 대처할 수 있는 장비와 기물의 규격 및 성능이 주방 및 식음료서비스 설계 시 이루어져야 할 것이다.

2) 단순화

주방기구가 어지럽게 배치되면 비위생적일 뿐만 아니라 조리사의 작업효율을 떨어뜨리고 결국 고객불만족으로 이어진다. 따라서 모든 장비의 배치는 간단명료해야 한다.

가급적 모서리가 지지 않고 작업량이 많은 곳은 최대한의 공간 확보가 이루어져야 한다.

3) 통제성

가능한 개방형 주방구조를 선택하여 관리자와 종업원, 종업원과 종업원 상호간의 의사소통과 전달사항이 효율적으로 이루어질 수 있는 구조를 선택해야 한다.

4) 공간효율성

우리나라 외식업의 경영자는 좌석 수를 먼저 생각하고, 주방구조는 이차적으로 생각하는 경향이 많다. 그러나 외식업의 가장 기본적인 모체는 음식이며, 이러한 음식이 훌륭하게 서비스되려면 주방의 작업공간 확보를 통한 업무의 용이성이 매우 중요함을 잊지 말아야 할 것이다.

2. 주방의 공간분석과 공학적 주방계획

주방의 조리공간을 설정하기 위해서는 작업공간에 대한 설정이 우선시되어야 하며, 구매되어진 식재료를 반입시킬 수 있는 검수공간, 그리고 구매되어진 식재료를 보관할 수 있는 저장창고(냉장, 냉동 및 창고)의 공간이 필요하다. 이것은 조리작업 공간 외에 종사원이 효율적으로 조리활동을 하기 위한 최소한의 공간확보라는 의미에서 조리작업공간 못지않게 중요하다. 이것은 주방의 작업공간을 설정하기 위한 계획단계에서부터 각 기능별로 공간의 배분이 계획되어야 함을 의미한다. 또한 시설장비 배치에 따른 결정적인 요인은 조리사의 작업동선, 안전성과 같은 생산 효율성이 중요한 요인이다.

일반적으로 주방은 식재료의 운반과 종업원의 출입 시 편리한 위치에 있어야 하고 주방의 면적은 그 표준치를 설정하고자 했을 때, 우선 조리사 한 사람이 서서 일할 수 있는 공간 확보 비율에 기준을 두어야 한다. 보통 호텔의 경우

조리사 1인당 작업할 수 있는 공간은 1~1.5(평균 1.25㎡)가 기본적인 표준설정 공간이다. 또한 주방의 각 부문 면적비를 고려하여 통로의 공간 확보 역시 종업원과 물품 간의 운반수단을 용이하게 하여 인건비 절감의 요인으로 만들 수 있다.

합리적인 주방공간은 식당의 성격이나 영업형태에 따라 다소 차이가 있으나 일반적인 호텔의 경우 주방의 규모나 크기를 식당에 비해 40~50%, 레스토랑의 경우 26~30%, 병원 50%, 사무실이 있는 주방은 37~40% 정도에 배분하여야 한다(김인환, 2005).

이후 영업장 서비스의 형태가 결정되면, 주방의 설계를 시작하는데 주방설계(Kitchen Planning) 시에는 각 방의 크기, 주방시설, 장비의 배치, 조리장 내 조명 및 환기시설, 전기가스, 수도, 배수관 시설, 바닥과 벽, 천장의 재질 등이 두루 고려되어야 한다.

1) 주방의 기본조건

(1) 주방의 위치

주방은 공기의 순환과 채광 및 급수와 배수가 용이하고 소음, 악취, 분진 등의 공해요소가 없는 곳이어야 하며, 화장실, 쓰레기 처리 등에서 오염될 염려가 없을 정도의 거리를 두어야 한다. 또한 물품의 구매와 검수 및 반출이 용이하고 종업원의 출입이 편리한 곳으로 음식의 배선과 운반이 쉬워야 한다.

(2) 조리장의 면적

조리장은 보통 식당넓이의 1/3이 기준이며, 설비와 기구 및 통행로를 갖추고 작업동선이 확보되어야 하며, 일반적으로 작업장구조가 정사각형이나 원형은 서로 마주하게 되어 비능률적이다.

(3) 조리작업의 동선관리

① 작업의 동선은 십자교차나 역행하는 것은 피한다.

② 작업자나 식재료 흐름 간의 거리는 최소한으로 한다.

③ 장비는 성능을 고려하여 사용이 편리한 것으로 한다.

〈표 5-1〉 주방설비

- 주방 내 재질 : 내수성, 내습성, 내충성, 내마모성, 내화성, 내열성이 있어야 한다.
- 바닥재료 : 청소하기 쉽고, 미끄럽지 않아 걷기 쉽고, 피로하지 않아야 한다.
- 천장은 내수성 · 단열성을 지녀야 한다.
- 급수시설 : 음용에 적합한 물을 사용하고, 지하수는 화장실, 폐기물, 동물사육장 등 지하수오염의 염려가 없는 곳에 설치한다.
- 배수시설 : 하수도로부터 악취, 쥐, 해충의 침입을 막기 위해 트랩을 설치한다.
- 환기시설 : 바람과 실내외의 대류현상에 의한 자연환기나 환풍기를 설치하여 공기를 교환한다.
- 조명 : 조도가 낮을수록 작업능률은 낮아지며 피로도가 높아지고 재해사고의 위험이 많다.
- 방충, 방서 : 주방 내에는 방충, 방서를 위한 설비를 하여야 하며 조리장의 방충망은 30mash 이상이어야 한다.
- 냉, 난방시설 : 주방에 적합한 실내온도는 여름 20~23°C, 겨울 18~21°C이다. (10°C 이하, 26°C 이상일 때)

[그림 5-1] 주방시설의 예

천장

이동 동선

〈표 5-2〉 주방의 각 부문 면적비

구 획 분 야	할당면적(%)
검수구역(receiving)	5
저장구역(food storage)	20
전처리(preparation)/다듬기 및 세척(ware washing)	17
차가운 요리공간(cold cooking)	10
따뜻한 요리공간(main cooking)	10
통로(traffic area)	15
창고(storage)	6
종업원시설(employee facilities)	15
기타	2
계	100

제2절 주방설비

주방설비란 주방이 차지하고 있는 공간과 식품을 다루는 모든 기구와 장비를 말한다. 일반적으로 냉·난방시설을 비롯한 환기시설, 가스시설, 조명, 채광시설, 기물세척장소, 바닥, 벽, 천장의 설비 등과 같이 시설적인 측면과 조리를 하는 데 직접적으로 필요한 장비로서, 육절기, 초퍼, 분쇄기 등을 말한다. 이러한 시설들은 식품조리과정의 다양한 작업을 합리적으로 수행하기 위한 것으로 안전과 효율성이 우선시되어야 한다. 또한 건물면적, 시간과 노동력의 효율성을 안배한 생산성 제고라는 측면에서는 디자인 원리가 고려되어야 한다. 이러한 주방시설계획은 최대한의 작업능력을 최소의 공간에 계획하는 것이 궁극적인 목적이다. 따라서 주방설비의 효율적인 배치는 종사원의 안전과 생산성의 제고 측면에서 계획되어야 한다.

1. 주방시설 설비계획의 목표

〈표 5-3〉 주방시설 설비계획의 목표

- 창고와 작업장, 조리장과 테이블의 거리를 고려한 최단거리 운반
- 직원과 물품, 고객과 직원 간의 효율적 흐름을 위한 원활한 유통
- 시설 및 장비의 효율적 배치에 따른 공간 활용
- 종업원 측면에서 안전한 작업장소, 고객 측면에서 안락한 휴식장소라는 의미의 안전도와 만족감 최대화
- 영업장 콘셉트에 맞는 설비계획
- 생산설비투자의 최소화를 통한 비용절감
- 작업능률 향상, 상품의 표준품질 유지에 따른 원가관리

2. 주방시설의 계획과정 및 주방기물

주방시설의 계획과정

① 주방 계획팀 구성 : 최고경영자를 비롯하여 영업장 책임자, 설계사, 종사원 등이 포함되어야 한다.

② 영업장의 콘셉트 결정 : 규모, 영업시간, 메뉴, 품질, 서비스, 분위기 등이 포함된다. 일반적으로 설비와 공간은 메뉴에 따라 결정되는데, 메뉴의 다양성과 판매량, 종업원의 조리수준에 따라 필요한 설비와 공간이 결정된다.

영업장의 콘셉트 결정 후 주방디자인의 결정요인은 다음과 같다.

〈표 5-4〉 주방디자인의 결정요인

- 소음 : 특히 피로연 같은 단체행사는 종업원과 다른 고객을 불편하게 한다.
- 신체적 피로 : 종업원의 동선을 가능한 한 짧게 하고, 작업대의 높이를 고려한다.
- 조명 : 작업구역에 맞는 적절한 조명을 설치한다.
- 판매형태/메뉴 : 업장의 서비스 형태와 메뉴에 따라 주방의 설비 동선이 달라진다. 메뉴품목에 따라 필요한 주방공간과 설비가 결정된다. 즉 전통적 조리방법을 선택하느냐 편의(가공, 반가공)식품을 사용하느냐에 따라 시설 · 설비 규모에 차이가 난다.
- 비용 : 초기계획단계에 계획된 예산에 따라 집행한다.
- 식당의 크기 : 좌석 수의 결정에 따라 식자재의 양(구매, 접수, 저장, 출고, 생산구역)이 결정되므로 세심한 연구가 필요하다.

- 주방설비/급, 배수 : 모든 주방설비는 이동 가능하며 설치가 용이해야 한다. 그러므로 다용도로 사용할 수 있는 설비를 이용하여 메뉴의 트렌드 변화에 대응할 수 있어야 한다.
- 불(에너지) : 에너지 관련시설 설비 시 많은 비용과 시간이 소모되는 주방기구의 경우 전기배관이나 가스배관과 가깝게 설치되지 않으면 사용 시 불편하므로 위치를 고려하여야 한다.
- 위생과 안전/환기/내장재 : 관리자는 고객과 종업원의 안전과 위생을 고려해야 한다.
- 온도 : 주방환경은 열중증이라는 직업병이 생길 정도로 고온에 노출되어 있다. 특히 세척기의 열기 및 스팀 솥 등으로 인해 작업환경이 불쾌해질 우려가 있다.
- 안전수칙 준수 : 주방의 디자인과 크기, 주방의 환기장치, 건축자재, 출구, 상하수도의 배관, 전기 시스템, 화재예방장치에 따른 안전수칙을 지키도록 한다.
- 색채 : 개인적 취향이 있겠으나 밝고 연한색이 좋으며, 천장과 벽면 바닥은 가능한 동색(同色)으로 인테리어한다.

1) 주방장비 및 기물의 조건

주방의 장비와 기물은 조리부문에서 사용하는 모든 비품 및 집기 중에서 조리기구나 사무용품류, 기구류를 제외한 모든 것을 말한다. 주방의 노동력 절감을 가장 효율적으로 관리할 수 있게 하는 것이 주방장비 및 기물이다. 어떠한 기물과 장비를 사용하느냐에 따라 효율적인 인건비 운영이 가능하고 이러한 부분에 있어, 이익을 극대화시키기 위해서는 종업원들의 조리에 대한 지식(식재료, 조리법)과 이해가 수반되어야 한다.

주방에서 사용되는 장비 및 기물은 기능성, 위생성, 생산성 등의 요건을 갖추어야 하는데 이는 다음과 같은 결정요인에 의해 선정된다.

① 디자인과 사용의 편리성
② 메뉴의 연관성과 내구성
③ 안전성과 성능
④ 유지보수와 비용 그리고 구매방법의 고려

2) 주방장비 및 기물, 기구류

[그림 5-2] 주방장비 및 기물, 기구류

오븐(Bakery Oven)

육절기(Meat Cutter)

커피머신(Coffee Machine)

오븐(Convection Oven)

튀김기(Deep Fryer)

화덕(Range)

취반기(Rice Cooker)

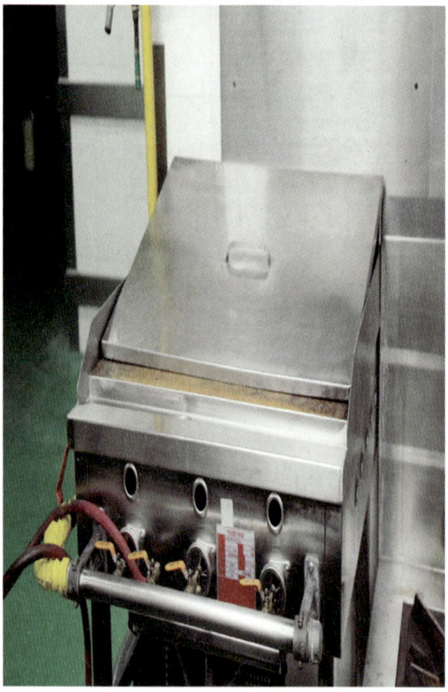

번철(Griddle)

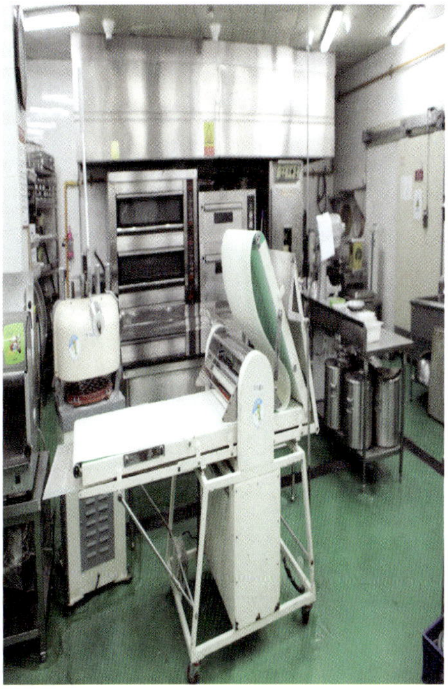
파이 롤러(Pie Roller)

운반카(Kitchen Wagon)

제3절 주방장비의 배치와 동선(Lay out)관리

주방장비의 배치와 동선관리는 주방에 있어서 조리과정의 관리라고 말할 수 있으며, 상품을 만드는 작업과정으로 검수, 저장, 조리, 임시저장, 판매, 기물세척, 청소, 그리고 쓰레기처리 등의 흐름이라 말할 수 있다.

주방의 장비배치와 동선 구성은 신속한 생산과 원활한 서비스가 이루어지도록 작업시간의 소모를 최소화하여야 하며, 식자재와 기물의 취급을 최소화하여야 한다.

1. 주방장비의 배치

주방장비는 최초계획의 주방디자인 설계에 맞게 기능적 측면에서 효율적 ·

합리적이고 편리하게 운영될 수 있도록 장기적인 관점에서 배치되어야 한다.

〈표 5-5〉 효율적 장비배치요건

장비배치는 충분한 사전검토와 작업동선을 감안하여 가장 합리적인 배치가 필요하다.
• 작업대와 냉장고, 냉동고 등의 작업동선을 짧게 구축한다. • 기기를 사용하는 데 있어서 불편함이 없도록 공간을 확보한다. • 작업에 지장이 없도록 외부인과 다른 동선을 구축한다. • 온도, 습도, 환기, 조명, 소음, 내부 건축자재 등 조리사들의 생산성과 관련되는 안전 위생을 고려한다. • 작업대는 내구성이 강하고 튼튼한 플라스틱으로 두껍게 특수 제작한다. • 장비는 장래의 확장 및 변경에 대해서도 유연성 있도록 배치계획을 수립해야 한다.

자료 : 장태경, 관광호텔 부처 주방관리의 효율성에 관한 연구, 2003

2. 작업동선의 디자인

디자인(design)을 실용성이 있으면서 아름다운 모습을 갖추도록 제품, 작품, 건축물 등을 설계하거나 도안하는 일이라고 사전적 의미로 가정할 때, 현대 외식업의 작업동선 디자인은 영업의 판매계획과 메뉴개발, 입지선정 및 장비 선정 등을 포함하며 장비, 구획설정 등의 상호관련성을 출발점으로 하여야 하며, 고정 디자인이 아닌 다변화되어 가는 외식업의 트렌드 속에서 이동성 장비들을 이용하여 작업공간의 활용을 넓히는 것을 고려해야 한다. 작업센터 내에서의 작업동선뿐만 아니라 구획을 이루는 작업센터들 간의 이동 작업동선에도 주의를 기울여야 하는 것이다.

근래의 동선 배치 중 일반적인 주방기기의 시설배치는 평행 또는 섬모양의 배열, 일직선배열, L자형배열, 평행의 안면배열 등의 동선배치 방법이 있다.

또한 예전부터 사용해 온 주방배치형태는 다음과 같다.

1) 아일랜드형 주방(평형배치 : 작업대끼리 맞대고 있는 형태)

근래의 아일랜드형 작업대 배열은 주방 가운데 작업대를 배치함으로써 작업효율을 높였으나 메뉴계획과 판매형태에 따라 실용성이 떨어질 수 있으므로 선택 시 영업장 콘셉트를 세심하게 고려하여야 한다. 이 형태는 영업형태에 따라 실용적인 형태로 유용하게 쓰일 수도 있지만 디자인과 위치에 따라서는 작업을 방해하거나 안전상의 문제를 초래할 수도 있다.

2) ㄷ자형 주방

일반적인 디자인 형태로 같은 면적의 경우 가장 동선이 짧고, 넓은 조리장에 적합하다. 효율적이고 바람직한 주방 유형으로 널리 인식되고 있으며, 조리인원이 많은 경우 동시에 작업하기에 불편한 것이 단점이나, 한 명이나 두 명 정도의 작업자가 있는 공간에서 유용하다.

3) 일렬형 주방

주로 벽을 따라 배치하거나 주방의 중앙부에 배치하는 형태로서 조리장이 좁은 경우에 적합하나 자칫하면, 작업동선이 길어질 수 있으므로 비능률적일 수 있다.

4) ㄴ자형 주방

동선이 짧아 좁은 조리장에 적합하며, 두 개의 그룹으로 나누어 작업하는 경우에 효과적이다.

3. 작업공간 내 작업대의 높이와 이동통로 결정

주방업무의 경우 한정된 공간 내에서 작업과정이 복잡하고 다양한 변수들을 내포하고 있기 때문에 작업공간의 시설물들은 인체공학적인 측면에서 배치되어야 한다.

조리작업대는 위치 움직임을 최소한으로 유지하여야 하며, 가능한 조리사 개인의 신체조건이나 특성에 맞는 높이의 작업대를 주문 제작하여 고정적으로 배치하는 것이 옳다. 그러나 이것은 외식 종사원들의 이직률을 고려할 때 거의 불가능에 가깝기 때문에, 일반적으로 높이는 작업대 밑받침의 높이 조절범위를 설정하여 탄력성 있는 조리작업이 진행될 수 있도록 하며, 메뉴의 업장별 영업형태에 맞는 작업대를 선택하여야 한다.

보통 작업대의 표준높이는 여성의 경우 94~99.1㎝, 남성의 경우 99.1~104.1㎝로 알려져 있으나, 일반적으로 85~90㎝의 높이로 통일하여 설정한다.

조리사 한 사람의 작업통로에 필요한 공간의 넓이는 보통 61~92㎝의 공간을 유지하며, 두 명의 조리 작업자들의 위치는 뒤로 크로스되면서 작업이 진행되는데, 필요한 최소한의 작업통로 공간은 1m 10㎝ 정도이다.

[그림 5-3] 작업공간 및 작업대

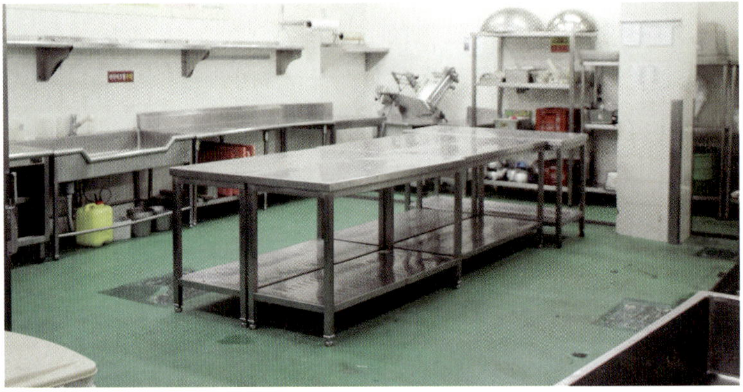

6 주방 메뉴관리

CHAPTER

제1절 메뉴관리의 개요 및 기능

외식업에서 '메뉴'는 라틴어의 'Minutus'에서 유래되었으며, 영어의 'Minute'에 해당하는 말로서 '상세히 기록하다'라는 의미를 지니고 있다. 조리장에서 나오는 요리의 원료로부터 조리방법까지, 제공받는 사람에게 상세히 소개하는 방법으로 'Detailed Record' 혹은 'Detailed List'로 표현하기도 한다. 1541년 프랑스의 부랑위그 공작이 연회행사 때 "이것은 이 정찬의 요리표입니다"라고 대답한 것이 유래가 되었으며, 이후 19세기에 일반 레스토랑에서 사용되기 시작했다(외식용어해설, 21세기외식정보연구소).

메뉴의 사전적 의미로는 음식점에서 만들 수 있는 음식의 종류와 가격을 써 놓은 표, 혹은 '차림표' 등의 의미로 사용되고 있으며, 외식업 운영의 전체 과정의 측면에서 "내부적인 통제도구일 뿐만 아니라 판매, 광고, 판매촉진을 포함하는 마케팅 도구이다"(Ninemeier, 1998)라고 정의 내려질 정도로 외식사업 전반에 걸쳐 영향을 미치고 있다. 따라서 최근 메뉴에 대한 시각은 내부관리적인 측면과 마케팅적인 측면이 동시에 강조되고 있는데, 특히 주목해야 할 점은 메뉴의 기능 중 마케팅 측면(판매도구의 기능)으로 고객과의 커뮤니케이션 기능이라고 할 수 있다. 이것은 메뉴 역할에 있어서 가장 핵심적인 기능으로 레스토랑의 전체적인 분위기, 즉 상품, 가격, 서비스의 방법 등을 표현함으로써 고객은 상품목록을 보면서 레스토랑의 영업형태와 객단가 등을 파악할 수 있다. 아울러 관리적인 측면에서 레스토랑의 특성과 이미지를 표현하고 고객의 선호도를 파악할 수 있어 외식운영관리의 중요한 자료로 이용된다.

따라서 메뉴의 개념과 역할은 판매도구로서 고객에게 상품의 가격과 내용, 서비스 형태가 기록되어 합리적인 선택을 제시하고, 종사원은 상품의 맛과 영양을 고려한 조리, 식재료관리의 업무흐름을 결정하며, 경영주 측면에서 고객의 신뢰성 확보를 통하여 레스토랑 포지셔닝의 도구, 판촉의 도구 및 영업장의 설비 기준을 제시하여, 수익성을 높여주는 중요한 관리도구로써 역할을 수행한다.

1. 메뉴분류

1) 제공기간에 의한 분류

(1) 고정메뉴

일정기간 동안 메뉴 품목이 변하지 않고, 반복적으로 제공되는 메뉴로서 영업장의 대표메뉴로 볼 수 있다. 고정메뉴는 반복되는 업무로 생산성을 높일 수 있고, 식재료 구매관리가 용이하나, 고객의 취향에 적극적으로 대처하기가 어렵고, 충성고객에 대한 특별관리가 필요하다.

(2) 순환메뉴

월(月) 또는 계절별로 일정한 기간을 가지고 변화하는 메뉴로서 뷔페 같은 단위영업장에서 이용된다. 숙련된 조리사에 의한 메뉴 조절능력과 조리기술을 필요로 한다.

[그림 6-1] 계절메뉴의 예

새봄 특선(계절 메뉴)

(3) 수시 변환메뉴

영업장의 특별한 행사기간에 판매되는 메뉴와 시장상황의 식재료에 따라 특별행사 형식으로 운영하는 메뉴이다.

2) 메뉴 내용에 따른 분류

(1) 정식 메뉴(Table d'Hote Menu)

서양요리에서는 'Full Course Menu'로 표현되고 한식요리에서는 한정식 혹은 반상차림으로 고객의 기호에 맞춰 구성된다.

음식의 코스가 세트화되어 있고 가격도 비싼 편이다.

〈표 6-1〉 서양식 메뉴와 한정식 메뉴의 제공 순서

정식메뉴(table d'hote)는 아래와 같은 순서로 제공된다.

① 5 Course(전채 → 수프 → 주요리 → 후식 → 음료)
② 7 Course(전채 → 수프 → 생선 → 주요리 → 샐러드 → 후식 → 음료)
③ 9 Course(전채 → 수프 → 생선 → 셔벗 → 주요리 → 샐러드 → 후식 → 음료 → 식후 생과자)

전통한정식 메뉴

죽류(물김치) → 냉채류(탕평채/해파리) → 생선류(연어쌈) → 육류(너비아니) → 신선로(탕) → 전유화 → 진지(찬) → 후식류

근래에는 한정식 메뉴 제공 시 전통적인 방법에서 벗어나 새로운 서비스 형태가 나타나고 있다.

식전주(wine or 전통주) → 식전 먹거리 → 냉채류 → 죽류 & 간단요리(월과채) → 생선요리 → 주요리(육류 : 등심구이) → 진지와 탕반류 → 후식(전통차, 효소, 전통떡)

예) 와인 2종 & 전통주

- 화이트와인 : Chablis Premier Cru billaud-simon 2007
- 레드와인 : Chateauneuf du Pape Clos des L'Oratoire des Papes 2006
- 전통주 칵테일

메뉴 제공의 예

① 오색밀쌈, 해산물과 견과류
② 송이 면(송이를 얇게 썬 채와 채소 부케 & 닭고기 수프)
③ 성게알찜
④ 생선 구이와 생절이
⑤ 곶감한우등심구이와 쌈
⑥ 진지와 탕, 별미 탕반류
⑦ 전통후식(전통음료, 전통떡, 생 · 숙실과, 효소)
⑧ 한차와 과줄

(2) 일품요리 메뉴(A La Carte Menu)

고객이 원하는 품목만을 선택하여 가격을 지불하는 형태의 메뉴로서 객단가 측면에서 유리하고, 고객의 기호에 따라 선택의 폭이 넓으나 식재료 및 메뉴관리가 어려운 특징이 있다. 정식으로 세트화되어 있지 않은 메뉴를 일컫는다.

[그림 6-2] 한국음식의 일품요리

해물전골 일품요리 메뉴

꼬리곰탕 일품요리 메뉴

(3) 뷔페 메뉴(Buffet Menu)

셀프서빙 방식으로 제공되는 메뉴이며 가격에 따라 종류가 매우 다양하다. 영업형태에 따라 오픈뷔페(open buffet)와 클로즈드(closed buffet) 뷔페가 있다. 뷔페는 전체적인 식음료 운영상 식재료 관리가 용이한 업장이다.

- 오픈뷔페(Open buffet); 불특정 다수를 대상으로 영업
- 클로즈드(closed buffet); 모임, 피로연 등의 연회 형식

[그림 6-3] 뷔페 메뉴(Buffet Menu)와 테이블세팅

뷔페 메뉴 1(Buffet Menu)

뷔페 메뉴 2(Buffet Menu)

연회뷔페 테이블세팅

정식코스메뉴 테이블세팅

(4) 콤비네이션 메뉴(Combination Menu)

정식메뉴와 일품메뉴를 혼합하여 만든 메뉴다. 가격과 분량조절을 통한 원가관리가 용이하고, 근래 들어 늘어나고 있는 추세이다.

3) 그 밖에 제공시간에 따라

조식메뉴(breakfast), 브런치(brunch), 점심메뉴(lunch), 저녁메뉴(dinner), 서퍼(supper) 등으로 나뉠 수 있다.

(1) 조식(Breakfast)

일반적으로 오전에 제공되는 식사로 양조식, 한조식, 일조식, 조식뷔페 등이 있다.

① 미국식 조식(American Breakfast) : 달걀요리와 주스, 토스트, 커피를 비롯해서 핫케이크, 햄, 베이컨, 소시지, 프라이드 포테이토, 콘플레이크, 우유 등이 제공된다.

② 대륙식 조식(Continental Breakfast) : 달걀요리와 곡류(cereal)가 포함되지 않고 빵과 커피, 우유 정도로 간단히 하는 식사이다.

③ 조식뷔페(Breakfast Buffet) : 간단하고 저렴하며 웰빙식으로 제공된다. 대개 주스류, 우유, 시리얼류, 샐러드, 과일, 빵, 케이크류, 달걀요리, 소시지, 베이컨, 햄, 포테이토 등으로 구성된다.

④ 영국식 조식(English Breakfast) : 잉글리시 브렉퍼스트라고 하는데 아메리칸 브렉퍼스트에서 생선요리를 하나 더 추가한 것이다.

(2) 브런치(Brunch)

아침과 점심 사이에 제공되는 메뉴로 근래 외식업에서는 전업주부, 혹은 휴가기간 중 마케팅 수단으로 많이 이용된다.

(3) 점심(Lunch)

오후 12시에서 3시 사이에서 제공되는 메뉴를 말한다.

(4) 저녁(Dinner)

일반적으로 저녁 6시부터 10시까지 제공되는 정식메뉴이다.

(5) 서퍼(Supper)

만찬의 개념이었으나 근래 들어 늦은 밤 모임(송별회 등)에서 햄, 샌드위치 등이 간단하게 제공되는 메뉴이다.

특별 메뉴

① 일정기간 또는 기념일 등에 일시적으로 제공되는 메뉴이다.

② 축제메뉴 : 추수감사절 칠면조요리 등

③ 계절메뉴 : 봄나물요리, 가을 전어요리 등

④ 프로모션 메뉴 : 단발성 행사성격으로 제공되는 메뉴로서 음악회, BBQ 파티 등이 있으며, 재료의 재고회전, 고객의 흥미를 유발할 수 있는 메뉴를 선택한다.

[그림 6-4] 메뉴의 종류

Special Breakfast

₩

A Choice of Chilled Juice
(Orange, Tomato or Pineapple)
오렌지주스, 토마토주스 or 파인애플주스

Topshell Porridge
소라죽(전복죽)

Broiled Mignon & Two Eggs any Style with Ham, Bacon, Sausage
달걀요리를 곁들인 안심스테이크와
햄, 베이컨, 소시지

Toast or Hot Roll with Butter and Jam
토스트 or 롤빵과 버터, 잼

Fruits in Season
계절과일

Coffee or Tea
커피 or 홍차

상기 메뉴는 계절에 따라 변동될 수 있습니다.
10%의 봉사료와 10%의 세금이 가산되었습니다.
10% Service Charge & 10% TAX is Added.

조식메뉴

Western Luncheon & Dinner

Smoked Salmon·Scallop w/Caviar & Herbs Green Salad & 2 Kinds Dressing
훈제연어 · 관자와 허브채소 샐러드 그리고 2가지 드레싱

Cream of Broccoli Soup
브로콜리 크림수프

Grilled Beef Tenderloin Steak & Buttered King Prawn w/Chilled Sauce & Hot Vegetable
최상의 안심스테이크와 새콤달콤한 소스를 곁들인 왕새우구이

Soft Green Tea Rolls Bread Stick w/Butter
부드러운 녹차 빵과 버터

Pumpkin Squash Mousse Cake with Fruits
호박무스케이크와 계절과일

Coffee or Green Tea
커피 또는 녹차

상기 메뉴는 계절에 따라 변동될 수 있습니다.
10%의 봉사료와 10%의 세금이 가산되었습니다.
10% Service Charge & 10% TAX is Added.

점심, 저녁 메뉴

Banquet Buffet

판매가격 ₩

COLD FOOD	Oven Baked Vegetable	채소오븐구이
	Smoked Salmon	훈제연어
	Stuffed Cuttle Fish	오징어순대
	Rolled Sea Eel	장어우엉말이
	Sliced Ham and Cheese	햄 치즈
	Smoked Duck Breast	훈제오리가슴살
HOT FOOD	Cream of Mushroom Soup	양송이크림수프
	Beef Stew	비프스튜
	Steamed Rice	흰밥
	Fried Chicken Wing	닭날개튀김
	Baked Lamb Short Rib	양갈비구이
	Broiled Beef Ribs LA style	쇠갈비구이
	Braised Ox-tail	우꼬리찜
	Sauteed Seafood and Vegetable	해물볶음
	Dim-Sum	딤섬
CARVING	Sauteed Beef	즉석 쇠고기볶음
JAPANESE FOOD	Stuffed Raw Fish with Rice	생선초밥
	Roll Laver with Rice	김밥
	Assorted Raw Fish Plate	생선회(4종)
	Season Noodle	소면 or 메밀국수 or 우동
KOREAN FOOD	Kimchi	김치
	Slices of Biles Meat	편육or두릅
	Marinated Jell Fish with Mustard	해파리냉채
	Sauteed Mushroom	버섯볶음
	Seaweed Kimchi	미역김치
	Seasoned Raw Beef Sesame Oil	육회
	Seasoned Chamnamul	참나물무침
	Roasted Deodeok	더덕구이

상기 메뉴는 계절에 따라 변동될 수 있습니다. 10%의 봉사료와 10%의 세금이 가산되었습니다.
10% Service Charge & 10% TAX is Added.

연회행사 메뉴

B.B.Q Party

Cold Food : Smoked Salmon with Caviar
훈제연어와 철갑상어알
Cheese and Salami 치즈와 살라미
Shrimp Salad 새우 샐러드
Grilled Vegetable 채소구이

Black Nutrition Rice 흑미영양밥
Fried Shrimp 새우튀김
Broiled Sausage 2 Kinds 2종의 소시지구이
Fried Skin Potatoes 감자튀김
Sea Food Vegetable 해물탕
Watery Plain Kimchi and Noodle 온국수
Fried Pork Sweet and Sour 탕수육

Rice Vegetable 밥이랑 채소새싹 알밥
Chinese Cabbage Kimchi 배추김치
Pork Slices 편육
Marinated Jelly Fish 해파리냉채
Sauteed Seafood with Vegetable 해산물볶음
Stuffed Raw Fish with Rice 생선초밥

5 Kinds Salad with Dressing
5가지 샐러드와 드레싱
Vegetable Stick 채소스틱
Cake Crumb 케이크 1종
Corn Cake 콘케이크
Pastries 패스추리 5종
3 Kind Fruits in Season 과일(계절)
Green Tea Soft Roll 녹차롤 빵

Barbecued Pork with Vegetable 통돼지바비큐
Broiled Beef Rib Eye Roll 쇠갈비심구이
(상추, 고추, 마늘, 쌈장, 칠리소스, 허니머스터드)
Young Walleye Pollack 노가리
Coffee or Green Tea 커피 녹차
Rice Cake Stick 가래떡구이

프로모션 메뉴

한조정식

전복죽
(Abalone Porridge)

훈제연어
(Smoked Salmon with Caviar)

생선구이
(Broiled Fish)

달걀찜
(Scrambled Egg Sautee)

김구이
(Roasted Laver)

나물무침
(Wild Green Salad)

젓갈
(Salted Pollack)

배추김치
(Cabbage Kimchi)

된장찌개
(Bean Paste Soup)

밥
(Rice)

과일 2종
(Seasoned Fruits)

한조정식 메뉴

2. 메뉴계획(Menu Planning)

메뉴계획은 고객의 욕구와 조직의 목표를 확인한 후에 수행하는 단계로서, 상품에 대한 이해와 영양, 디자인 등과 같은 전반적인 지식이 요구되며 원가, 이미지, 식재료상황, 조리기구와 기술 등의 다양한 관리기법이 요구된다.

메뉴계획에 있어 가장 이상적인 방법은 식음료관련 관리자(조리장, 식음료부장, 구매 및 원가관리책임자)들의 상호유기적인 관리시스템이다.

1) 메뉴계획 이론

(1) Mahmood A. Khan(1991)의 모형

메뉴계획에 있어 고객의 관점과 관리자의 관점에서 다룬 모형이다.

① 고객의 관점(customer consideration)
- 영양적 요구
- 음식에 대한 습관과 선호(문화적, 종교적, 건강 등)
- 음식의 특성(색, 맛, 조리방식, 모양, 온도 등)

② 관리의 관점(managerial consideration)
- 조직의 목표와 예산, 공급시장 상황
- 시설과 장비
- 종사원 기술, 생산 형태와 서비스 시스템

(2) Jack D. Ninemeier(1986)의 모형

메뉴계획 시 우선적인 고려사항으로 다음의 8가지를 제시하였다.

① 고객 → 고객욕구, 인종과 종교적 요인, 인구통계학적 문제, 사회 · 경제적 문제, 가치

② 아이템의 품질 → 시각적, 영양적, 맛, 온도, 질감 등

③ 원가

④ 가용성
⑤ 최대생산과 운영문제
⑥ 위생문제
⑦ 레이아웃 문제
⑧ 주방기기 문제

(3) Lothar A. Kreck(1984)의 모형

식음료부문의 운영에 요구되는 자원을 투입(input)하여 산출(output)을 얻게 되는 과정의 중간에 메뉴계획이 자리 잡게 된다고 하였다.

- 투입(input) : 가격수준, 종사원의 기능, 주방시설과 주방기구, 식재료, 장식
- 과정(process) : 메뉴계획
- 산출(output) : 합리적인 메뉴, 고객만족/ 목표달성

결론적으로, 메뉴계획은 전체적인 여러 가지 요인을 고려해야 한다고 주장하였다.

2) 메뉴계획 시 고려사항

일반적으로 메뉴계획은 다음과 같은 절차에 의해 이루어진다.

목표시장연구(고객의 욕구 파악) → 경쟁상품 분석 → 수요예측 및 식재료 조사(품목 및 조달) → 메뉴설계 및 테스팅 → 판매전략 수립 → 출시 순으로 이루어지며, 메뉴를 작성할 때 우선적으로 고려해야 하는 것은 메뉴의 균형(balance)과 대중성(popularity)이다.

균형 있는 메뉴란 제공되는 상품의 영양, 질감, 중량 등에서 균형, 즉 조화를 이루어야 하는 것이다. 이것은 가능한 조리법이 중복되지 않고, 같은 종류의 식재료를 사용하지 않음으로써 영양성을 고려해야 하며, 소스를 다양하게 이용하고, 곁들임과 장식에 있어서 주재료와의 조화를 꾀하고 계절성과 고객의

연령대에도 세심한 주의를 기울여야 하며, 메뉴구성에 있어서도 가벼운 메뉴와 중량감 있는 메뉴의 적절한 배치는 훌륭한 메뉴 설계의 기본 조건이 된다.

아울러 훌륭한 메뉴는 누구나 호감을 가질 수 있는 대중적인 메뉴를 선택하는 것이 바람직하다. 특이하고, 특정집단의 입맛만을 고려한 메뉴는 운영적인 측면에서 고객의 다양성이 결여되고, 내점하는 고객 수에 있어 한계를 드러낼 가능성이 많기 때문에 메뉴선정 시 다양한 고객이 접근할 수 있는 메뉴를 선택하는 것이 유리하다. 또한 메뉴설계 시 음식의 맛과 시장의 적합성, 조리기술, 시설과 분위기, 조리시간, 재료구매의 용이성, 영양 등의 다양한 부분이 고려되어야 한다.

한 번 설계된 메뉴는 상품의 수명주기 사이클을 파악하여 유지, 폐기 및 재활용하고, 신메뉴 개발시점 등의 관리 또한 세심한 주의를 기울여야 한다.

고객 측면의 만족과 경영자 측면의 원가절감이라는 생산적인 메뉴설계를 이루기 위해서는 다음과 같은 요건을 갖추어야 한다.

(1) 지역성

지역에 맞는 고객의 특성을 파악해야 한다. 성비와 연령층, 소득층에 맞는 차별화전략이 필요하다.

(2) 트렌드 파악

운영시점에 맞는 트렌드 파악이 중요하다. 음악이나 패션과 마찬가지로 식음료 역시 시대상황에 맞게 변하는 속도가 크기 때문에 시대상황에 맞는 경쟁력 있는 메뉴 개발이 중요하다.

(3) 효율적 생산시스템 구축/직원의 기술

외식업은 인적서비스 사업으로 종사원이 갖는 비중이 매우 크다. 따라서 메뉴계획에 있어 제조방법의 용이성, 종업원의 업무파악 능력이 매우 중요하다.

(4) 식재료의 공급여건 고려

외식업운영에서 청렴하고 능력 있는 공급업자를 만나는 것 자체가 행운일 수 있다. 훌륭한 메뉴에 적합한 식재료의 조달이 불안정하게 되면 고객의 신뢰를 얻을 수 없다. 따라서 능력 있는 납품업자 선택은 시스템적인 차원에서 접근해야 한다.

(5) 영업콘셉트/인테리어

훌륭한 시설과 풍미 있는 상품에서 고객은 만족한다.

(6) 기업이윤

궁극적으로 상품은 기업이윤을 위한 관리도구이다.

제2절 관리적 측면과 마케팅 도구로서의 메뉴관리

1. 관리적 측면의 메뉴관리

메뉴관리에 있어서 관리적인 측면의 요소로는 원가관리 측면에서 생각해야 한다.

메뉴관리의 원가관리는 상품요소와 인적관리로 나뉠 수 있다.

상품적인 측면

① 예산 : 객단가에 맞는 적절한 원재료의 원가관리
② 메뉴에 따른 식재료의 적합성 : 레스토랑의 분위기와 서비스 형태에 맞는 식재료의 선택
③ 시장상황 : 원활한 원재료의 공급

인적 관리 측면

① 종업원의 숙련도 : 메뉴 구성에 맞는 조리 및 식음료 종사원들의 업무 인지도

② 시설, 장비 : 메뉴에 맞는 적절한 주방장비의 선택

③ 생산형태에 따른 근무여건 : 설계된 메뉴에 따른 효율적 생산 시스템 구축

2. 마케팅 도구로서의 메뉴관리

마케팅 도구로서의 메뉴관리는 일차적으로 음식의 질, 영양, 조리방법, 분위기 등의 여러 가지 요인이 있으나 세심하게 주의를 기울여야 되는 부분은 설계된 메뉴의 가격 결정이다.

가격은 상품의 가치척도의 기준이 되며, 수요와 공급의 조절기능을 가지고 있다.

일반적으로 상품의 가격결정은 기업의 전략적인 의사결정과 연계되어 있다. 전략적인 의사결정의 의미는 과학적인 계산 방식에 의한 결정이 우선되기는 하나 고객이 먼저 가격에 대하여 충분히 공감할 수 있어야 한다는 것을 알아야 한다. 고객의 가격에 대한 공감 속에는 기업의 전략적인 측면, 즉 이익의 극대화라는 기본적인 목표가 숨겨져 있다. 따라서 상품의 가격 결정은 고객의 공감을 바탕으로 수요와 경쟁을 통한 기업의 이윤추구로 귀결된다.

1) 메뉴 가격결정요인

(1) 경쟁기업의 가격

경쟁기업의 메뉴구성과 정량 비율, 주 메뉴 이외의 이차적 메뉴구성과 양 등을 종합적으로 고려하여야 한다.

(2) 공헌이익과 메뉴의 비중

설계된 메뉴의 인기도와 수익성을 분석하여 대표 메뉴로의 선정 또는 메뉴 포지셔닝에 따른 공헌이익을 파악해야 한다.

(3) 고객들의 공감

외식업이 고부가가치 사업이라고 하는 부분이다. 동일한 식재료를 사용하더라도 경쟁메뉴, 혹은 경쟁 레스토랑보다 고품질의 상품을 제공함으로써 고객들의 공감을 얻도록 해야 한다. 여기에는 숙련된 조리사의 기술이 핵심적이다. 기타 요인으로 식재료의 공급상황, 서비스의 형태, 위치 등이 가격결정 요인에 포함될 수 있다.

따라서 경쟁 레스토랑과 비슷한 가격을 설정하고자 할 때는 재료조달, 상품의 질이 비슷해야 하고 높은 가격을 설정하고자 할 때는 차별화된 상품과 서비스가 전제되어야 하며, 낮은 가격을 유지하고자 할 때는 경쟁 레스토랑 시장에 진입하거나 자사의 시장을 방어하기 위해 가격을 결정해야 한다.

〈표 6-2〉 가격 결정방법

수요를 중심으로 하는 경쟁업소와의 비교결정법

가장 일반적인 방법이다. 타사의 가격과 서비스를 모방하여 결정하는 방법으로 고객이 가격에만 의존하여 구매한다는 가정을 전제로 하기 때문에 과학적 · 전술적 가격결정방법으로 보완이 필요하다.

- 모방한다는 것은 기존의 경쟁 레스토랑과의 제반 여건(재료비 · 인건비 · 경비)이 동일하거나 비슷할 때 가능하다.

원가를 중심으로 하는 공헌이익 확보 방법

원가(재료비 · 인건비)를 계산한 후 사전에 결정되어진 이익을 메뉴원가에 추가하는 방법

예) 메뉴원가가 5,000원이고 이익을 메뉴원가에 20%로 책정한다면 6,000원이 된다.

① 프라임 코스트(Prime Cost)방법 : 재료비와 인건비를 합한 것으로 외식업에서 직접비 관리도구로 사용되며 일반적으로 60~65%를 넘기지 않도록 한다.

② 팩터를 이용한 방법 : 간단한 계산을 통하여 얻을 수 있으므로 일반적으로 많이 사용한다.
가령 식재료원가가 5,000원이고, 식재료 비율이 37%라고 가정하면

- 팩터를 먼저 구한다. 100% / 37% = 2.7(팩터)
- 상품의 가격을 구한다. 5,000 × 2.7 = 13,500원 → 상품의 가격을 조정 혹은 결정한다.

고객심리를 중심으로 하는 가격설정법

고객심리를 이용하는 가격설정방법으로 유인가격(미끼상품), 홀수, 짝수가격(1,000 → 990), 관습가격(상품의 가격이 아닌 중량, 품질조정을 통한 가격 책정) 등이 있다.

자료 : 이은정 · 이두찬 · 이경란, 이해하기 쉽게 쓴 메뉴관리론, 양서원, 2012

2) 메뉴분석을 통한 의사결정

지금까지 외식사업을 운영하면서 메뉴의 기능과 가격설정 등의 시장진입을 위한 전제조건들을 알아보았다. 이후 실행해야 하는 부분은 메뉴 설계 후 혹은 레스토랑 운영 중에 합리적으로 메뉴가 설계되었는지 알아보기 위한 메뉴분석이다.

메뉴분석의 의의는 디자인된 메뉴의 가격 및 내용의 의사결정 행위를 평가하여 효율성을 높이는 것이다. 여기에는 고객의 메뉴 선호도와 내부관리능력을 평가하여 매출과 순이익을 증가시키는 것을 목적으로 한다.

메뉴분석은 여러 학자들에 의하여 다양한 방법들이 논의되어 왔고 요약하면 다음과 같다.

〈표 6-3〉 메뉴분석 기법

밀러법(Miller matrix) : 1980년 밀러에 의해 처음으로 개발 식재료의 원가비율과 판매량의 관계를 분석한 기법
메뉴엔지니어링(menu engineering) : 1982년 Kasavana와 Smith에 의해 개발 상품의 공헌이익, 판매량, 전체 판매량에서 개별상품이 차지하는 비중으로 선호도와 수익성을 분석하는 기법
파베식 메뉴분석방식(cost/marginanalysis) : 1985년 Pavesic 상품에 대한 원가, 선호도, 공헌이익을 종합적으로 분석

(1) 밀러법(Miller Matrix)

식재료 원가 비율과 판매량의 관계 분석기법으로 원가율이 낮은 상품은 판매가도 낮아 수익성이 없고, 판매가를 높이면 고객감소로 인해 매출이 줄어든다(David Pavesic, 1983).

〈표 6-4〉 밀러의 원가와 매출

winners 낮은 원가에 높은 판매량의 메뉴	marginals(1) 높은 원가에 높은 판매량
marginals(2) 낮은 원가에 낮은 판매량	losers 높은 원가에 낮은 판매량

자료 : 이은정 외, 메뉴관리론, 양서원, 2012, p. 114 참조하여 저자 재구성

(2) 메뉴엔지니어링(Menu Engineering)

마케팅도구(marketing tool)로서의 메뉴분석 기법으로 인기도지수(popularity index)와 수익성지수(profitability index)를 파악하여 수익의 극대화를 목표로 한다.

인기도지수란 고객의 주문 빈도가 높은 상품을 의미하며, 메뉴믹스(Menu Mix : MM)라고 표현한다. 수익성지수란 이윤을 남기는 상품을 말하는데 공헌이익(Contribution Margin : CM)으로 표현한다.

메뉴엔지니어링의 모델 흐름도

1. 메뉴의 품목 분석

↓

2. 판매수량 분석

↓

3. 메뉴믹스의 비율

↓

4. 메뉴믹스의 구분 $\text{MM\%} = \dfrac{\text{판매된 메뉴의 수}}{\text{총 판매량}}$

↓

5. 판매가격
   1. MM% 달성률 = (1/N)(.70)
   2. 高 MM% ≥ MM% 달성률
   3. 低 MM% 〈 MM% 달성률

↓

6. 표준원가

↓

7. 공헌이익 산출(CM = 판매가격 − 표준원가)

↓

8. 공헌이익 합계

↓

9. 공헌이익 비율 $CM\% = \frac{\text{메뉴별 공헌이익}}{\text{총 메뉴 공헌이익}}$

↓

10. 공헌이익의 구분
1. CM 달성률 = 메뉴 공헌이익/총판매수량
2. 高 CM% ≥ CM 달성률
3. 低 CM% 〈 CM 달성률

↓

11. 메뉴품목 분류화
1. Star
2. Plowhorse
3. Puzzle
4. Dog

↓

12. 의사결정

① 메뉴품목 분석(Menu Item Analysis)

메뉴품목 분석은 메뉴품목에 대한 기초자료의 역할을 수행한다. 이것은 각 메뉴에 대한 판매가격, 매출원가, 공헌이익, 판매수량 등의 리스트로서, 컴퓨터 활용을 위한 기초 입력내용에 대한 배열이다.

〈표 6-5〉 Menu Item Analysis의 예

메뉴명	메뉴가격	원 가	이 익	판매개수
새우튀김	7.95	4.85	3.10	210
프라이드치킨	4.95	2.21	2.74	420
찹 스테이크	4.50	1.95	2.55	90
햄버거	7.95	4.95	3.00	600
등갈비구이	9.95	5.65	4.30	60
안심스테이크	8.50	4.50	4.00	360
달팽이요리	7.95	4.30	3.65	510
로브스터요리	6.95	3.95	3.00	240
등심스테이크	9.50	4.95	4.55	150
해물샐러드	6.45	4.00	2.45	360

② 메뉴믹스 분석(Menu Mix Analysis)

메뉴믹스 분석은 판매메뉴에 대한 인기도(popularity, MM)와 수익성(profitability, CM)을 나타내는 것으로 메뉴엔지니어링 모델 흐름도의 핵심부분이다.

MM Count는 판매 빈도수이며, %MM share는 각 메뉴의 백분율이고, group rank 1은 인기도 지수이다. 이 지수는 "기대되는 인기도"에 바탕을 두는데, 기대되는 인기도의 70%만큼 판매된다면, 그 품목은 인기가 있다고 가정한다. 이를 구하는 식은 다음과 같다.

인기도지수 = 기대되는 인기도 × 70% 판매달성

$$\frac{1}{N} \times 0.7 \times 100$$ N : 메뉴수, 70% : 경험

%CM share는 총 공헌이익에 대한 각 품목별 CM의 백분율이고, CM은 메뉴가격에서 메뉴원가를 뺀 마진을 의미한다. Group rank 2는 총 공헌이익 합계와 총 판매수량을 나눈 평균이 공헌이익 수준의 상위에 존재하는가 하위에 존재하는가에 대한 공헌이익 수준의 결정이다. 결론적으로 두 개의 group rank 1, 2(인기도지수와 수익성지수)를 근거로 메뉴등급(menu class)이 결정된다.

〈표 6-6〉 Menu Mix Analysis

메뉴명	MM Count	%MM Share	Group Rank 1	%CM Share	Contribution Margin	Group Rank 2	Menu Class
새우튀김	210	7.00	HIGH	6.73	3.10	LOW	PH
프라이드치킨	420	14.00	HIGH	11.89	2.74	LOW	PH
찹 스테이크	90	3.00	LOW	2.37	2.55	LOW	DOG
햄버거	600	20.00	HIGH	18.60	3.00	LOW	PH
등갈비구이	60	2.00	LOW	2.67	4.30	HIGH	PZ
안심스테이크	360	12.00	HIGH	14.88	4.00	HIGH	STAR
달팽이요리	510	17.00	HIGH	19.24	3.65	HIGH	STAR
로브스터요리	240	8.00	HIGH	7.44	3.00	LOW	PH
등심스테이크	150	5.00	LOW	7.05	4.55	HIGH	PZ
해물샐러드	360	12.00	HIGH	9.12	2.45	LOW	PH

③ 메뉴엔지니어링 요약표(Menu Engineering Summary)

매출액, 식료원가, 공헌이익, 판매수량, 식료원가율, 판매수량 등의 영업결과를 전체적으로 식별할 수 있도록 기록된 표이다.

〈표 6-7〉 Menu Engineering Summary

	Total	Average	Low	High
Price	22,050.00	7.35	4.50	9.95
Food Cost	12,374.70	4.12	1.95	5.65
Contribution Margin	9,675.30	3.23	2.45	4.55
Demand Factor	3,000	300	60	600
Food Cost Percentage	56.12%			
Number of Items	10			

④ 메뉴분석 매트릭스(Menu Item Analysis Matrix or 4-Box Analysis)

인기도와 수익성을 기준으로 메뉴를 4가지 그룹으로 분류한 내용으로, 시각적 표현에 중점을 두고 작성된 보고서이다.

〈표 6-8〉 Menu Item Analysis Matrix or 4-Box Analysis

Plowhorse	Star
새우튀김 프라이드치킨 햄버거 로브스터요리 해물샐러드	안심스테이크 달팽이요리
Dog	**Puzzle**
찹 스테이크	등갈비구이 등심스테이크

⑤ 메뉴분석 그래프(Menu Item Analysis Graph)

메뉴분석에서 산출되는 가장 효과적인 자료로서, 메뉴품목의 상대적 위치를 나타내주기 때문에 의사결정의 유용한 자료로 활용된다.

〈표 6-9〉 Menu Item Analysis Graph

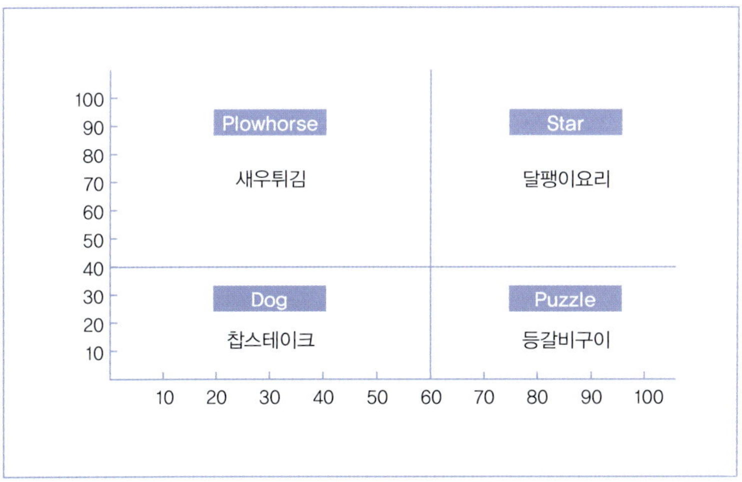

자료 : Kasavana & Smith, Menu Engineering, 1990

〈표 6-10〉 메뉴엔지니어링에서의 선호도와 수익성

	인기도 고	인기도 저
수익성 고	Star	Puzzle
수익성 저	Plowhorse	Dog

(3) 파베식 메뉴분석방식(CMA기법 Cost/Margin Analysis)

메뉴상품에 대한 원가, 선호도, 공헌 이익을 종합적으로 분석하는 기법.

〈표 6-11〉 CMA기법에서의 메뉴분석

	공헌이익 고	공헌이익 저
원가율 고	standards	problems
원가율 저	primes	sleepers

자료 : 이은정 외, 메뉴관리론, 양서원, 2012, p. 116 참조하여 저자 재구성

밀러법, 메뉴엔지니어링, 파베식 메뉴분석방식(CMA기법 Cost/Margin Analysis)에서의 의사결정

① Primes, Star, Winners

㉠ 인기도지수와 수익성지수가 높은 가장 이상적인 조건이다.

㉡ 지정된 재료(상품의 포션과 질)를 엄격하게 유지하고, 식재료관리에서 수량이 부족하지 않게 관리한다.

㉢ 메뉴품목을 메뉴판의 눈에 잘 띄는 곳에 배치한다.

㉣ 가격인상을 고려한다.

② Standards, Plowhorse, Marginals(1)

㉠ 이윤은 적으나 인기 있는 품목으로서 기업의 이윤 측면에는 바람직한 현상이 아니다.

㉡ 메뉴를 차별화하고, 공헌이익을 높이는 방법을 모색한다.

㉢ 가격을 높여 수요에 대한 실험을 통해 저항감이 없다면, 새로운 포장 및 배열을 통해 가격 상승을 유도한다.

㉣ 값싼 비용의 상품과 혼합한다.

㉤ 갑작스러운 가격변동보다는 수요 관찰 후 가격전략을 수립한다.

③ Slepers, Puzzle, Marginals(2)

㉠ 이윤은 높고 선호도는 낮은 상품으로 기업입장에서는 전략적인 접근이 필요하다.

㉡ Primes, Star, Winners와 마찬가지로 메뉴품목을 메뉴판의 가장 눈에 잘 띄는 곳에 배치한다.

㉢ 새로운 식재료를 대체하여 고객의 수요를 유도한다.

㉣ 원가를 재조정하여 고객의 수요를 유도한다.

④ Problems, Dogs, Losers : 이윤도 낮고 인기도 낮은 메뉴품목

㉠ 고객의 수요가 없을 때 메뉴에서 제거되어야 상품군이지만 성급한 판단을 지양하고, 새로운 프로모션을 통해 방안을 강구한다.

[그림 6-5] 메뉴판에서의 시선이동과 전략메뉴 포지션(position)

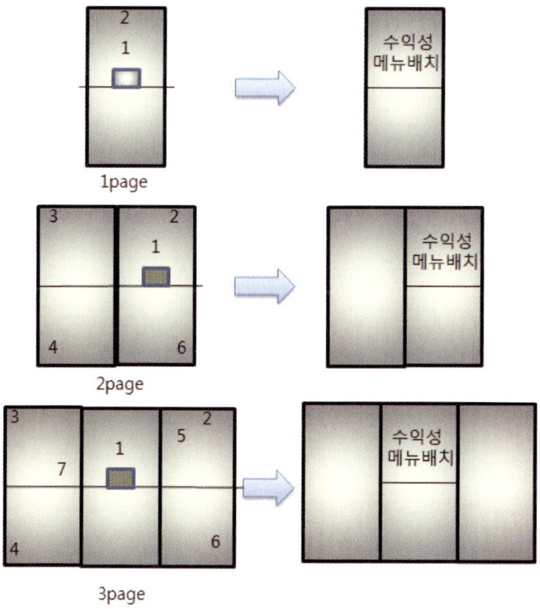

자료 : 이은정 외, 이해하기 쉽게 쓴 메뉴관리론, 양서원, p. 57 참고하여 저자 재작성

◆ 메뉴상 최상의 위치에 두어야 할 메뉴

① 고객을 유인할 수 있는 수익성이 높은 아이템

② 판매를 촉진해야 하는 재고가 많이 남아 있는 아이템

3) 메뉴평가

메뉴의 설계, 작성, 분석 이후 훌륭한 메뉴가 작성되었는지에 대한 냉정한 평가가 필요하다. 평가항목으로 여러 가지 속성이 있을 수 있으나 마케팅적인 측면과 조리적인 측면에서 몇 가지 항목을 살펴보면 다음과 같다.

(1) 마케팅적인 측면에서의 메뉴평가

① 영업직원 및 고객이 메뉴를 쉽게 이해할 수 있는가?

- 메뉴북의 디자인 및 해설, 분위기
- 메뉴의 활자배열 및 디자인의 독창성

② 메뉴와 영업장의 분위기, 시설적 측면과 잘 어울리는가?

- 메뉴구성과 영업장 분위기의 조화

③ 주문에서 제공까지 시간은 어느 정도 소요되는가?

- 조리사의 상품 조리능력

④ 객단가는 적정하게 책정되었는가?

- 상품의 가격 및 경쟁력
- 물품 구입단가와 객단가의 관계

⑤ 표적시장과의 적합성은 고려되었는가?

- 메뉴와 주 타깃 고객과의 상관관계
- 상품의 다양성, 종류, 메뉴 교체주기
- 고객의 선호메뉴
- 특별손님의 유연성(어린이메뉴 등)

(2) 조리적인 측면에서의 메뉴평가

① 식재료나 소스는 메뉴상에서 중복되지 않았는가?

- 상품과 곁들인 음식과의 조화

② 영양학적으로 고려되었는가?

- 상품의 영양학적 고려
- 건강메뉴, 위생, 청결

③ 메뉴의 경중(輕重)은 고려되었는가?

- 주메뉴와 보조메뉴의 관계

④ 메뉴의 맛 평가는 충분히 테이스팅하였는가?

- 상품의 전체적인 균형(외관, 맛)
- 상품의 질, 양, 조리법, 조리기기의 다양성, 주요리와 곁들임상품의 조화
- 메뉴의 맛 평가 리스트는 외관, 냄새, 혀끝 맛, 구강내 맛, 목 넘김, 잔향, 경도 등을 들 수 있다.

⑤ 식재료 조달은 무리 없이 잘 진행될 수 있는가?

- 식재료의 유통체계
- 상품의 일관성, 식재료 조달, 저장성

⑥ 주방시설 및 조리사의 기능에 적합한가?

- 작업장의 작업동선관리
- 상품의 신속성, 상품배열 등을 살펴볼 필요가 있다.

7 식재료 구매관리

CHAPTER

제1절 식재료 구매관리의 개요

1. 식재료 구매관리의 개념 및 목적

메뉴(상품)는 외식사업의 식음료 운영계획의 출발점이라 볼 수 있다. 따라서 메뉴와 직접적인 연관성을 가지고 있는 구매관리는 식음료 운영 면에서 핵심적인 관리체계로 등장하게 된다. 또한 생산적인 구매관리 활동을 통하여 감소된 비용을 이윤으로 볼 때 구매가 가져다줄 수 있는 잠재적 이윤의 가능성은 매우 크다. 그러므로 효율적인 식재료의 구매관리 활동은 주방 원가관리시스템의 중요한 부분이며 효율적으로 정비된 구매관리는 부가적인 투자 없이도 이윤을 창출시킬 수 있는 핵심분야이다.

구매관리란 구매업무 과정과 연관된 검수, 저장, 출고 관리를 포함한다. 일단 결정된 메뉴상의 품목은 어떤 식재료를 구매할 것인가와 이러한 품목들을 어떻게 검수해야 할지를 결정하게 된다. 즉 설정된 메뉴에 대하여 적합한 식재료가 구매되어야 하는 것이다.

식재료 구매관리의 목적은 최적품목 · 최적품질 · 적정수량 · 최적가격 · 필요시기 · 적정장소를 토대로 식재료를 구매하여 구입자의 생산활동에 투입(input)하고 제품으로 산출(out-put)될 때까지, 상품의 질을 유지 및 향상시키고, 생산 판매활동을 원활하게 하며, 식품사고의 방지와 원가절감을 통한 기업이윤의 목적 달성에 목표를 두고 있다. 따라서 효율적인 식재료 구매관리는 구매되어진 식재료를 최상의 상태로 관리 하여 조리 담당자가 필요로 하는 시간에 공급되게 하는 관리체계를 갖추어야 한다.

정리하면 구매관리란 생산활동에 필요한 품질의 원재료를 최소의 비용으로 획득하기 위한 관리활동으로, 합리적이고 원활한 생산을 위하여 적절한 품질의 자재구매, 적정량의 구매, 적정한 시기의 구매, 적정한 가격의 구매, 적절한 공급처의 선정을 목표로 삼고 있으며 구매관리의 핵심은 가격(price), 품질(quality), 수량(quantity)이라고 할 수 있다.

〈표 7-1〉 식재료구매의 목적과 방법

식재료구매의 목적

식품 구매원가 조절을 통한 기업 수익의 극대화에 있으며, 효율적인 구매관리를 통하여 원가를 절감하고, 현금의 유통을 원활하게 하여 기업의 경제적 목표를 달성하는 것이라 할 수 있으며, 이러한 구매관리의 목적달성을 위한 방법론적 활동을 정리하면 다음과 같다.

1. Right Product : 구매명세서, 제조업체, 제품사양, 산출지
2. Right Quality : 용도에 따라 필요한 상품을 가격에 비해 좋은 품질의 것으로 구입한다.
3. Right Price : 사용자가 원하는 질의 상품을 가장 좋은 가격으로 구매하는 것.
4. Right Time : 적기구매는 재고관리, 자금유통, 부패로 인한 낭비방지의 효과가 있다.
5. Right Suppler : 규모, 성실성, 경쟁력 등 자사에 맞는 공급업체를 직접 확인한 후 선정

2. 식재료관리의 특성

식재료는 다른 제조업과는 달리 재료 보관상의 수명이 짧고, 계절적인 영향, 유통 및 취급상의 어려움, 가격변동 및 공급량의 변동 폭이 크며 복잡한 유통구조를 가지고 있는 특성이 있다. 특히 식자재의 구매에 있어서 계절의 변화, 물가 변동 등의 경제적 요인이 직접 작용하게 되므로 구매담당자는 복잡한 유통구조에 관한 사전지식, 식품의 감별법, 식자재 구매 시 선택의 고려사항 등을 중요시해야 되며, 식품이 가지고 있는 특성과 영양성분, 보존기간 및 변질

에 관한 전반적인 지식을 습득해야 한다. 올바른 구매는 예측을 필요로 하며 모든 식자재에 대한 명세서 작성, 필요한 양의 정확한 결정, 최적의 구매방법 등이 필요하므로 외식기업이 설정한 매뉴얼에 따라 전문지식을 갖춘 전문가가 일괄적으로 구매하거나 분담하여야 효율성을 높일 수 있다. 따라서 식재료관리는 식음료상품의 품질 유지 · 향상과 원가관리 및 식품사고의 예방이라 할 수 있다.

3. 식품 유통체계의 환경요인 및 전망

식품 유통체계의 환경요인을 살펴보면 다음과 같다.

1) 식품 유통체계의 환경요인

- 내부요인 : 생산자와 판매자의 영세성, 복잡한 유통체계
  소비성향 변화(편의성, 다양성, 고급화)
  식품위생 및 건강에 대한 관심고조
- 외부요인 : 외식업의 발달로 인한 유통업체의 경쟁 심화
  과학기술의 발달로 식품가공, 저장, 포장기술 발달

2) 식품 유통체계의 전망

생산자와 도매상 간의 전자상거래 확대
새로운 형태의 식재료 등장(소포장화, 편의식품 발달)
유통체계의 대형화/다변화(계약재배, 산지 직거래)
구매체인시스템의 강화

제2절 구매관리(Purchasing Control) 및 검수관리(Receiving Control)

1. 식재료 구매관리(Purchasing Control)

1) 구매관리의 기본조건

재화나 용역을 거래하는 데 있어서 협상의 전제조건은 사전정보의 획득이다. 사전에 취득한 정보를 과학적으로 연구분석하여 협상에 임한다면 거래에 있어 목적을 달성할 확률이 높아지는 것이 사실이다. 구매활동 역시 이러한 범주에 속하며, 구매활동을 위한 기본조건을 열거하면 다음과 같다.

〈표 7-2〉 구매활동의 기본조건

- 경영관리상 필요한 물품의 선정 : 상품의 철저한 분석 및 검토
- 생산계획에 따른 구매량의 결정 : Par stock
- 정보자료 및 시장조사를 통한 공급자의 선정 : 좋은 상품 구입
- 식재료의 특성, 종류, 등급 등의 사전조사 : 세밀한 시장조사 시행
- 적합한 시기에 필요량이 공급되도록 관리 : 적기구입
- 구매관리활동에 따른 검수 · 저장(입출고 · 재고) · 원가관리 등 통제관리시스템 확보

〈표 7-3〉 효율적인 구매관리의 기대효과

- 물품공급의 전문성 및 관리체계 구축
- 원가절감(Cost Down)
- 고부가가치의 제품생산 및 품질관리 향상
- 고객만족을 통한 매출증대
- 효율적인 경영관리

다음은 구매관리의 포괄적 흐름과 기대효과를 요약한 것이다.

[그림 7-1] 구매활동의 포괄적 흐름과 기대효과

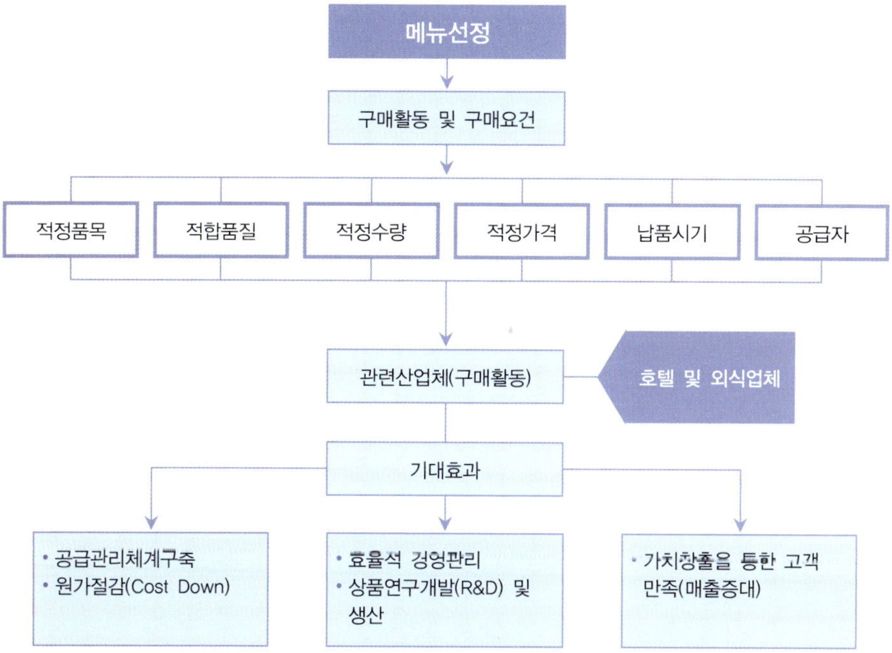

자료 : 홍기운 외, 최신식품구매론, 대왕사, p. 22 참고하여 저자 재작성

2) 구매절차(Purchasing Procedures)

최근의 식품구매는 고객의 욕구(Needs)변화에 따라 다양한 상품의 출현을 요구하고 있으며, 경영관리 측면에서 원가와 상품품질에 많은 영향을 미치고 있다. 따라서 식품구매의 계획수립에는 계절적인 요인, 경기변동과 물가동향, 그리고 짧은 저장수명이라는 식재료의 특성상 구매에 대한 유동성이 항상 존재하고 있기 때문에, 정책결정과 동시에 세밀한 시장조사를 토대로 하는 체계적인 구매시스템을 활용하여야 한다.

효과적인 구매는 규격 · 가격변동 및 유통시스템 등을 수시로 파악하고, 업체 선정, 구매방법, 검수, 식재료선택 등에 대한 전문지식이 요구된다. 또한 설비장치 · 장소 · 저장능력 등도 충분히 고려해야 한다.

〈표 7-4〉 구매계획 수립을 위한 기초조사 내용

- 식재료 사전조사(가격, 납품업체, 물가동향)
- 설비 · 장치 · 장소 · 저장능력의 활용도
- 재고현황, 생산계획, 판매계획
- 수송수단, 유통구조, 비용
- 구매물품 및 거래처의 과거 보유기록과 자료

(1) 외식기업의 식재료 구매절차

① 메뉴 선정

시장조사, 상품의 생산과 판매, 식재료 규격과 품질수준을 결정하는 단계로 마케팅전략과 연관하여 전략적 측면을 고려하는 외식기업의 기본 정책결정 단계이다.

② 사용량 결정

구매부서는 생산관련부서에서 요청되는 품목이나 소요량의 물품구매를 관리 · 구입하는 업무를 수행한다. 따라서 각 영업장에서 필요로 하는 품목들을 과학적인 분석을 통하여 정확한 소요량을 결정하는 것이 중요하다. 과소/과대 주문을 통한 기업 손실을 최소화해야 한다.

③ 재고분석 및 발주량의 결정

생산부서에서 물품구매요청이 들어오면 종합적으로 판단하여 발주량을 결정해야 한다.

생산계획(표준레시피, 생산수율)에 따른 식재료 소요량의 산출과, 창고의 적정재고 유지가 중요한 관리요소가 된다.

수율 테스트의 목적

① 식재료의 실제 필요량과 구매량의 결정

② 원가관리에 필요한 정보 제공

〈표 7-5〉 수율 용어와 계산법

- 구매한 무게(As Purchased Weight) 구매할 당시의 무게 = A.P Weight
- 먹을 수 있는 부분의 무게(Edible Portion Weight) 판매 시 최종무게 = E.P Weight
- 손실(Waste); 구매상태에서 준비과정 중에 일어나는 손실을 통틀어 말함 = 낭비율

① 총 수율(%) : 식재료 전처리 후 실제 가용비율

$$\frac{\text{가용부분의 무게}}{\text{구매한 무게}} \times 100$$

② 낭비율(%) : 식재료 전처리 시 손실되는 비율

$$\frac{\text{손실된 무게}}{\text{구매한 무게}} \times 100$$

③ 트리밍(Trimming : 준비) 수율(%) : 식재료 전처리작업 중 불가용부분의 비율

$$\frac{\text{Trimming 무게}}{\text{구매한 무게}} \times 100$$

④ 조리수율(%) : 조리 시 손실되는 무게와 실제 제공되는 무게의 비율

$$\frac{\text{조리한 무게}}{\text{구매한 무게}} \times 100$$

⑤ 서비스 수율(%) : 조리 후 제공하는 과정에서 손실된 무게의 비율

$$\frac{\text{조리 후 커팅(Cutting) 시 손실된 무게}}{\text{구매한 무게}} \times 100$$

식재료의 구매량 계산

① 총 구매량 = 제공할 고객 수 × 1인 분량

② 실제 필요 구매량 $\frac{\text{구매량}}{\text{수율(\%)}}$

사용량에 대한 실제 구매원가(KG) $\frac{\text{구매가격}}{\text{수율(\%)}}$

자료 : 박경곤 · 최성기, 호텔외식 식자재 관리론, 백산출판사, 2010

④ 구매명세서 작성

구매명세서는 상품명 · 품질특성 · 용도 · 규격 및 기타 특별사항 등을 수록한 양식으로 '물품명세서'라고도 한다. 구매명세서는 구매부서에서 공급업자

와 이해할 수 있는 양식으로 작성하고, 구매발주서와 함께 공급업체로 송부된다. 또한 이것은 검수 · 창고관리 · 사용부서에서 보관 · 유지하면서 구매활동의 직무를 수행하게 되지만, 근래에는 대부분 전산화시스템을 활용하고 있다.

구매 사이클(Purchase Cycle)

호텔, 외식사업에 있어 구매과정은 다양하게 운영될 수 있으나 보편적인 구매 사이클을 살펴보면 다음과 같다.

〈표 7-6〉 구매 흐름(purchase cycle)

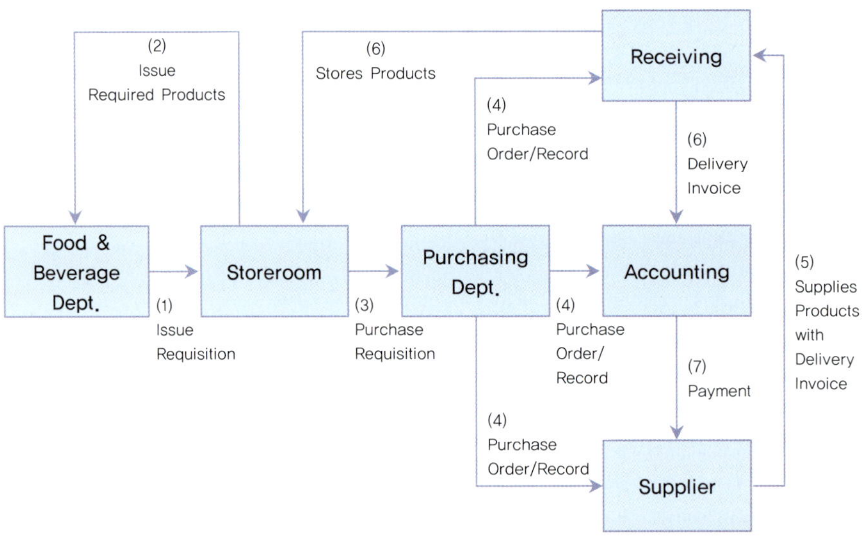

자료 : William B. Virts, Purchasing, AHMA, 1987, p. 68

㉠ 생산부서는 재료 필요시 구매 청구서를 작성한다.

㉡ 창고부서는 필요한 부서에 필요한 품목을 출고한다.

㉢ 원자재가 미리 정해진 재구매시점에 도달하면, 창고부서는 구매부서에 구매 청구서를 제출한다.

㉣ 구매부서는 구매발주서 혹은 구매보고서를 이용하여 납품업자에게 품목을 주문하고, 구매직원은 구매발주서 혹은 구매보고서의 복사본을 검수부서와 경리부서에 제출한다.

ⓜ 납품업자는 납품 송장(invoice)과 함께 검수부서에 품목을 입고한다.
ⓑ 검수부서는 송장과 함께 창고부서에 품목을 전달하고, 기타 서류 일체는 경리부서에 전달한다.
ⓢ 필요한 서류 절차 과정을 거친 다음, 경리부서는 납품업자에게 금액을 지불한다.

구매 사이클은 매번 품목이 주문될 때마다 반복된다.

구매 청구서(Purchase Request : PR)

구매하고자 하는 식재료를 생산부서에서 부서장의 결재를 얻어 구매부서로 보내는 서류로서 구매 청구서에 포함되는 필수항목은 품목(item), 규격(size), 수량(quantity), 입고 예정일(date) 등이다.

[그림 7-2] 구매 청구서

구매 청구서

결 재	담 당	2팀장	1팀장	부 장

DATE : 2012 / 12 / 25　　　작성자;

NO.	CODE	품 명	규 격	단 위	수 량	입고 예정일	비 고
1	1-1-11-000						
2	1-1-12-111						
3	1-1-13-222						
4	1-1-14-333						
5	1-2-11-000						
6	1-2-12-111						
7	1-2-13-222						

일일 시장 리스트(Daily Market List)

저장 및 보관의 문제가 있는 신선 재료를 리스트로 작성하여 매일매일 작성하여 구매하는 방식이며, 해당 품목에는 생선류, 채소류, 과일류, 유제품류 등이 있다.

이러한 품목의 구매는 일일 시장 구매목록에 의해 일정기간 동안, 일정한 업체로부터 구입하게 된다.

일반적으로 각 영업장에서 당일 작성하여 조리장(음료지배인)의 사인을 받아 구매부서로 넘긴다. 일일 시장 리스트에 의해 구입되는 품목은 가격변화가 심한 특징이 있다. 활어, 장마철의 채소 등이 대표적 예이다.

[그림 7-3] 일일 시장 리스트

일일 시장 리스트(daily market list)

DATE : 2012 / 12 / 25
Kitchen;　　　　　　　　　　　　　작성자;

NO.	품 명	단 위	규 격	수 량	단 가	비 고
1						
2						
3						
4						
5						
6						
7						

구매명세서(Purchase Specification)

구매하고자 하는 식재료의 특성을 기록한 양식으로 일반적으로 구매부서에서 작성하여 공급업체에 구매 발주서와 함께 송부하여 식재료를 공급하는 서류이다. 구매명세서는 검수 시 물품의 검수기준이 된다.

표준구매명세표는 메뉴에 맞는 품질 요구수준을 자세하게 기술하고, 식음료 운영에 필요한 요건을 정확하고 간결하게 나타낸다.

물품의 품질·특성 및 원가관리의 통제기준으로 이용되며 구매업체와 공급자 상호 간의 신뢰성을 확보하는 도구로 이용된다. 구매업무의 효율성 증진과 거래처 선정을 위한 기준이 된다.

[그림 7-4] 구매명세서 형식

1. 상품명 :
2. 생산자 상표 :
3. 상품의 용도 :
4. 상품내용(생산지, 등급, 규격, 포장방법, 포장의 재질·단위·포션의 크기) :
5. 검수절차 :
6. 숙성도 :
7. 특별 요구사항(기타 지시사항 등) :

구매 발주서(Purchase Order : PO)

생산부서로의 구매 청구서(PR : Purchase Request)에 근거해 원하는 품목을 확정하고, 납품업체에게 보내는 서류이다. 구매부서는 최적의 물품을 선정하여 구매 발주서를 작성하면, 납품업체는 서류(invoice)와 함께 물품을 납품한다. 검수부서는 확인 후 물품은 요구부서에 전달하고, 서류는 경리부서로 넘긴다. 경리부서는 대금을 납품업체에 보낸다.

[그림 7-5] 구매 발주서

구매 발주서(purchase order)

DATE : NO :
작성자 :
공급자/계약자 :
납품일자 :
납품장소 :
대금 지불 방법 :

NO	품 목	단 위	수 량	단위가격	비 고
Remark;				Total net value	/ won
				V. A. T	/ won
				Total value of order	/ won

전산화된 구매발주시스템(Computerized P.O Systems)

근래의 외식업체들은 현대 정보경영의 일종인 그룹웨어(groupware) 또는 ERP시스템을 이용하여 업무의 효율화를 꾀하고 있다. 이러한 시스템들은 기업 전산망에 전자우편과 전자결재시스템 데이터베이스 프로그램을 결합하여, 조직 사이의 의사소통을 원활하게 하고, 업무효율을 높일 수 있도록 만든 컴퓨터 프로그램으로, 구매관리 역시 이러한 전산화시스템과 더불어 현대 외식업에서 중요성을 더해가고 있다.

전산화된 구매 주문은 수많은 파일로 구성된 통합된 소프트웨어 패키지에 근거한다. 원재료 파일, 레시피 파일, 메뉴품목 파일, 재고자산 파일은 구매 주문 시스템의 전형적인 구성항목들이다.

원재료 파일은 구매하려는 모든 아이템의 정보를 포함하고 있다. 품명, 구매단위, 출고단위, 그리고 레시피단위 등이 기초 입력 요구사항이다.

레시피 파일은 메뉴명과 번호, portion size, 총 분량 등으로 구성된다. 어떤 프로그램은 조리업장, 판매가격, 외관상 색깔, 향, 온도, 그리고 질감, 특성 등이 포함되기도 한다. 레시피는 요구 수량을 계획하는데, 생산에 따른 지속적인 재구매의 지표로서 구매를 위한 도구이다.

재고파일은 전산화시스템이 아닌 일반적인 상황에서는 예약 인원에 맞추어 현재 가지고 있는 재고량을 체크하고, 이러한 재고량에 근거하여 구매관리자는 예약상황에 맞게 재료를 구매하게 된다. 전산화시스템의 재고 파일은 제로-베이스 재고를 가정하고 예상되는 구매발주를 하게 된다. 이러한 제로-베이스 모듈은 사전원가를 관리하는 데 도움을 준다.

[그림 7-6] 외식기업 전산활용의 예

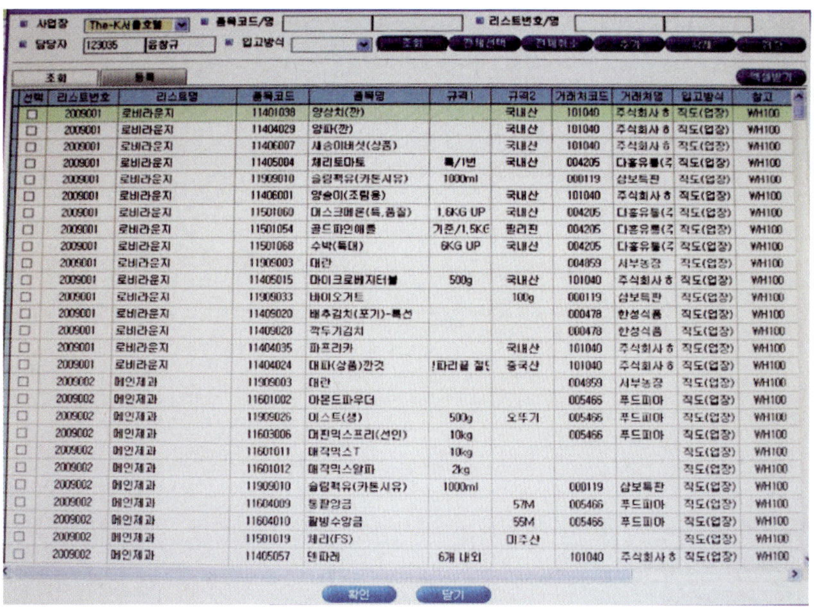

선택	리스트번호	리스트명	품목코드	품목명	규격1	규격2	거래처코드	거래처명	입고방식	참고
□	2009001	로비라운지	11401038	양상치(깐)		국내산	101040	주식회사 8	직도(업장)	WH100
□	2009001	로비라운지	11404029	양파(깐)		국내산	101040	주식회사 8	직도(업장)	WH100
□	2009001	로비라운지	11406007	새송이버섯(상품)		국내산	101040	주식회사 8	직도(업장)	WH100
□	2009001	로비라운지	11405004	체리토마토	특/1번	국내산	004205	다홍유통(주	직도(업장)	WH100
□	2009001	로비라운지	11909010	슬림척유(카톤사유)	1000ml		000119	삼보특판	직도(업장)	WH100
□	2009001	로비라운지	11406001	양송이(조림용)		국내산	101040	주식회사 8	직도(업장)	WH100
□	2009001	로비라운지	11501060	머스크메론(특,품질)	1.6KG UP	국내산	004205	다홍유통(주	직도(업장)	WH100
□	2009001	로비라운지	11501054	골드파인애플	기준/1.5KG	필리핀	004205	다홍유통(주	직도(업장)	WH100
□	2009001	로비라운지	11501068	수박(특대)	6KG UP	국내산	004205	다홍유통(주	직도(업장)	WH100
□	2009001	로비라운지	11909003	대란			004859	서부농장	직도(업장)	WH100
□	2009001	로비라운지	11405015	마이크로베지터블	500g	국내산	101040	주식회사 8	직도(업장)	WH100
□	2009001	로비라운지	11909033	바이오거트		100g	000119	삼보특판	직도(업장)	WH100
□	2009001	로비라운지	11409020	배추김치(포기)-특선			000478	한성식품	직도(업장)	WH100
□	2009001	로비라운지	11409028	깍두기김치			000478	한성식품	직도(업장)	WH100
□	2009001	로비라운지	11404035	파프리카		국내산	101040	주식회사 8	직도(업장)	WH100
□	2009001	로비라운지	11404024	대파(상품)깐것	!파리를 절!	중국산	101040	주식회사 8	직도(업장)	WH100
□	2009002	메인제과	11909003	대란			004859	서부농장	직도(업장)	WH100
□	2009002	메인제과	11601002	아몬드파우더			005466	푸드피아	직도(업장)	WH100
□	2009002	메인제과	11909026	이스트(생)	500g	오뚜기	005466	푸드피아	직도(업장)	WH100
□	2009002	메인제과	11603006	머핀믹스프리(선인)	10kg		005466	푸드피아	직도(업장)	WH100
□	2009002	메인제과	11601011	매직믹스T	10kg				직도(업장)	WH100
□	2009002	메인제과	11601012	매직믹스알파	2kg				직도(업장)	WH100
□	2009002	메인제과	11909010	슬림척유(카톤사유)	1000ml		000119	삼보특판	직도(업장)	WH100
□	2009002	메인제과	11604009	통팥앙금		57M	005466	푸드피아	직도(업장)	WH100
□	2009002	메인제과	11604010	팥빙수앙금		55M	005466	푸드피아	직도(업장)	WH100
□	2009002	메인제과	11501019	체리(FS)		미주산			직도(업장)	WH100
□	2009002	메인제과	11405057	덴파레	6개 내외		101040	주식회사 8	직도(업장)	WH100

전산을 활용한 구매명세서 1

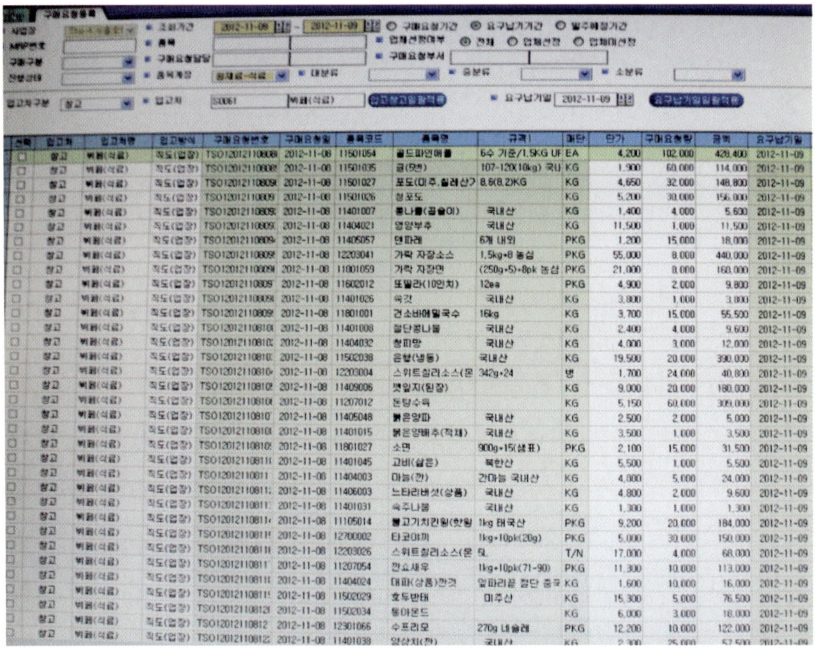

전산을 활용한 구매명세서 2

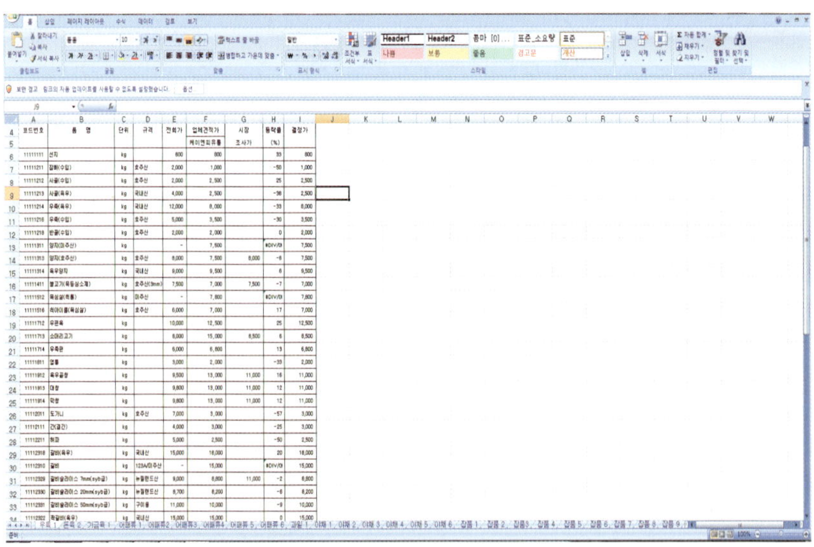

물품 단가표

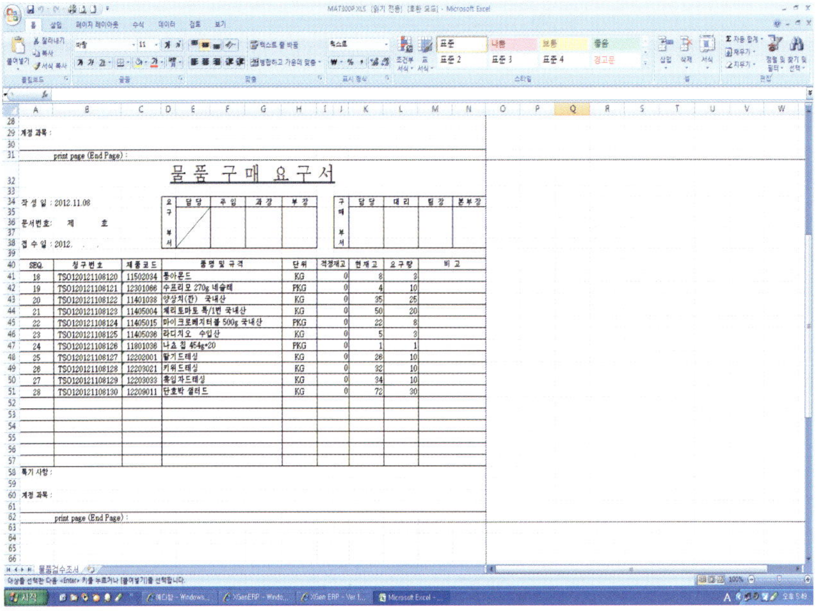

계정 과목 :

print page (End Page) :

물품 구매 요구서

작 성 일 : 2012.11.08

문서번호: 제 호

접 수 일 : 2012. . .

요구부서	담당	주임	과장	부장

구매부서	담당	대리	팀장	본부장

SEQ.	청구번호	제품코드	품명 및 규격	단위	적정재고	현재고	요구량	비고
18	TSO120121108120	11502034	통아몬드	KG	0	8	3	
19	TSO120121108121	12301066	수프리모 270g 네슬레	PKG	0	4	10	
20	TSO120121108122	11401038	양상치(깐) 국내산	KG	0	35	25	
21	TSO120121108123	11405004	체리토마토 특/1번 국내산	KG	0	50	20	
22	TSO120121108124	11405015	마이크로베지터블 500g 국내산	PKG	0	22	8	
23	TSO120121108125	11405036	라디치오 수입산	KG	0	5	3	
24	TSO120121108126	11801038	나쵸 칩 454g*20	PKG	0	1	1	
25	TSO120121108127	12202001	딸기드레싱	KG	0	26	10	
26	TSO120121108128	12203021	키위드레싱	KG	0	32	10	
27	TSO120121108129	12203033	흑임자드레싱	KG	0	34	10	
28	TSO120121108130	12209011	단호박 샐러드	KG	0	72	30	

특기 사항 :

계정 과목 :

print page (End Page) :

물품구매 요구서

⑤ 공급업자 선정

운영관리 측면에서 공급업자와의 오랫동안의 상호신뢰관계는 미래 교섭관계에 도움을 줄 수 있다. 따라서 공급업자의 선정은 매우 중요한 문제로 관리되어야 하며, 다음 사항에 유의하여 선정한다.

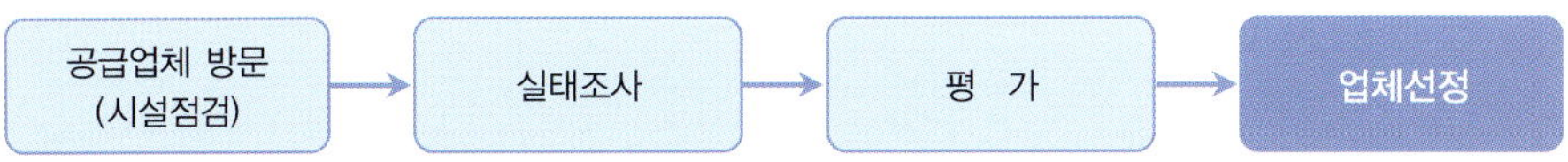

업체의 방문, 시설점검을 통해 업체실태를 정확하게 파악·평가한다. 업체를 정확하게 조사하기 위해서 자사에 맞는 체크리스트 및 점검표 등을 작성하고, 객관적으로 적용한다.

㉠ 위치의 인접성 : 물류장의 위치(즉시 배달)

㉡ 납품업자 운영상태 : 규모 및 가공시설 위생, 자본, 부채비율, 직원 수, 지명도

㉢ 납품업체 직원의 능력 : 적절한 품질

㉣ 가치 : 합리적인 가격

㉤ 호환전인 태도 : 서비스 마인드, 전문지식, 자사방침 수용도

㉥ 정직과 공정성

협력업체 방문 후의 체크포인트에는 다음과 같은 것이 있을 수 있다.

㉠ 작업장관리 측면 : 건물구조, 출입구 관리, 환기시설, 조명 및 전기시설, 냉장/냉동 온도 및 습도관리, 배수시설, 저장관리

㉡ 위생관리 측면 : 시설/종업원 위생, 청소 및 소독상태, 교육훈련 등

㉢ 물품관리 측면 : 품질검사상태, 미검사/불합격품 회수체계 등

또한 상호신뢰의 원칙에서 공급업자와의 협력관계를 유지하기 위해서는 객관적인 협력업체 평가시스템이 갖추어져야 하며 다음과 같은 요건을 체크한다.

㉠ 상품의 정확성 : 규격, 브랜드, 원산지, 생산자가 정확한 상품을 공급하는가?

㉡ 공급의 정확성 : 각 품목별 공급요청된 정확한 수량/장소/시간/가격에 공급하는가?

㉢ 배송되는 제품은 적합한 품질을 가지고 있는가?

예 식품 유통에 적합한 한글표시 사항 준수 여부
유통기한 경과하지 않은 제품 공급여부
작업 → 보관 → 배송 시 제품별 취급 온도 규정의 정확한 준수여부

㉣ 정보제공 및 고객서비스 : 신상품, 시장상황, 유통업체 및 제조업체 동향 등 다양한 정보를 제공하고 영업장을 방문하여 Needs를 파악하고 보완, 개선하려는 의지가 있는가?

⑥ 물품의 검수 및 수령

공급처를 선정하여 발주한 물품에 대해서는 납품기일의 준수와 납품된 물품에 대한 확인을 위한 통제시스템이 가동되어야 한다. 즉 구매발주서의 내용

과 구매명세서에서 기술한 내용을 기본으로 적합성 여부에 대한 검수를 하게 되는데, 물품의 하자발생의 경우는 반환조치를 취하고, 그렇지 않은 경우에는 물품을 인수하여 저장하고 검수기록표에 기재하는 단계이다.

[그림 7-7] 검수 보고서

코드번호	품 명	규 격	수 량	단 가	금 액
1-4-11-111					
1-4-16-312					
1-5-52-111					
합 계					

⑦ 구매물품 저장관리

검수된 물품은 꼬리표(Tag)를 부착하여 저장창고로 이동되지만, 상황에 따라서는 생산부서나 각 영업장으로 직접 이동하는 경우도 있다. 저장창고에 입고된 물품은 사용부서의 요구에 의해 출고되며, 창고담당자에 의해 입 · 출고 및 재고관리가 이루어지는 단계이다.

⑧ 공급업체 및 물품평가

구매한 식재료의 종합적인 품질상태와 공급처에 대한 서비스 및 신뢰도를 종합적으로 평가하여 차후의 구매활동에 반영하고, 대금지불을 완료한다. 또 구매과정에서 발생한 일련의 기록들을 문서화시켜 다음의 발주 시나 법률적인 효력발생기간 동안 보관하여 경제성과 효율성을 제고시키는 단계이다.

이와 같이 구매 프로세스는 메뉴의 결정-소요량의 결정-재고량 분석 및 발주량의 결정-구매명세서 작성-공급업자 선정-물품의 검수 및 수령-구매물품 저장관리-공급업체 및 물품평가의 순서로 이루어지며, 구매부서의 통제관리는 정확하고 과학적인 시장조사(market survey)를 통한 식재료관리(견적서와 구매명세표에 따른 품질확인)와 저장, 생산부서로의 불출이 그 대상이 된다.

3) 물품단가 결정과 구매 유형

(1) 구매단가 결정

상품(메뉴)이 결정되면 물품을 구매하게 되는데, 어떠한 구매형태를 취하느냐에 따라 원가관리적 측면에서 영향을 받을 수 있다. 일반적으로 대량구매/소량구매, 단기구매/장기구매를 기본으로 하여 구매형태를 취한다. 그러나 이러한 구매형태를 취하기 전에 메뉴상품에 적합한 가격의 물품을 구매하는 것이 우선시된다. 물품을 구매하기에 앞서 물품가격결정의 프로세스는 다음과 같다.

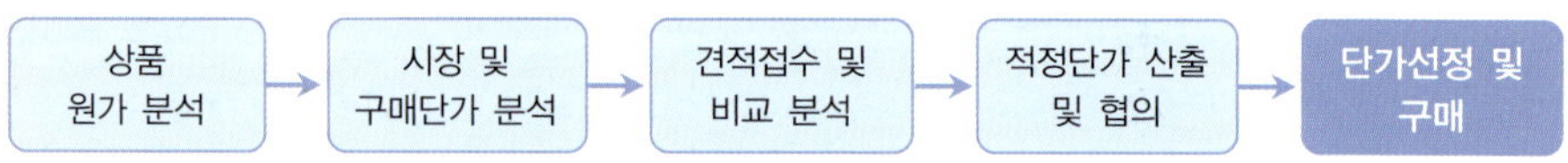

① 상품이 판매되는 시기의 원가 및 시장 형성가격(경매가, 수입원가, 제조원가 등) 및 산지, 제조업체 상황, 원재료 수급상황 분석
② 기존 구매단가 자료 비교분석
③ 견적요청 : 기존의 공급업체 및 신규업체 견적요청
④ 비교분석 및 공급단가 결정

그 외 시기별 공급원가, 예전매입가, 시장상황, 업체에 제출된 견적 비교 및 적정단가 결정 등이 있다.

통상적으로 품목별로 가격이 결정되는 주기는 채소 · 과일 · 축산물(우육 · 돈육), 냉동 · 수산물의 경우는 매월, 유제품 · 공산품 · 수입품 · 축산물(계육) · 활어는 분기별, 기물 · 소모품 · 음료 · 주류 품목은 반기별로 이루어진다.

(2) 구매 유형

① 분산구매와 집중구매

㉠ 분산구매 : 각각의 생산부서에서 필요로 하는 물품을 단독으로 구매하

는 방법으로 가격차가 심하지 않고, 소품목 소량단위에 적합하며, 긴급 상황에 대응할 수 있으나, 소량 구매 시 구입단가가 비싸기 때문에 비경제적인 단점이 있다.

㉡ 집중구매 : 대량의 물품을 일괄적으로 구매하거나 공통되는 물품을 취합하여 집중적으로 구매하는 방법이다. 구매절차가 복잡하고, 저장창고와 같은 별도의 시설이나 장소를 구비해야 한다. 구입단가를 낮출 수 있어 비용절감의 효과가 있다.

② 정기구매와 수시구매

㉠ 정기구매 : 정기적인 시점에서 구매행위가 이루어지고, 지속적으로 사용되고 있는 물품을 구매할 때 사용한다.

㉡ 수시구매 : 수시구매형태를 띠며, 긴급 시 사용한다.

③ 당용구매와 장기계약구매

㉠ 당용구매 : 업무 중 즉시 필요한 제품을 구매할 때 사용하며, 특히 계절성 품목을 구매할 때 사용한다. 사용시기가 정해져 있고 비저장품목 및 소량품목 등의 구매에 적합하다.

㉡ 장기계약구매 : 대량적이면서 지속적인 구매물품에 적합하고, 장기계약 체결로 계획적인 구매행위가 가능하다(홍기운, 2006).

4) 수요예측과 판매예측

(1) 수요예측

외식업에서의 수요예측은 고객의 예상방문을 의미한다. 즉 방문고객 수에 따라 판매계획과 생산계획이 이루어지며, 이것을 바탕으로 구매계획이 수립되는 것이다. 따라서 올바른 수요예측은 외식사업에 있어 수익을 극대화시킬 수 있는 최고의 도구이다. 수요예측의 정확도에 따라 상품의 로스율을 최소화시킬 수 있으며 이는 곧바로 원가절감효과를 통하여 이윤의 극대화로 이어질 수 있는 부분이다.

수요예측에 영향을 주는 시장요인

① 인구변화 : 수요예측을 위한 유동인구, 주거형태 등의 조사는 필수적이다.

② 소비변화 : 계절에 따른 소비형태 변화와 유행, 경기동향 등을 주의 깊게 파악해야 한다.

③ 식재료의 조달상황, 새로운 식재료 개발, 경쟁업소의 출현과 새로운 식품 위생제도 또한 중요한 요인이다.

(2) 수요예측 포인트

① 정확성의 원칙 : 수요예측의 핵심은 정확성이다. 신뢰성 있는 예측이야말로 판매계획, 생산계획의 의사결정에 중요한 도구로 이용된다.

② 과거 축적자료의 신뢰성 : 수요예측은 과거에 측정된 자료를 바탕으로 하는 경우가 많은데, 정확한 date-base의 확립이 요구된다.

③ 예측기간 : 수요예측기간의 설정은 물품의 특성에 따라 달라진다. 이것은 저장기간에 따라 단기품목과 장기품목으로 분류할 수 있다.

④ 소비행동의 유형 : 소비자의 행동특성(가치, 트렌드 변화 등)을 정확하게 분석해야 한다.

(3) 수요예측방법

〈표 7-7〉 주관적 수요예측방법

구분	내용
시장조사법 (Market Research)	실제 시장상황에 관한 가설을 설정하여, 체계적인 방법으로 조사 · 분석하는 방법.
델파이기법 (Delphi Method)	전문가의 가설설정을 바탕으로 기업에서 분석 · 조정하여 새로운 추정을 계속하는 방법으로 비용과 시간이 많이 소모되는 단점이 있다.
위원회 합의법 (Panel Consensus)	전문가집단의 의견과 토의를 거쳐 수요예측에 대한 결론을 도출하는 방법으로 자유로운 토론이 가능하다.

자료 : 홍기운 외, 최신 식품 구매론, 대왕사, 2006

〈표 7-8〉 객관적인 수요예측방법

이동평균법(Moving Average Method) 일정기간 동안의 기록을 평균하여 수요를 예측하는 방법이다. • 단순이동평균법(Simple Moving Average Method) : 과거 기간 동안의 자료에 동일한 가중치를 적용한다. • 가중이동평균법(Weighted Moving Average Method) : 과거보다 최근의 자료에 높은 가중치를 부여하는 방법이다.
지수평활법(Exponential Smoothing Method) 과거의 기록에서 시기별 가중치를 부여하여 평균을 내어 산출한다. 일반적으로 최근의 기록이 미래의 수요예측에 가장 큰 영향을 주기 때문에 최근 기록의 경우에 가장 높은 가중치를 부여하고, 오래된 기록일수록 가중치를 감소시켜 적용하여 평균을 낸 후 예측치를 산출한다.

자료 : 홍기운 외, 최신 식품 구매론, 대왕사, 2006

5) 발주관리업무

일반적으로 발주량이 증가하면 주문비용은 감소하고, 저장비용은 증가하며, 발주량이 감소하면, 주문비용은 증가하지만, 저장비용은 줄어들게 된다.

다음은 주문량 결정 시 고려해야 할 요인이다.

① 가격의 변화 : 시장변동상황, 외국 식재료 수입상황 등
② 할인율 : 규모에 따른 할인율
③ 재료의 특성 : 저장기간에 따른 재료의 특성
④ 계절적 요인
⑤ 자금 : 기업의 운영자본 능력
⑥ 저장공간 및 시설 여건 : 시설과 설비 고려

적정발주량을 결정하기 위해서는 발주량의 경제적 측면을 고려해야 한다. 이것은 재고유지비용과 주문비용을 바탕으로 적정한 발주량의 시점에서 발주를 결정하게 된다. 이를 경제적 발주량 혹은 경제적 주문량이라고 한다. 이것은 저장비용과 주문비용이 최소가 되는 발주량을 의미하는데 비용의 합계가 최소가 되는 발주량이 가장 경제적이라는 논리이다.

[그림 7-8] 경제적 발주량 계산식

$$경제적\ 발주량(EOQ) = \sqrt{\frac{2FS}{CP}}$$

- C ▸ 재고 유지 · 관리비 (보험, 이자, 저장 총 재고금액의 백분율)
- P ▸ 단위당 구매단가(구매가격)
- F ▸ 발주비용(1회 주문에 소요되는 고정비용)
- S ▸ 연간 소요량 혹은 연간 매출액(판매량)

자료: 홍기운 외, 최신 식품 구매론, 대왕사, 2006

[그림 7-9] 경제적 발주량 계산의 실제

예제 1

식품업체에서 A품목의 사용량이 연간 1,500kg이고 이것을 유지 · 관리하는 데 소요되는 비용이 재고가치의 12%이며, 단위당 구매가격은 13원이다. 이때 발주에 소요되는 고정비를 5원이라고 하면, 1회 발주에 필요한 경제적 발주량은?

$$EOQ = \sqrt{\frac{2\times5\times1,500}{0.12\times13}} = \sqrt{\frac{15,000}{1.56}} = \sqrt{9.615.3} = 98(kg)$$

즉 1회 경제적 발주량은 98(kg)이 된다.

예제 2

1년간 발주횟수를 계산하면?
1,500(kg) ÷ 98(kg) = 15(회)
즉 1년간 발주횟수는 15(회)가 된다.

예제 3

1년간 발주횟수를 날짜로 계산하면?
365(일) ÷ 15(회) = 24(일)
즉 1년간 발주횟수는 24(일) 간격이 된다.

또한 발주방법에 있어서는 일정기간에 의한 정기발주방식과 일정량에 의한 정량발주방식이 있는데 요약하면 다음과 같다.

〈표 7-9〉 발주방법

정기발주방식(fixed-order period system)

일정시점에 정기적으로 발주하는 방식으로 물품가격이 고가이거나, 조달기간이 오래 걸리는 제품, 소비량이 일정하여 수요예측이 가능한 품목에 적합하다.

발주시기가 정기적이고, 발주량은 최대 재고량에서 현재 재고량을 뺀 것으로 일정하지 않으며 정기적 실사방법에 의한 재고조사를 토대로 운영된다.

정량발주방식(order point system)

발주시기가 일정 재고수준에 이르면 일정량(경제적 발주량 : EOQ)을 발주하는 시스템으로 저가품목이거나, 항상 수요가 있어 일정한 재고를 보유해야 하는 품목, 수요예측이 어려운 제품을 구매할 때 사용한다.

발주량은 정량을 발주하고 지속적인 재고 실사방법으로 운영된다.

이러한 경제적 주문 및 발주 방법은 결국 원가관리의 통제도구로 사용되는데 기본적으로 과대주문이 되는 경우, 지나친 자금이 재고자산으로 묶이게 되어 현금흐름 문제가 발생하게 되고, 창고비용이 증가하게 된다(지급이자, 보험료, 임대 창고료(원가상승)). 또한 품질 저하와 제품의 손상이 발생할 수 있으며, 도난의 기회가 증가한다.

과소주문의 경우, 재고 바닥으로 인한 판매기회의 상실 및 고객의 신뢰도가 하락할 수 있고, 비상 · 긴급 주문으로 인한 구매의 과다 비용발생과 시간이 소모될 수 있으며, 대량구매로 인한 할인혜택의 기회를 놓칠 수 있다.

〈표 7-10〉 식재료 구매수량 결정요인

① 메뉴 아이템의 인기도 : 메뉴품목의 판매가 증가함에 따라 메뉴에 들어가는 재료의 수량이 추가적으로 필요하게 된다.
② 제품원가 관련사항 : 고가의 제품원가는 결국 판매가격 상승으로 이어지며, 이는 고객매출 감소로 귀결된다(대체상품의 개발).
③ 가용면적 : 실온, 냉장, 냉동 장소의 창고면적 확보가 필요하다.
④ 안전재고수준 : 배달지연, 품목지연, 기타 뜻하지 않은 현상을 고려하면서 실제적으로 필요하도록 수량을 구매해야 한다.
⑤ 표준 포장 규격

6) 구매 시 안전문제(Security Concerns in Purchasing)

소유주 자신이 물품을 구매하는 소규모 식음료 운영에서는, 납품을 받는 데 있어 부정의 문제가 약하다. 그러나 구매를 책임지는 직원을 두는 대규모 외식업체에서는 식재료에 대한 안전이 중요한 문제로 대두된다. 외식업체에서의 구매는 구매직원의 책임이다. 대부분 구매와 검수, 창고업무는 경리부서(구매)에서 수행하는데 식재료는 구매에서 출고시점 전까지 주방직원의 통제하에 놓이지 않게 된다. 이러한 시스템은 한 직원이 홀로 업무를 수행함으로써 상납 등의 유혹으로부터 자유롭지 못한 경우가 있다. 따라서 관리자는 구매관리의 안전을 염두에 두고 여러 가지 보완책을 강구하여야 한다. 구매관리직원의 정기적 교환근무, 혹은 감사활동 등이 통제관리의 대표적인 예이다.

〈표 7-11〉 구매관리 중 일어날 수 있는 재료관리 문제점

상납

공급자와 구매직원 간의 문제점으로 이러한 방식은 물품이 계획에서의 적정가보다 높게 구매됨으로써 두 사람은 실제와 부풀린 가격 사이의 차익을 나누게 된다. 이러한 도난을 통제하기 위한 방법은 경영자/관리자가 정기적으로 납품송장을 검토해 보거나, 동일한 업자로부터 많이 구매하는 물품을 주의 깊게 관찰한다. 또한 관리자는 정기적으로 납품업자 선정을 검토하고, 지불한 가격이 요구제품 품질에 최적인지를 확실하게 하기 위해 견적서를 검토한다.

가공회사

구매직원은 존재하지 않는 회사를 설립함으로써 부정행위를 할 수 있고, 그런 다음에 전혀 받은 적이 없는 물품의 송장을 제출한다. 관리자는 회사수표 수취인의 이름을 확인하면서 납품업자의 선택을 정기적으로 검토해 볼 필요가 있다.

계획된 배달송장 실수

무게 감소나 수량 부족, 불량품, 기타 유사한 실수 등으로 영업상 원가가 증가하게 된다. 관리자는 이러한 실수를 방지하기 위해 모든 송장과 서류 금액과, 적절한 검수절차를 확인해야 한다.

품질 및 품목대체

적절한 품목을 위해 가격 견적이 제시되고 난 후, 낮은 품질이 배달되었을 경우 품질 대체가 발생된다. 이것은 검수직원이 상품에 대한 지식이 없을 경우 가능하다. 그러나 검수직원이 제품에 문제가 있다는 것을 인식하면, 납품업자는 실수였다거나 적절한 제품으로 교환해 주겠다고 핑계를 댈 수 있다. 이런 현상은 외식기업 현장에서 빈번하게 발생하고 있다.

도난

구매담당직원은 항상 물품에 노출되어 있기 때문에 고의적으로 다양한 도난을 실행할 수 있고, 타 부서 직원에 의해 본인 의사와는 관계없이 도난당할 수 있다. 자신이 사용할 용도로 구매, 특정 직원을 위한 대량구매 혹은 주의가 결여됐을 때, 물품을 분실할 수 있으므로 검수 후 창고 또는 영업장으로 신속히 물품을 이동한다.

2. 식재료 검수관리(Receiving Control)

검수란 구매 청구서에 의해 주문된 식재료의 품질, 수량, 크기, 가격을 확인하고 일치하지 않는 식재료를 반품시키며, 검수가 끝난 식자재를 주방으로 운반(direct item)하거나 창고(store item)에 이동하는 것을 말한다. 효과적인 검수는 검수직원의 물품에 대한 지식을 필요로 하고, 올바른 검수를 위해 교육을 받아야 한다. 또한 검수절차를 이해해야 하고, 내부 검수 보고서를 다룰 줄 알아야 한다.

검수 · 입고 업무 프로세스와 검수업무를 수행하는 데 요구되는 일반적인 사항은 다음과 같다.

검수 · 입고 업무 프로세스

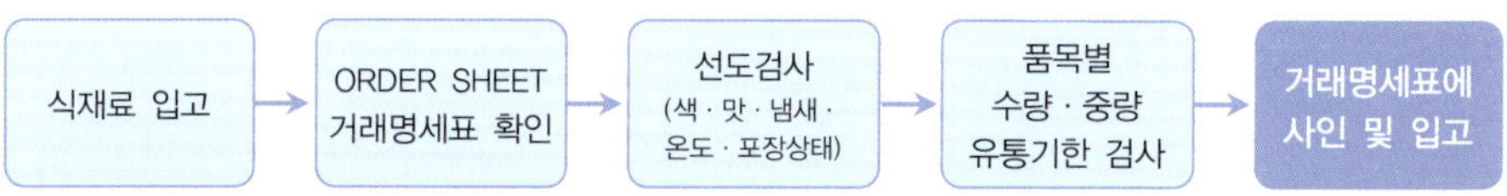

위 검수업무 도중 제품에 이상이 있는 경우 반품조치 및 재배송을 요구한다.

검수업무를 수행하는 데 요구되는 일반적인 사항

① 건강하고 단정한 직원/위생 : 고객과 종사원의 건강을 지키기 위한 엄격한 위생표준은 식음료 취급 모든 측면에 관련된다.

② 서류, 도구, 장비사용의 숙련 : 검수직원은 장비, 시설, 그리고 통제 지점에서 요구되는 서류를 다룰 줄 알아야 한다.

③ 제품 지식/식재료 구별/품질 판정 : 검수원이 송장에 서명하자마자 물품은 법적으로 납품된 것이고, 이는 더 이상 납품업자의 책임이 아니기 때문에 식재료 관련지식을 숙지하여야 한다.
④ 개인적인 성실도, 세밀함, 정확함을 겸비하여야 한다.
⑤ 조직의 이해관계를 보호할 마음가짐 : 검수직원은 영업의 이해관계를 보호하는 데 전념해야 한다.
⑥ 영업부서의 요구사항과 납품업자의 배달 사이에서 조정할 수 있는 능력 : 검수직원은 기업의 다른 부서와도 협력할 필요가 있으며, 생산부서와 납품업체 간의 의사전달 역할 또한 매우 중요하다.

아울러 운영 사이클 중 한가한 시간에 검수가 이루어져야 한다. 그래야 검수직원이 검수에 전념할 수 있고 배달이 예상되는 사이 시간을 활용할 수 있기 때문이다.

검수장소의 위치 및 시설장비

검수지역은 배달통로와 근접해야 한다. 검수직원은 제한된 사무지역 내의 출입은 허가되지만, 식음료 주방, 복도, 기타 지역에는 방문이 허가되어서는 아니된다. 따라서 검수장소는 납품 시 접근성이 용이하고 생산부서, 창고 등과 운반동선이 용이한 곳에 위치하여야 하며 정확한 검수는 대부분의 품목에서 계량과 계수를 요구하기 때문에, 저울, 계산기, 마킹 펜, 자, 파일, 온도계, 당도계, 운송장비 등 기타 장비가 필요하다. 검수장소에서 갖추어야 할 시설과 품목으로는 로딩독, 위생시설, 저장시설, 검수도구 등이 있다.

[그림 7-10] 검수시설 및 장비

검수실 로딩독

검수 집기

검수서류 보관

1) 검수절차(Receiving Procedures)

① 표준 구매명세표 혹은 일일 식재료 리스트에 의한 검수 : 납품되는 품목은 표준 구매명세표 혹은 일일 식재료 리스트에 의해 물품의 내용, 품질, 크기를 확인한다. 검수직원의 구체적 업무는 아래와 같다.

㉠ 제품의 수량 확인(측정 · 계량 · 계수)

㉡ 구매명세서와 배달된 제품의 동일성 확인

㉢ 요구제품의 부분 반입이나 무(無)반입, 혹은 계약보다 높은 금액으로 제시되는 품목이 있는지 등을 관찰한다. 이러한 문제들은 반입되는 물품과 내부기록을 대조함으로써 방지할 수 있다.

- 전수검사법 : 납품된 물품 전체를 각각 검사하는 방법
- 발췌검사법 : 물품의 일부를 무작위로 선택하여 검사하는 방법

② 검수를 마친 후 서류(invoice)에 서명을 한다(반입물품승인). 이 시점에서 제품의 소유권은 외식업체로 넘어오고, 제품은 식음료 운영자의 책임이 된다.

③ 반입물품을 신속히 창고로 옮긴다. 신선도가 유지되는 채소류, 과일류, 생선류, 어패류 등은 장기간 저장이 불가능하고, 쉽게 변질되는 특성이 있으므로 주방(outlet kitchen)으로 신속히 이동하고, 공산품과 같은 대량 구매품목이나 장기간 보관이 가능한 아이템은, 메인창고(food store)로 이동시킨다. 단 음료는 모든 품목이 창고로 저장되었다가 필요한 수량만큼 바(bar)로 이동된다. 종사원에 의한 도난을 최소화하기 위한 안전은

여기에서 결정되는 경우가 많다.

④ 검수 담당자는 인수한 식재료에 대한 검수보고서(daily receiving report)를 작성한다. 특히 육류는 다른 식재료보다 비싼 고가품목이므로 날짜, 무게, 수량, 가격 등의 정보가 표시된 육류 꼬리표(meat tag)를 부착하여 특별히 관리한다. 특히 육류 출고 시에 이를 근거로 출고량을 결정하게 되므로 유용하게 활용될 수 있다.

2) 검수 시 유의사항 및 검수방법(Security Concerns in Receiving)

(1) 식재료 검수 시 고려사항

① 식재료의 수량, 무게, 포장상태, 변질 유무

② 유형별 보관 및 관리 방법, 유의사항 파악

③ 식재료의 선도와 규격, 유통기한 및 식재료별 표시기준, 원산지, 무허가 제품

④ 발주한 품목 수량과 입고된 품목, 수량의 일치 여부

⑤ 유통기한 경과제품은 사용금지

⑥ 유통기한 생략 가능 제품 : 설탕, 아이스크림, 껌류, 가공소금, 주류(탁주 제외), 국산 농·수산물 등

(2) 검수방법

① 식재료는 신속히 검수를 실시하여, 식재료의 상품성 저하와 변질을 예방한다.

② 입고 식재료는 육류, 어류, 채소류, 공산품으로 구분하여 보관하며 바닥에 방치하지 않는다.

③ 검수 부적합품은 즉시 반품하며, 사용 전 부적합품 발견 시에는 반품 표시 라벨을 부착하고 반품구역을 지정 보관한다.

④ 품목별 세부적 검수방법은 검수관리지침에 따른다.

(3) 식재료 유형별 검수방법

① 냉장 · 냉동제품

㉠ 이취 여부, 탄력, 색, 라벨 및 표시사항 확인

㉡ 유통기한 확인, 온도 확인(딱딱한 냉동상태 확인)

㉢ 얼음저장상태, 재냉동 여부

② 채소 · 과일류

㉠ 이취 여부, 단단함, 색상, 신선도 여부를 확인한다.

㉡ 종이박스는 제거하고 전용 용기에 담는다.

㉢ 입고일을 구분하여 식재료관리 라벨을 부착, 선입선출이 이루어지도록 한다.

③ 공산품류

㉠ 포장 파손여부 확인, 특히 통조림제품은 용기의 팽창, 찌그러짐, 녹 발생 확인

㉡ 개봉 후 이취 여부, 색깔 및 고유 성상을 확인한다.

㉢ 표시사항과 유통기한을 확인한다.

㉣ 개봉된 제품은 전용용기에 담아 보관한다.

④ 난류

㉠ 파손여부를 확인한다.

㉡ 깨뜨려서 내부온도를 측정하였을 때 10℃ 미만이어야 한다.

㉢ 이취 여부, 색상, 점성 등을 확인한다.

3) 반품 및 표시(Marking)와 꼬리표(Tagging)

① 구매 검수 파트는 현장 검수 중 반품 사유 발생 즉시 반품조치한다.

② 영업장 검수 시 반품 사유 발생 즉시 영업장 담당자는 영업장 책임자에게 보고를 실시 → 영업장 책임자 또는 담당자는 구매 검수파트로 반품 사유 발생 사실 통보 → 해당 식재료에 반품 라벨 부착 후 반품 보관 구역 내 보관(조리작업에 투입되지 않도록 유의) → 구매 검수 파트에 해당

식재료의 반품을 실시한다.

③ 반품관련 정보는 검수관리 담당자가 기록 · 관리하고 관련자에게 통보하여야 한다.

④ 반품을 보관하는 경우 반품구역을 정하고 정리 · 보관하며, 반품구역의 식별표시를 하여야 한다.

⑤ 검수과정에서 발견된 식재료의 이상 여부에 대하여는 구매시스템의 식재료 품질 공지를 통하여 구매팀으로 식재료 입고상태에 대한 정보를 전달한다.

표시(Marking)와 꼬리표(Tagging)

재고자산을 조사할 때 원가의 기본정보는 구매된 케이스나 병으로부터 바로 얻을 수 있다. 이것은 일일 검수 보고서나 납품송장에 있는 정보를 찾아보는 데 소요되는 시간을 절약해 준다. 꼬리표는 육류나 어패류 등에 사용되며, 제품 검수 시점에서 만들어진다. 육류나 생선류에 대한 꼬리표는 다음과 같은 이점이 있다.

① 꼬리표를 완성하기 위해, 정확한 제품 무게 계량

② 제품이 출고될 때 청구서에 있는 꼬리표의 정보로 인해 식료 원가계산이 쉬워진다. 또한 꼬리표상의 원가기록은 식음료 서비스직원이 식자재를 자산으로 생각하게 하고, 낭비를 막는 데 효과가 있다.

③ 꼬리표의 일련번호는 창고에 보관된 제품을 식별하는 데 도움을 주기 때문에 도난과 손실 등이 보다 용이하게 통제될 수 있다.

④ 필요한 정보가 꼬리표에 표시되어 있기 때문에 재고자산 통제가 단순화된다.

⑤ 선입선출(FIFO)이 용이하여 재고자산 회전이 보다 수월하게 진행될 수 있다. 이러한 표시는 결과적으로 재고순환계획이 효과적으로 이루어지게 해주는 역할을 한다.

4) 검수 보고서(Receiving Report)

검수에서는 납품되는 모든 식재료의 현황을 정리하여 일일 검수보고서를 작성한다. 아울러 이러한 자료는 월말에 일괄적으로 집계되어 납품업체에게 지불해야 할 금액(외상매입금, account payable)의 기초 자료로 활용된다.

5) 검수부서의 통제(Receiving Control)

식음료 원가관리(cost control) 부서에서는 검수를 통제하기 위한 방법으로 검수원과 함께 수량을 직접 확인하기도 하고, 아울러 검수에서 작성된 검수보고서를 재확인(rechecking)한 후 경리부에 서류를 전달한다.

6) 검수 시 안전문제(Security Concerns in Receiving)

제품이 납품될 때 포함될 수 있는 납품업자의 부정행위 사례는 다음과 같다.

① 납품업자는 고품질의 식재료 대신 값싼 국내산 또는 수입산 재료를 납품할 수 있다.
② 무게나 수량 부족 제품의 납품. 특히 냉동 해물류 제품의 경우 지나치게 아이스 드레싱을 하는 경우가 있으므로 반드시 실중량을 체크하여야 한다.
③ 오랜 기간 냉동된 어패류 : 해동된 냉동어류가 활어로 둔갑될 수 있다.

검수 시 부정행위 방지를 위한 기본 수칙

① 검수와 구매직원을 분리한다.
② 직원 훈련
③ 한가한 시간대의 검수시간 배정
④ 특정한 장비가 갖춰진 특정 장소에서 납품되도록 하고, 검수용 저울이나 기타 장비들이 사용가능한지 확인
⑤ 검수가 완료된 후에는 즉시 제품을 창고로 이동

⑥ 납품처 판매원이나 배달업자가 주방이나 창고지역 등 사무실로 접근하는 것을 허가하지 않는다.

제3절 저장 및 출고관리(Storing and Issuing Control)

1. 저장관리(Storing Control)

일반적으로 저장 및 출고관리의 통제시스템에서 식료품은 두 가지로 구분된다.

① 직도제 : 부패성이 높은 품목으로 일주일에 여러 차례 구입하며, 검수가 끝나자마자 조리지역으로 즉시 이동되는 것
② 저장제 : 저장제는 직도제보다 구입횟수가 적으며, 재고수준이나 취급비율(사용량)에 따라서 일주일에 한 차례 또는 몇 달에 한 번 정도 구매된다.

이러한 관점에서 저장관리(storing)의 의의는 적정장소, 적정온도, 적정조건에 식재료를 보관함으로써 최상의 품질을 유지시키고 부패에 의한 손실과 도난을 방지하려는 활동이다. 특히 저장 중에 발생할지도 모르는 도난에 의한 손실, 직원이나 외부인의 비행으로 인한 손실, 식재료의 변질과 부패에 의한 손실을 최소화해야 한다. 또한 저장은 생산하고자 하는 음식의 품질에 직접적인 영향을 미치므로, 특정한 아이템의 품질과 수량을 지속적으로 일정하게 보관하고 유지하는 일이 중요하다고 할 수 있다. 이를 위하여 올바른 저장 및 보관시설과 보관계획을 강구하여야 한다.

올바른 식재료의 저장은 식재료의 특성과 사용빈도에 따라 보관위치, 보안, 위생, 온도 및 습도 등을 적절하게 관리해야 한다.

언제 어디서나 누구든지 쉽게 찾을 수 있도록 해당 식자재명과 규격별 분류, 식자재의 특성에 따른 분류법을 통해 손쉽게 분류하여야 한다.

〈표 7-12〉 효율적 저장관리

• 냉장고, 냉동고의 선반에 식자재 카드를 명시해서 식자재명, 입고일자 작성(분류저장의 체계화) • 식자재를 업장 또는 파티의 메뉴별로 분류, 저장 후 업장 불출 • 식자재의 품질 보존차원에서 저장온도 준수(품목의 품질유지) • 선입선출에 의한 재고회전율 상승, 재고회전율이 높아진다는 것은 자본의 투자가 효율적으로 이루어진다는 것을 의미한다. • 도난으로부터 품목의 안전 유지

식재료 관리의 저장 유형으로는 식음료 재료의 특성에 따라 냉동고(frozen), 냉장고(refrigerator), 일반창고(dry storeroom) 등이 있다. 상황에 따라 창고를 통합 운영하는 경우도 있고, 분리 운영하는 경우도 있다.

- 일반 공산품(工産品), 음료와 주류 : 10~21℃
- 생선, 채소, 과일, 유제품 : 4℃
- 육류, 어패류, 냉동식품 : -18℃
- 와인(red, white) : 4~12℃

창고에 보관되는 식음료 원재료는 적정 수준(par stock)을 유지해야 한다.

2. 출고(Issuing)관리

출고관리란 식재료가 창고에 저장되어 보관되다가 생산부서의 요청에 의해 일정한 품목과 일정한 수량이 창고로부터 생산부서로 이동하는 업무를 말한다.

식음료 아이템을 수령하는 간략한 절차는 다음과 같다.

청구서에 부서장이 서명하여 창고담당자에게 전달하면, 창고담당자는 특정한 아이템을 정확한 수량만큼 생산부서로 출고한다. 출고관리는 입고관리와 마찬가지로 원가관리(cost control)에 요구되는 중요한 기초정보를 제공한다. 일반적으로 주방이나 바에서는 물건을 수령하기 위한 서류로 물품청구서(food or beverage storeroom requisition)를 사용하고 있다.

이러한 물품청구서는 크게 식료청구서(food requisition), 음료청구서(beverage requisition), 일반자재청구서(general requisition)로 구분되나 요즘에는 물품청구서가 통합되고 있는 추세이다.

[그림 7-11] 출고 요청서

출고 요청서

담 당	대 리	과 장	팀 장	부 장

날짜 : 2012 . . .

불출업장(창고) ⇒ 이동업장(한식당)

전표 No :

불출인	수령인

코드번호	품 명	단 위	수 량	코드번호	품 명	단 위	수 량
	참기름	ml	100				
	간장	cc	200				
	설탕	cc	100				
	물엿	cc	100				
	정종	ml	10				
	흑후춧가루	g	30				

창고업무에 있어 출고관리의 기본은 선입선출(FIFO : first-in, first-out)이다. 이는 먼저 입고된 아이템을 먼저 출고시키는 원칙으로, 창고에서 식재료를 효율적으로 관리하는 데 보편적으로 적용되는 규칙이며 원가관리에도 많은 도움을 주는 방법이다. 특히 신선도가 강조되는 채소, 과일, 그리고 유통기한이 표시된 유제품에서는 반드시 지켜야 할 원칙이다.

3. 재고자산 관리(Inventory Control)

일반적으로 판매되지 않고 남은 재고는 기업의 자산으로 분류하는데 이를 재고자산(inventory)이라고 한다. 외식업체는 식음료 판매를 위해 상품을 구매하지만 상품은 판매되거나 판매되지 않기도 한다. 따라서 재고자산이란 판매를 목적으로 보유하거나 혹은 생산을 위해 소비될 자산을 말한다. 외식업체는 재고자산의 규모가 크고 또한 신선도를 유지시켜야 할 필요가 있는 품목이 많은 특징으로 인해 재고자산관리의 문제는 매우 중요하다.

재고조사를 통한 재고금액 평가

제품의 원가계산(재고금액)과 원가관리(매출원가)를 위해 창고와 영업장을 대상으로 한 재고조사는 반드시 필요하다.

재고조사는 원가관리부서에서 창고(storeroom)와 영업장(outlet)을 대상으로 실시하는데 재고조사의 일반적인 목적은 재고금액(inventory)과 매출원가를 확정하기 위함이다.

재고금액과 매출원가는 다음과 같이 구할 수 있다.

> 재고금액(inventory) = 수량(quantity) × 단가(unit cost)
>
> 매출원가 = 期初 재고금액 + 當期 구매금액 − 期末 재고금액

재고수량결정방법(在庫數量決定方法)

재고자산의 수량을 결정하는 방법은 실제재고조사법(physical inventory system)과 계속기록법(perpetual inventory method)의 두 가지 방법이 있다.

① 실제재고조사법(Physical Inventory System)

실제재고조사법은 대부분 월말에 재고수량을 원가관리 담당자가 직접 창고를 확인하면서 조사하는 방법이다. 즉 원가관리 담당자는 창고(storeroom)와

영업장(outlet)을 직접 방문하여 품목을 확인하고 수량을 확인한다.

- 이를 통해 장부상의 숫자와 일치하는지 여부를 확인할 수 있다. 일반적으로 외식업에서는 실제 재고조사를 월별/분기별/연별로 정기적으로 시행한다.

② 계속기록법(Perpetual Inventory Method)

계속기록법은 장부재고법이라고도 하는데, 이 방법은 재고수량의 입고와 출고에 대한 내용을 서류에 지속적으로 기록하는 방법이다. 만일 문제가 없다면 장부상의 숫자와 실제 재고수량은 일치하게 된다.

재고단가결정방법(在庫單價決定方法)

재고금액을 알기 위해서 재고수량을 확정한 다음의 고려사항은 단가(unit cost)를 결정하는 일이다.

재고자산의 단가를 결정하는 방법에는 여러 가지가 있으나 주로 선입선출법(first in first out)과 이동평균법(moving average method)의 두 가지 방법이 활용되고 있다.

① 선입선출법

선입선출법은 먼저 입고된 품목이 먼저 출고된다는 가정하에 이루어진다. 즉 먼저 입고된 것이 먼저 출고되고 재고는 나중에 입고된 것이 남는다는 가정이다.

선입선출법의 장점은 계산이 간편하고 분명하며 나중에 남아 있는 재고는 최근의 원가를 가장 잘 반영하는 장점이 있다. 그러나 같은 일자에 출고되는 아이템이라도 단가가 다르게 적용될 수 있다는 단점을 동시에 지니고 있다.

② 이동평균법

이동평균법은 재고의 매입고 시마다 기존의 재고금액에 신규 재고금액을 더해 이를 수량으로 나눈 값(평균단가)을 그 품목의 원가로 확정하는 방법이다.

창고를 효율적으로 통제하기 위한 방법으로 재고회전율(analysis of inventory turnover) 분석과, 재고자산 보유일수(number of days of inventory on hand) 분석을 통해 적정재고율(par stock)을 유지할 수 있다.

① 재고자산 회전율(inventory turnover)이란 재고자산이 일정기간 동안 현금으로 전환된 횟수를 측정하는 것으로 재고자산이 현금화되는 데 걸리는 속도를 나타낸다. 일반적으로 이 비율이 높을수록 상품의 재고손실방지 및 보관비용의 절약 등 재고자산의 관리가 효율적으로 이루어지고 있음을 나타낸다.

② 재고자산 보유일수는 현재 기업이 가지고 있는 재고자산을 얼마 동안 사용할 수 있는지를 나타내주는 지표이다. 이러한 지표들은 단순히 재고자산의 금액을 결정하는 차원에서 벗어나, 종합적으로 재고관리를 유지하는 데 기여하게 된다.

재고자산 회전율과 재고자산 보유일수는 다음의 식으로 구할 수 있다.

$$\text{재고회전율} = \frac{\text{총 매출원가}}{\text{평균재고액}}$$

$$\text{재고자산 보유일수} = \frac{\text{月 일자}}{\text{재고회전율}}$$

평균재고자산 = (기초재고자산 + 기말재고자산) / 2

재고조사의 목적은 원가계산의 자료이용, 재무보고서에 필요한 정보 제공, 표준원가 실제원가의 비교 자료, 적정재고유지, sleeping item에 관한 대처방안 관리에 있다.

전산에 의한 재고관리(Computerized Inventory Management)

재고관리는 컴퓨터의 사용을 통해 이루어질 수 있다. 요즘은 대부분의 외식업체들이 컴퓨터시스템을 활용하는데 적어도 재고관리를 위해 만들어진 프로그램은 다음과 같은 요인을 주의해야 한다.

① 기초자료의 명확화 : 기초자료(품명 및 단위)는 외식업체 대부분이 재료를 다르게 구매, 저장하고 각각 다른 단위로 사용되기 때문에 매우 중요하다. 재료의 명확화는 운영에 의한 재료구매나 출고, 상품의 매뉴얼화 등의 다양한 업무 사이에서의 상관관계를 발전시키는 데 필요하다.

② 표준화의 결여 : 컴퓨터 프로그램에 따라 재고계산은 기본적으로 품목상의 표준화를 요구한다.

③ 사용의 편리함 : 컴퓨터의 사용은 여러 가지 부분에서 편리함을 이룰 수 있으나 직원들의 부정적인 생각과 교육훈련에 따른 관리가 필요하다.

저장고의 관리

① 저장고의 통제

- 접근의 제한성 : 권한이 있는 직원만이 저장고에 들어가도록 한다.
- 잠금장치가 있는 저장고 : 저장소, 냉동장치, 그리고 음료저장창고는 완전히 잠금장치가 설치될 수 있는 곳을 선택한다.
- precious room : 고가품질의 품목을 저장하기 위한 것으로서 이중저장을 의미한다.
- behind-the-bar storage : bar에서 판매가능한 음료의 수량은 중앙저장소보다 덜 안전하기 때문에 물품의 수를 최소화해서 보관해야 한다.
- 저장고의 열쇠관리 : 열쇠는 담당직원만이 가지고 있어야 하며, 주기적으로 잠금장치는 교체되어야 한다.

② 저장제품의 품질유지 : 제품 질의 손실을 최소화할 수 있도록 통제절차를 엄격히 계획하는 것이 중요하다.

③ 재고기록시스템을 실행하는 궁극적인 이유는 재무회계시스템에서 매달 발생하는 대차표의 재고가치가 필요하고, 일일통제절차는 현재 이용 가능한 제품의 수량을 알려주며, 주문수량을 결정하는 데 활용된다.

창고에서의 식품 저장방법

① 항상 청결하게 보관한다.

② 식재료는 반드시 덮개 및 밀봉상태로 보관한다.

③ 방충, 방서시설과 환기시설을 설치하여야 한다.

④ 구매, 출고관리의 통제절차를 준수한다.

⑤ 반드시 선입선출을 시행한다.

⑥ 모든 식재료는 Tag을 부착하고 저장한다.

㉠ 식재료의 tag 부착 대상

- 1차 조리식품
- 모든 정육, 생선 : 포장에 제품 표시가 있는 경우는 제외한다.
- 소분 식재료를 다른 용기에 담아 보관하는 경우
- 소분하여 사용하는 양념통에는 식재료 유통기한 기재를 원칙으로 하고 소분 후 원포장재에 남은 식재료는 밀봉 후 식재료관리 Tag을 이용하여 유통기한의 식별이 용이하도록 보관하며, 원포장재의 식재료를 모두 사용한 경우 원포장재의 유통기한을 별도로 보관한다.

㉡ Tag 표시 항목 : 제조/가공일, 소분 포장일, 원산지, 유통기한 등

재고관리기법

① 80/20 관리기법

80/20 관리기법(80/20 inventory control method)은 재고관리와 원가관리의 측면에서 접근하는 이론으로 구매물품 20%가 전체 구매액의 80% 정도를 차지하고 있으며, 이 20%가 매출원가의 80% 정도를 차지하고 있다는 기법이다. 때문에 20%를 차지하고 있는 구매물품은 나머지 80%를 차지하고 있는 구매물품에 비해 구매활동의 전체과정에 있어서 집중적으로 관리하는 내용을 의미한다.

② ABC 관리기법

ABC 관리기법(ABC inventory control method)은 1951년 H. Ford Dickie에 의해 개발된 것으로 구매물품의 품목가치, 소요량(또는 사용액) 및 재고투자금

액에 따라 A, B, C등급으로 구분하여 물품의 재고관리방식을 달리 적용함으로써, 보다 효율적으로 물품을 관리하고자 하는 것이다. 이와 같이 재고물품을 그룹별로 분류하는 목적은 물품의 중요도에 따라 적절한 통제를 하기 위함이다.

- Class A : 부패성과 음식당 원가가 높은 품목들로 구성되며, 우선순위가 높다.
- Class B : 상대적으로 부패성은 낮지만 음식당 원가는 높은 품목들로 구성된다.
- Class C : 상대적으로 원가는 낮으며, 저장기간이 긴 통조림이나 캔류의 품목이다.

- ABC분류표의 A, B품목처럼 엄격한 통제를 필요로 하는 품목을 우선시한다는 점에서 80/20 관리기법 중 20%에 해당하는 품목관리와 비슷한 개념을 가지고 있다. 결국 다양하고 방대한 품목 중 원가에 핵심적으로 영향을 미치는 품목을 선정하여 집중 관리하는 체계로 인식하면 된다.

③ 최저최대주문시스템(minimum/maximum order system)

재고관리기법에서 사용되는 기법으로 최저 수준은 물품이 창고에 남아 있어야 할 최소의 양이며, 최대 수준은 창고의 허용공간에 들어갈 최대의 구매량이다. 이것은 예상하지 못한 비상사태에 대비한 안전 재고 수준으로서 최소의 재고량을 유지하면서 재고량이 안전재고량의 수준인 최소치에 이르면 적정량을 발주하여 최대의 재고량을 확보 · 관리하는 기법이다.

[그림 7-12] 최저/최대 주문 시스템의 실제

예제 1

lead time(배송기간) : 주문 후에 배달될 때까지의 시간
safety level(안전수준) : 수송 지연이나 과다 사용 시 사용할 수 있는 양
- 구매단위(purchase unit) : 1 case
- 주문시기(order period) : monthly(1개월 30일 기준)
- 사용비(usage rate) : 2 case per day
- 수송기간(lead time) : 3 days일 때 주문시점과 최대 주문량은 어떻게 되는가?

· safety level(안전수준) = lead time × usage rate : 3 days × 2 case = 6 case
· Maximum level(최대수준) = usage + safety level : 60 + 6 = 66
· Minimum level(최소수준) = lead time : 6 case
· Order point(주문시점) = lead time + safety level : 6 + 6 = 12

즉 12 case일 때 60 case를 주문한다.

제4절 주방의 생산관리 및 인적자원관리

근래에 일반적인 주방의 현안 문제로 높은 인건비, 과다한 시설투자 및 유지관리, 신 메뉴 개발 등의 문제점이 제시되고 있다. 이에 대하여 주방의 인적자원과 식재료의 흐름을 중심으로 수행된 연구 결과를 살펴보면 효율적인 주방 생산관리로 나정기(1998)는 ① 개방시스템으로 전환(home made item → convenience item), ② 생산 활동단계의 축소(전통적 준비과정을 거치는 생산방식 → 편의식품 구매를 통한 생산방식), ③ 메인주방의 재설계(전통적 업장 위주의 운영시스템 → 메인주방을 통한 대량 분배시스템), ④ 주방의 재설계와 조직의 재설계(단위업장 중심 → 메인주방 중심)를 주장하였으며, Heskett(1987)은 종사원의 만족과 생산성의 관계를 연구하였는데, 품질 바퀴(quality wheel) 개념으로 설명하고 있다. 즉 외식기업의 성공요소는 높은 종사원 만족 → 동기 → 높은 서비스품질 제공 → 높은 고객만족 → 높은 경영실적(생산성 향상) → 높은 종사원 만족이라는 순환과정을 되풀이해야 한다는 개념이다. 그는 종사원의 만족이 높을 때 이직률이 낮아지게 되고 결국에는 높은 종사원 생산성을

이룩할 수 있게 된다고 주장하고 있다.

따라서 근래에 제기되고 있는 주방의 효율적인 생산관리를 위해서는 ① 표준레시피를 통한 표준 생산시스템의 구축과 기존 생산시스템의 제고, ② 통제시스템에 입각한 재고 및 저장, 출고관리의 전사적 원가관리, ③ 종사원들의 동기부여 및 교육훈련을 통한 종사원들의 인재 발굴과 능력에 맞는 업무배치, ④ 매출 및 생산기록 등의 사후분석을 통한 고객만족 지향 등이 필요하다.

1. 주방의 생산관리

조리장 내에서는 조리업무 수행과정 중 구매, 검수, 저장, 출고, 조리, 판매 등 다양한 지점에서 위생관리 및 안전사고가 발생할 수 있으며 조리장 내에서는 자체적으로 각 지점에서의 통제관리가 필요하다.

1) 구매 및 검수과정에서의 생산관리

① 관리자는 창고 및 냉장 · 냉동고의 물품 재고를 세심하게 조사하고 적정량을 주문한다.
② 냉동 또는 냉장 제품의 온도관리를 철저히 하여 식재료의 품질 유지에 최선을 다한다.
③ 재료의 유통기한을 확인하고, 유통기한이 표시된 부분은 제품을 사용할 때까지 알아볼 수 있도록 보존하여 누구나 알아볼 수 있게 하여야 한다.
④ 조리원리에 입각한 메뉴생산에 노력한다.

2) 저장에서의 생산관리

① 물품은 식자재와 일반 소모품을 분리 보관한다.
② 저장실은 깨끗하고 건조하며 방충, 방서에 유의한다.
③ 모든 식품은 위생적으로 관리한다.
④ 정기점검을 통하여 정돈된 상태를 유지한다.

⑤ 저장 시 냉장고의 온도는 4℃ 이하, 냉동고의 온도는 -18℃ 이하로 한다. 또한 내부온도를 수시로 확인한다.

⑥ 식품을 보관할 때는 제품의 식품표시사항(보관방법)을 확인한 후, 보관하여야 한다.

〈표 7-13〉 조리장 내에서의 식재료 보관법

종 류	보 관 법
육 류	장기간 저장할 때는 냉동보관한다(온도관리 철저).
생 선	내장을 제거하고 흐르는 물에 깨끗이 씻어 물기와 점액질을 없앤 후 다른 식품과 접촉하지 않도록 하여 냉장 보관
패 류	내용물을 모아서 흐르는 물로 깨끗이 씻은 후 냉장 · 냉동 보관
어 묵	냉장상태로 보관
달 걀	씻지 않은 상태로 냉장 보관
우 유	4℃ 이하로 냉장 보관하며 가능한 신속히 사용
채 소	물기를 제거한 후 포장지로 싸서 냉장 보관하며 씻지 않은 채소와 씻은 채소는 분리보관을 원칙으로 한다.
젓갈류	서늘하고 그늘진 곳에 뚜껑을 잘 닫아 보관
양념류	물 또는 이물이 들어가지 않도록 주의하여 보관

3) 전처리과정의 생산관리

조리부분 생산관리에 있어 전처리과정은 매우 중요하다. 전처리업무의 수행 여부에 따라 메뉴의 품질이 결정되기 때문이다. 올바른 식재료 지식을 통한 전처리는 양질의 상품을 제공할 수 있는 전제조건이다.

실제 요리가 시작되기 전에 모든 준비를 완결하는 것을 Mise en Place라 한다. Mise en Place의 수행은 업무를 효율적 · 능률적으로 수행할 수 있는 최소의 기본요건이며 조리과정을 단순화시키고, 주문에 따른 음식제공을 무리 없이 수행하게 해주며, 업무의 효율성과 개인의 능력을 최대한 발휘할 수 있게 해준다. 이를 위한 실천방안은 다음과 같다.

① 구매된 재료 사용 시 반드시 선입선출한다.

② 반입된 물품은 지워지지 않는 필기도구를 사용하여 내용물이 오염되지 않도록 배달된 날짜를 포장에 기록한다.

③ 채소나 과일을 씻을 때는 이물질을 먼저 제거하고 소독액을 만들어 3~5분간 담근 후, 흐르는 물에 깨끗하게 세척하여야 한다.

④ 육류의 핏물을 빼기 위해 담가둔 물에 다른 재료 또는 조리기구를 담그지 않도록 한다.

⑤ 포장된 재료의 일부만 사용하여 조리하는 경우 유통기한이 표시되어 있지 않은 쪽을 먼저 사용하고 유통기한이 표시되어 있는 쪽을 나중에 사용하도록 한다.

4) 조리과정에서의 생산관리

① 교차오염 또는 이차오염을 방지하기 위하여 채소, 어류, 육류는 도마와 칼을 별도로 지정하여 사용한다.

② 해동된 식품은 신속하게 조리에 사용한다.

③ 조리작업 중에는 반드시 위생장갑을 착용한다.

5) 판매과정에서의 생산관리

판매과정에서 관리는 고객과 식음상품의 접점관리로서 재료의 원가가 회수되는 지점이므로 다양하고 유연성 있는 기법이 요구된다.

⇒ 레스토랑의 일반적인 서비스 흐름

예약 → 고객영접 및 안내(고객영접 → 식탁안내 → 식전음료서비스) → 메뉴/주문접수(order taking) → 식음료제공 → 고객 불평불만처리 → 환송 → 사후관리로 이루어진다.

메뉴 주문접수 시 사용되는 도구에는 Captain Order, POS System, 무선단말기 이용 등이 있다.

[그림 7-13] Captain Order

Date	Table	Server	Person	Check No.
Q'TY	ITEM			AMOUNT
	Cashier/Server/Kitchen & Bar			

① Captain Order는 일반적으로 3매 1조로 작성되며 1st copy는 Cashier에게, 2nd copy는 server가 보관하고, 3rd copy는 주방/바에 전달한다. Cashier는 이를 근거로 고객영수증(Guest Check)을 발행한다.

② POS System : 최근에는 서비스직원이 직접 POS 시스템을 조작하고, Cashier 업무를 겸직하는 경우가 많다.

③ 무선단말기를 이용하는 방식 : 서비스직원이 무선단말기를 이용하여 입력하면 Cashier와 주방에 있는 터미널에 전달되는 방식이다. 최근 외식산업체의 경우 이러한 무선단말기를 활용하고 있다.

2. 주방 인적자원관리(Human Resource Management : HRM)

현대 주방의 인적자원은 노동집약적인 외식산업의 특징을 고려할 때 동기부여와 만족도 따라 그 성과나 가치가 달라지는 특수성을 지니고 있다. 종사원의 잠재적인 능력을 개발하고 활용하여 외식기업의 부가가치 창출에 기여하게 되는 투자할 가치가 있는 자산(asset)의 일부라는 개념으로 발전하고 있는 것이다.

주방 인적관리의 주요 기능으로는 인원계획, 수급, 자원 개발 등을 들 수 있다.

① 인원수급은 모집을 통하여 서류나 직무역량의 면접 및 시험을 통하여 선발하게 된다. 그러나 주방의 특수성을 감안할 때 전문조리사를 구하는 것은 전문교육기관과의 업무협약을 통한 사전 모집방법을 고려해 볼 필요가 있다. 오늘날 조리에 대한 기본인식이 사회적으로 긍정적인 방향으

로 선회되기는 하였으나, 업무의 난이성과 특수성으로 인하여 훌륭한 인재를 모집하는 데 많은 외식기업들이 어려움을 호소하는 것이 현실이다. 따라서 매뉴얼에 의거한 사전 모집, 입사 후 동기부여 및 세심한 자원관리를 통하여 인재를 육성하는 것은 기업의 백년대계인 것이다.

② 인원 수급 후 주방조직에서 필요로 하는 요건에 부합되는 사람을 적재적소에 배치하는 것이 중요하다. 단순히 지식이나 기술적인 능력뿐만 아니라 인성과 충성도 높은 직원의 배출이야말로 조직의 목표를 달성할 수 있는 지름길인 것이다.

③ 기업에 맞는 인적자원의 개발은 교육훈련을 통하여 육성할 수 있는데, 방법론적인 면을 살펴보면 〈표 7-14〉와 같은 교육법을 활용할 수 있다.

〈표 7-14〉 인적자원 교육법

강의법 (lecture)	다수를 대상으로 교육하는 방법으로 비용 면에서 가장 경제적이다. 대상자들이 비교적 동질적인 경우에는 교육효과가 높다.
세미나법 (seminar)	훈련자와 대상자 간에 토론과정을 거치므로 훈련내용에 대한 명확한 이해가 필요할 때 유용한 방법이다. 특히 양방향의 의사소통이 촉진되기 때문에 피훈련자가 적극적으로 훈련과정에 참여하게 되어 동기수준을 높일 수 있으며 피드백을 제공할 수 있다는 장점이 있다. 경우에 따라 강의와 세미나 방식을 혼합하여 사용하면 매우 효과적이다.
컴퓨터 조력학습 (Computer-Assisted Instruction : CAI)	프로그램학습을 발전시킨 형태로 컴퓨터를 이용한 반복적인 연습과 문제 해결, 시뮬레이션과 게임 등 다양한 기법이 도입되어 현대조직의 효과적인 교육훈련 방법으로 인정되고 있으며 근래에는 인터넷을 이용한 웹 기반의 학습방법으로 옮겨가고 있다.
사례법 (case method)	조직 내에서 문제해결이 요구되는 특정사례에 대한 상황을 제시하고 피훈련자에게 해결책을 모색하도록 한 후 이를 평가하고 피드백을 제공하는 훈련방법이다. 이는 강의법에 의해 일방적으로 전달된 지식이나 원리를 실제 사례문제의 해결에 적용해 보는 수단으로 매우 효과적인 방법이다.
역할연기 (role playing)	단순히 사례나 문제상황을 제시하여 해결책을 모색케 하는 데 그치지 않고 피훈련자에게 문제상황에서의 역할을 직접 해보게끔 하는 방법이다. 역할 연기는 피훈련자의 적극적인 참여를 끌어낼 수 있고, 다른 사람들의 역할연기를 통해 행동을 모방하거나 모델링하는 효과가 있으며, 자신의 역할행동에 대해 다른 사람으로부터 피드백을 받을 수 있는 등 다양한 학습효과를 기대할 수 있다.

자료 : 양일선 외, 급식경영학, 교문사, 2009

8 원가관리

CHAPTER

원가관리 Key word

〈표 8-1〉 원가관리 Key word

회계 : 경영의 흐름을 숫자로 표현한 것으로, 직원들이 기업이 어떻게 운영되고, 리더들이 어떠한 생각을 하고 있는지 알 수 있는 객관적 자료로서 경영의 커뮤니케이션 도구로 이용된다.

회계의 목적 : 기업의 이해관계자가 합리적 의사결정을 할 수 있도록 기업의 경영활동을 숫자로 표시하여 신뢰성 있게 알려주는 것, 즉 기업운영 시 의사결정의 중요한 수단으로 경영판단의 근거자료가 될 수 있다.

자산 : 현재 내가 가지고 있는 돈을 의미한다. 내 자본이건 빌린 자본이건 간에 현 시점에서 내 주머니에 있는 자본을 말한다.

부채 : 제3자에게서 빌린 돈이지만 현재 시점에서 나에게 있는 현물을 의미한다.

자본 : 기존의 자신의 자본

자산 = 부채 + 자본

원가 : 가치가 일정부분에 존재해 남아 있는 것 – 재료비

비용 : 수익을 발생시키면서 밖으로 소멸되는 가치

손실 : 수익을 발생시키지 않고 밖으로 소멸되는 가치

비용과 자산의 차이

- 비용은 미래에 수익을 주지 못하는 것
- 자산은 미래에 수익을 줄 수 있는 것 – 주식, 금융, 부동산, 설비투자

원가에서 직접비, 간접비의 의미

- 직접비는 한 회사에서 두 가지 이상의 제품을 만들 때 각 제품당 직접적으로 들어간 비용
- 간접비는 두 제품 이상에 두루 사용되어 구분이 어려운 원가를 표현

변동비와 고정비의 의미

- 변동비 매출의 증감에 따라 비례해서 발생하는 비용
- 고정비 매출의 증감에 관계없이 일정하게 발생하는 비용

1. Actual cost : 실제원가
2. budgeted cost : 예산
3. direct cost : 직접경비
4. indirect cost : 간접경비
5. joint cost : 결합원가를 뜻하며, 개별제품 제작 시 같이 들어가는 비용
6. relevant cost : 관련원가로서 상호 대체적 미래원가
7. sunk cost : 과거 어떠한 의사결정에 의해서 이루어진 원가
8. opportunity cost : 기회비용
9. fix cost : 고정비
10. variable cost : 변동비
11. standard cost : 표준원가
12. asset : 자산
13. expense : 지출, 비용, 경비
14. controllable : 통제 가능한 비용 – 재료비, 인건비, 광고 홍보비

제1절 원가관리의 개요 및 목적

원가(cost)란 특정제품을 생산하기 위하여 소비된 자원의 경제적 가치를 화폐액으로 측정한 값을 의미한다. 외식업에서의 원가관리란 경영의 통제수단으로, 생산과정에서 원가의 발생이 계획 또는 표준으로부터 벗어나지 않도록, 소비가치를 합리적으로 운영 통제하여 이윤을 발생시키는 관리수단이라 할 수 있다.

이와 맥을 같이하여 근래 들어 원가의 기능은 경영계획과 통제 등의 기업 내부 의사결정에 널리 이용되고 있는데 원가계산의 목적은 다음과 같다.

① 가격결정의 목적 : 제품의 판매가 결정

② 원가관리의 목적 : 원가관리의 기초자료 제공

③ 예산편성의 목적 : 예산편성의 기초자료 제공

④ 재무제표 작성의 목적 : 경영활동 결과를 재무제표로 작성하여, 기업의 내 · 외부 이해관계자에게 보고하는 기초자료로 활용된다. 대차대조표와 손익분석표가 이에 해당되며, 대차대조표는 기업의 재무상태를 나타내는 지표로 사용되고, 손익분석표는 기업의 경영성과를 나타낸다.

⑤ 경영비교의 기초자료를 제공한다.
기업경영의 의사결정은 내부관계자와 외부관계자의 이해관계에 의해서 의사결정이 이루어지는 경우가 많다. 원가관리에 의거한 회계관리는 이러한 의사결정 부분에서 중요한 의미를 가진다.

외식기업에서 손익계산의 기본 형식은 총수입과 총지출의 차익을 이익으로 계산한다. 다음은 외식기업에서의 일반적 손익계산 형태이다.

〈표 8-2〉 손익계산서 포맷(P&L statement)

매출(food beverage) – 매출원가(food beverage cost) = 총 이익(Grossprofit)
총 이익(Grossprofit) – 인건비 + 직접운영비 = 부서별 영업이익
부서별 영업이익(Departmental net income) – (간접비 + 고정비) = 순이익(Net profit)
간접비(In direct cost) : 일반관리비, 보수비
고정비(fixed cost) : 보험비, 임대료, 재산세, 감가상각비

[그림 8-1] 손익분기점 그래프

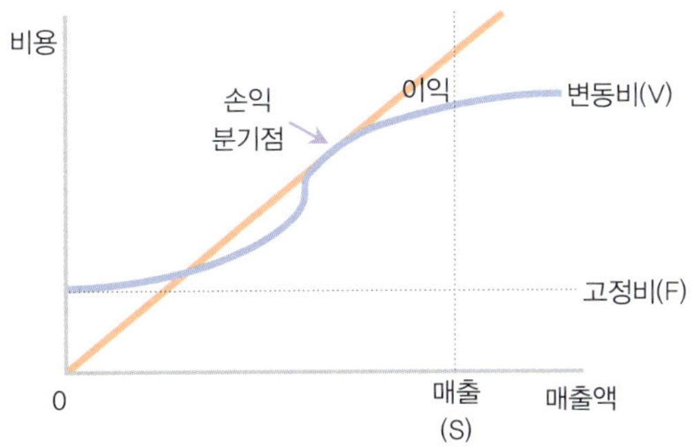

이익 = S – (F + V)
P = F / (1 – V/S)
〈S : 매출 F : 고정비 V : 변동비 P : 손익분기점〉

제2절 원가의 종류 및 원가계산의 원칙

1. 원가의 3요소와 원가의 종류

1) 원가의 3요소

① 재료비 : 제품의 제조를 위하여 사용되는 물품의 비용
② 노무비 : 제품의 제조를 위하여 사용되는 노동의 비용
③ 경비 : 제품의 제조에 소비되는 재료비, 노무비를 제외한 가치로서 수도, 광열비, 전력비, 보험비 등이 이에 속한다.

2) 원가의 종류

직접원가는 특정 제품에 직접 부담시킬 수 있는 원가로 직접재료비, 직접노무비, 직접경비가 있으며, 제조원가는 직접원가에 제조간접비로 이루어진다. 총원가는 제품이 제조되어 판매될 때까지 생긴 모든 원가요소를 포함하는데 제품의 제조원가에 판매관리비가 포함되어 있는 것이다.

[그림 8-2] 원가의 종류

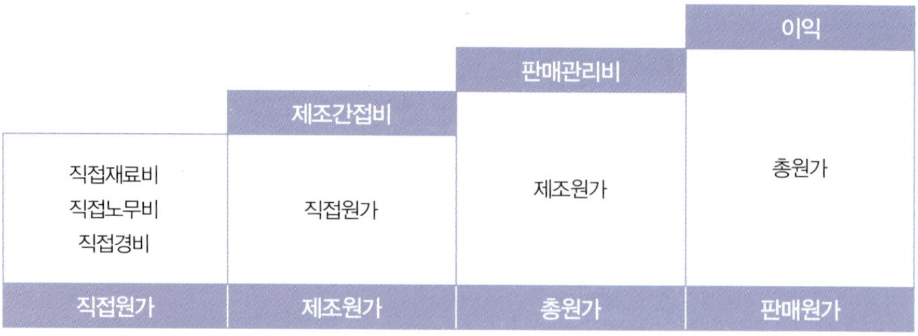

자료 : 구본순 · 이순옥, 조리, 한국산업인력관리공단, p. 141

판매원가는 총원가에 이익을 합한 원가이다. 요약하면,

직접원가 + 제조간접비 = 제조원가 + 판매관리비 = 총원가 + 이익 = 판매원가

의 등식이 성립된다. 이외에 제품이 제조된 후 실제로 소비된 원가를 산출 한 실제원가, 제품제조 이전에 산출되는 사전원가(예정, 표준원가)가 있다.

2. 원가계산의 원칙

원가계산은 다음과 같은 원칙으로 구성되어야 한다.

① 진실성의 원칙 : 제품에 소요된 원가를 정확하게 계산하고 진실되게 표현해야 한다.
② 발생기준의 원칙 : 모든 비용과 수익의 계산은 그 발생 시점을 기준으로 한다는 원칙
③ 계산경제성(중요성)의 원칙 : 원가계산에 경제성을 고려해야 한다는 원칙
④ 확실성의 원칙 : 실행가능 방법 중 확실성이 높은 방법 선택
⑤ 정상성의 원칙 : 정상적으로 발생한 원가만을 계산
⑥ 비교성의 원칙 : 원가계산이 다른 일정기간의 것과 다른 부문의 것을 비교할 수 있도록 실행되어야 한다는 원칙
⑦ 상호관리의 원칙 : 원가계산과 일반회계 간, 요소별, 부문별, 제품별, 계산 간에 서로 밀접하게 관련되어 유기적 관계를 구성함으로써 상호관리가 가능해야 한다는 원칙

3. 원가계산의 구조

원가계산은 일반적으로 3단계를 거쳐 완성하게 된다.

1) 요소별 원가계산

상품의 원가는 재료비, 노무비, 경비의 3요소로 분류되는데 이 세 가지는 모두 직접비와 간접비로 분류된다.

[그림 8-3] 제조원가 요소

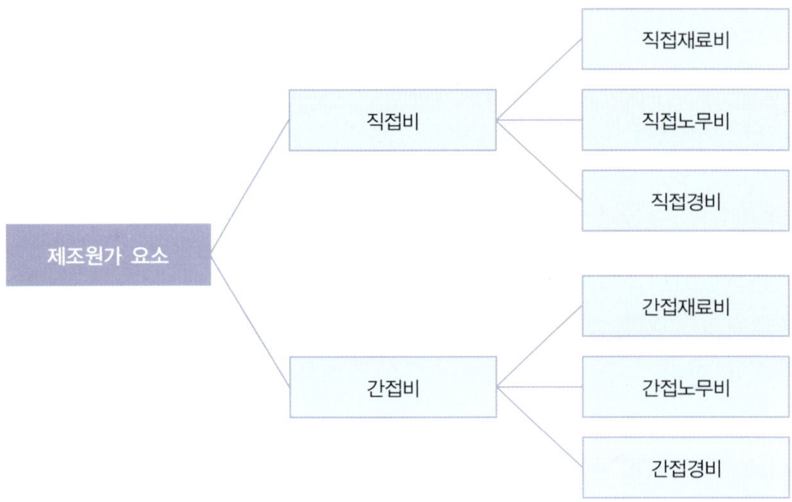

2) 부문별 원가계산

요소별 원가계산을 부문별로 분류 집계하여 계산한다.

3) 제품별 원가계산

부문별로 계산한 원가를 제품별로 분리하여 최종적으로 각 제품의 제조원가를 계산한다.

메뉴원가 = 재료비 + 노무비 + 경비

① 재료비 = 소요량 × 소요재료량의 단위당 재료비 = 소요재료량 × $\frac{\text{구입재료비}}{\text{구입재료량}}$

② 노무비 = 소요시간 × 시간당 임금 = 소용시간 × $\frac{\text{1일 임금}}{\text{8시간}}$ = 소용시간 × $\frac{\text{1개월 임금}}{\text{240시간}}$

③ 경비 : 수도비 = 소요량 × 소용단위당 요금
전기료 = 소요량 × 소용단위당 요금
가스료 = 소요량 × 소용단위당 요금

자료 구본순 · 이순옥, 조리, 한국산업인력관리공단, p. 141

일반적으로 외식업의 비용에는 고정비용(임대료, 세금, 보험료, 감가상각비 등)과 같이 영업장의 상품판매량이 늘어도 변동 없이 지출되는 비용이 있고, 변동비(식재료비)와 같이 판매량의 증가와 함께 비례하여 지출되는 비용이 있는데, 여기에는 통제 가능한 비용(재료비, 인건비, 광고 및 홍보비, 광열비)과 통제 불가능한 비용(임대료, 감가상각비)이 있다.

4. 재료비 계산

1) 식재료 소비량 계산

① 계속기록법 : 재료의 구매, 분출 등의 재료비 소비량을 장부에 기록하여 계산하는 방법.

② 재고조사법 : (기초재고량 + 당기구매량) - 기말재고량 – 당기소비량으로 산출하는 방법

식재료 원가율 = 식재료 사용액 ÷ 총 매출액 × 100

③ 역계산법 : 제품을 생산하는 데 필요한 표준수량을 설정하고, 그것에 제품의 수량을 곱하여 산출(표준 소비량 × 생산량 = 소비재료량)

2) 식재료비의 계산

① 개별법 : 구입한 재료에 단가별로 가격표를 붙여서 사용한 재료비를 산출

② 선입선출법 : 재료의 구입순서에 따라 소비가격을 계산하는 방식으로 일반적으로 많이 이용되는 방법이다. 먼저 구입한 재료를 먼저 사용한다는 가정 아래 계산한다.

③ 후입선출법 : 최근 구입한 재료를 우선으로 하여 산출하는 방법으로 선입선출의 반대개념이다.

④ 단순평균법 : 정해진 기간 동안 구입한 재료를 구입한 횟수로 나누어 산출한다.

⑤ 이동평균법 : 재료를 구입할 때마다 재고량과 가중평균가를 산출하여 소

비재료의 가격을 계산한다.

총 평균단가 = 전월이월액 + 당월구입액/전월 이월량 + 당월구입량

5. 감가상각

기업의 자산은 고정자산, 유동자산, 기타 자산으로 구분된다. 이때 고정자산은 사용과 시일에 따라 가치가 감소하게 되는데 감가상각이란 고정자산의 감가를 일정한 내용연수에 일정한 비율로 할당하여 비용으로 계산하는 절차이며, 이때 감가된 비용을 감가상각비라 한다.

쉽게 말해서 땅을 제외한 건물, 기계, 기구(고정자산) 등을 시간이 경과함에 따라 비용으로 처리하는 비(費)를 말한다.

1) 감가상각의 계산요소

① 기초가격 : 구입가격

② 내용연수 : 취득한 고정자산이 유효하게 사용될 수 있는 기간

③ 잔존가격 : 고정자산이 내용연수에 도달했을 때 매각하여 얻을 수 있는 추정가격(구입가격의 10%)

2) 감가상각 계산방법

① 정액법 : 내용연수로 균등하게 할당하는 방법

$$\text{매년 감가상각액} = \frac{\text{기초가격} - \text{잔존가격}}{\text{내용연수}}$$

② 정율법 : 기초가격에서 감가상각비 누계를 차감한 미상각액에 대하여 매년 일정률을 곱하여 금액을 상각하는 방법 = 미상각잔액 × 정률

6. 표준(Standard)원가 설정에 의한 원가관리

표준원가란 '사전원가'라고도 하는데 과학적인 자료와 분석을 근거로 하여 실제 원가계산을 한 후 비교, 분석하여 원가관리를 행하는 관리기법이다. 즉 사전에 합리적인 방법으로 미리 재료비를 결정하여 표준원가를 계산하고, 이것을 목표로 실제원가와 비교함으로써 원가를 관리하는 방법이다.

외식업의 원가관리에서 계획, 실행, 통제를 위한 표준설정은 매우 중요하다.

그중에서 표준원가 설정은 계획단계의 핵심요소로서, 이윤획득의 중요한 기준이 된다. Ninemeier(1998)는 표준원가의 5가지 기본적인 도구를 제시하였는데 이것은 표준구매명세표(standard purchase specification), 표준조리표(standard recipe), 표준수율(standard yield), 표준분량(standard portion size), 표준분량원가(standard portion cost) 등이다. 이러한 5가지 원가표준은 실제원가와의 비교를 통해 원가의 비능률요인을 제거하고, 정확한 원가계산의 산출, 메뉴가격 결정의 기초, 과학적 원가관리 등 원가관리의 판단기준으로 활용될 수 있으며, 오늘날의 외식경영의 표준원가 설정에 많이 이용되고 있다.

〈표 8-3〉 표준원가 설정 5 Tools

표준구매명세서(standard purchase specification)

구매하고자 하는 식음료 품목에 대하여 수량, 크기, 무게 등을 기재한 간단한 명세서로서, 가격정책, 운영의 상품화계획, 그리고 각 메뉴의 필요에 기초한 경영에 의해 수립되어야 한다. 구매명세서의 장점으로 적절한 품질의 아이템을 구매한다면 구입비용을 줄일 수 있고 공급 거래처 간의 가격경쟁이나 품질경쟁 및 비교가 가능하다.

구매명세서의 단점은 작성하는 데 많은 시간과 노력이 필요하고 물품을 수령하는 직원의 업무가 증가하는 것이다.

표준조리법(standard recipe)

메뉴를 작성하는 데 필요한 원재료의 수량과 원하는 수준의 음식조리과정을 기록하여 놓은 설명서이다. 표준조리법을 이용할 경우 일관된 메뉴의 품질과 맛, 조리 산출량의 예측, 감독업무의 축소, 미숙련자의 업무와 원가관리에 도움을 줄 수 있다.

표준조리표(standard recipe)를 통해 산출된 표준원가는 메뉴품목별 가격결정의 가장 기초적인 자료로 사용되며, 표준원가와 실제원가의 차이분석을 위한 원인 규명에 직접적인 영향을 미치므로 원가관리를 위한 표준으로 적합하다.

단점은 일부 종업원들의 부정적 태도와 기존 조리법을 수정하거나 종업원 교육에 많은 시간이 소요되는 것이다.

표준산출량(표준수율 standard yield)

구매한 일정량 또는 일정무게의 원재료를 가지고 조리하여 고객에게 판매할 수 있는 상태로 됐을 때의 표준적 무게나 양을 의미한다.

수율을 구할 때 일반적으로 원재료의 손실은 준비단계(Preparation) 중 전처리과정 시 많이 발생되고, 조리하는 과정에서 온도에 의한 손실 및 조리온도의 부적합 요인에서 손실이 발생된다. 마지막으로 보관단계(holding)의 실수에서 발생될 수 있다.

표준분량크기(standard portion size)

고객에게 제공되는 메뉴의 제공단위 및 기준량(基準量)에 대한 명세서이다.

표준분량크기 설정은 메뉴구성의 각 단계인 전채, 앙트레(Entree), 채소류, 후식, 음료 등이 그 대상이 되며, 적정 분량 크기는 영업장의 형태, 고객의 만족 정도, 식료원재료의 원가, 판매가격에 영향을 받아 결정된다.

분량크기는 고객이 지불한 가격수준에서 최대만족을 주어야 하며, 기업으로서는 표준분량크기가 계속적으로 수행되는지를 확인하여 적정 원가율 유지를 통한 목표이익의 실현에 그 목표를 두어야 한다.

장점으로는 동일한 제품에 대한 1인분의 크기가 항상 동일하게 유지되는 것이며, 고객은 지불한 가격에 대한 대가로서 적량의 상품을 제공받을 수 있다.

1인분 표준분량원가(standard portion cost)

표준조리법과 표준크기가 결정된 후 표준원가가 결정된다. 위의 네 가지는 결국 표준원가를 계산하기 위해 필요한 것이다.

표준조리표, 표준수율 등을 근거로 하여 산출된 표준조리표상의 금액을 고객 수로 나눈 금액을 의미한다. 즉 1인분 원가를 의미한다.

〈표 8-4〉 표준원가 산출

판매중량 비율(산출량 비율 yield %) = 제공되는 무게/최초무게(구매무게) × 100

판매 중량당 원가(cost per servable pound) = 최초구매가격(AP price)/산출량비율

원가지수(cost factor) = cost per servable pound / 최초구매가(AP price)

New cost per servable pound = New AP price × cost factor

7. 원가관리방법

1) 주방에서의 원가관리방법

① 조리 전 : 구매, 검수, 저장관리 정보, 시장동향, 지식 등을 습득하고,

② 조리 시 : 표준레시피(교육, 훈련), 전문화, 주문화에 따른 숙련도를 높이며,

③ 조리 후 : 사전원가, 사후원가 비교분석을 통한 과학적 관리시스템을 구축해야 한다.

2) 실제원가와 기초원가 비교 시 초과원인

생산과정에서 과잉생산과 비효율적 조리방법, 저장관리에서의 미숙과 잔여 식재료 활용 미숙에서 찾아볼 수 있다.

3) 외식업체의 원가상승 요인과 대책

① 식자재 구매단가의 상승 및 재고물량 과다 시

- 복수거래처의 선정, 대량구매, 산지 직구매, 경쟁입찰, 공급처의 변경
- 대체상품의 개발

② Loss 발생 시 관리 측면

- 판매계획 → 생산계획 → 구매계획의 철저한 계획수립
- 적정발주, 검수철저, 적정 재고관리(온도, 시간, 보관법, 선입선출), 클레임 사전방지
- 숙달된 접객서비스 교육훈련, 원가마인드 고취, 정확한 주문 및 확인

③ 인건비 측면

- 개인의 능력을 제고시키기 위한 교육훈련 강화(전문성 위주의 직무교육)
- 인원 재배치, 시급조정

④ 경비측면 : 수도광열비가 높을 때

- 홀 및 주방 내 수시 온도 측정, 냉동, 냉장고 성에 제거 및 청소

- 절수, 절연, 절전의 생활화 및 교육 강화
- 세척 및 취급 시 파손의 경우 재질 변경, 재질별로 구분하여 세정
- 철저한 교육으로 원가마인드 제고

8. 실제 원가계산(Actual Cost)

실제 원가계산은 실제 소비된 식음료 재료비의 경제적 가치를 집계, 계산, 산출하는 것을 의미한다. 실제 원가는 경영자에게 합리적 의사결정에 도움이 되는 기초적 정보를 제공하기 때문에 매우 중요한 의미를 지니고 있으며, 일반적으로 외식기업의 원가계산은 기간(期間)에 따라 일일 원가계산, 월말 원가계산으로 작성된다.

1) 일일 원가계산

일일 보고서(daily report)는 실제 제품원가를 바탕으로 해서 경영자에게 당일의 영업상황에 관한 정보를 적합한 시점에 제공함을 목적으로 한다.

일일 식음료 원가보고서(daily report)는 당일의 매출액 및 매출원가 등이 전체적으로 나타나는 자료이며 이것은 원가관리업무를 수행하는 데 가장 기초적인 자료가 된다.

월 누계(Month-To-Date, MTD), 예산(budget), 표준원가, 예년실적과의 비교 등을 통해서 영업현황을 정확히 파악할 수 있고, 경영자가 의사결정을 하는 데 있어 차이가 많이 발생하는 영업장에 대해서는 추가적인 분석이 이루어질 수 있다.

원가율을 계산하는 공식은 다음과 같다.

$$\text{원가율(\%)} = \frac{\text{총원가}}{\text{총매출}} \times 100$$

2) 월말 식음료 원가계산

월말 식음료 원가보고서(monthly report)는 원가관리부서에서 작성하는 최종 보고서로 일정기간의 영업성과를 알려주는 것이다. 일일 보고서를 바탕으로 추가적인 결산 및 조정을 통해 일정기간의 경영성과를 측정하는 것이다.

정확한 매출원가를 확정하는 마무리 작업과 기말재고 금액을 확정하는 일은 원가관리부서에 있어서 매우 중요한 업무이며, 각 영업장의 매출원가를 확정함과 동시에 매출과는 상관없이 발생된 비용 역시 그 발생원칙에 따라 정확하게 분류하고 처리되어야 한다. 이것은 경영성과를 합리적으로 나타내줄 수 있는 기초자료이다.

외식사업의 원가관리를 요약하면, 기업이윤의 측면에서 핵심적인 부분으로 어느 일정시점의 관리감독이 아닌 매뉴얼에 따른 각 단계별 통제관리가 철저히 이루어져야 한다. 세부적이고 정기적인 시장 환경분석을 통해 상품에 대한 적절한 구매활동이 수행되어야 하며, 적정 재고(par stock) 재고회전율(inventory turnover) 등을 지속적으로 관리하고, 선입선출법(FIFO)에 따른 식재료의 관리와 주방관리, 정확한 메뉴분석과 메뉴평가(menu evaluation)를 통한 의사결정이 이루어질 때 기업이 목표로 하는 이윤을 획득할 수 있다.

부록 조리사가 알아두면 좋은 상식

APPENDIX

1. 미식혁명 분자 조리

화학자 에르베티스와 물리학자 니콜라스 쿠르티가 처음으로 고안해 낸 기법으로 프랑스가 기원이나 스페인 요리사들이 대중화시켰다.

분자는 물질의 성질을 가진 최소의 단위이며, 분자요리는 재료와 조리과정을 분자단위로 보고 조리하는 방법이다. 식재료는 조리과정 중 고유의 성질을 잃어버리기 쉬운데, 이러한 단점을 극복하기 위해서 과학의 힘을 빌려 식재료가 가지고 있는 고유의 맛을 지키려고 노력하는 것이 분자 조리법이다. 분자 조리법의 대표적인 기법은 다음과 같다.

1) 구체화(Spherification)기법

생 다시마나 미역에 들어 있는 알긴산을 추출하여 염화칼슘을 이용해, 액체를 구형(球形)화하는 기법으로 소스를 원형으로 만들어 모양과 색감을 살리면서 음식의 풍미를 높이는 방법이다. 여기에는 알긴(Alginate), 칼식(Calcic), 글루코(Gluco), 시트라스(Citras) 등이 이용된다.

2) 거품(Foam)기법

말 그대로 거품은 액체를 공기 속에 가둔 형태인데 이것은 단백질, 레시틴 등의 성질을 이용하여 식재료에 있는 고유의 향과 맛을 거품에 가두어 담아내는 기법이다. 여기에는 레시테(lecite)기법과 수크로(sucro)기법이 있다. 레시테(lecite)는 100% 대두 레시틴이며 유화제 역할을 한다.

3) 수비드(Sous Vide : 진공저온요리)기법

식재료를 진공포장하여 저온에서 장시간 조리하는 방법이다. 일반적으로 육류의 조직을 이루는 것이 근섬유단백질의 일종인 액틴과 미오신인데 열을 가하면 단단해지는 특성이 있어 일반적인 화력을 이용하는 것보다 저온으로 장시간 익혀야 육질이 부드럽게 된다.

주방에서 조리할 때 센 불에 고기를 넣게 되면 약불에 넣는 것보다 많이 줄어드는 것을 볼 수 있는데 바로 이러한 원리로 인하여 육질이 질겨지게 되는 것이다. 진공저온조리는 열을 서서히 전달함으로써 육질이 질겨지는 것을 방지한다. 저온에 오랫동안 가열하면 육즙이 흘러나오는 것을 우려할 수 있다. 이에 대한 방지책이 진공포장하여 조리하는 기법이다.

4) 액화질소기법

액화질소를 이용하여 식재료를 급속 냉각할 때 이용한다. 셔벗이나 아이스크림 제조 시에 사용한다.

2. 설탕공예 & 푸드 카빙

1) 설탕공예

특별한 행사나 전시회같이 메뉴의 외적 요소로서의 성격이 강하고, 식품의 멋스러움을 더해주는 것이 바로 설탕공예와 푸드 카빙이다.

설탕공예는 일반적으로 정백당을 많이 사용하는데 물과 함께 끓여(165℃ 이상) 사용한다.

설탕을 끓일 때는 찬물에서부터 끓여야 하며(결정이 생기는 것을 방지), 물엿을 넣게 되면 작품을 더욱 견고하게 하고 오랫동안 유지시켜 준다. 약간의 주석산을 넣어주기도 하는데 설탕과 같이 결정이 생기는 것을 방지하는 역할을 하지만 일찍 넣게 되면 설탕의 전도를 막아 흐느적거리게 되므로 마지막에 넣어준다.

설탕 250g + 물 75g + 물엿 40g + 주석산 약간(1~2방울)
설탕과 물을 100°C까지 끓인 후 물엿을 넣고 160°C까지 끓인 다음 주석산을 넣고 실팬에 부어 반죽을 완성한다.

설탕공예에서 성백당보다 간단하게 할 수 있는 것이 이소말트의 사용이다. 여기에는 어떠한 첨가물도 넣지 않고 이소말트만 팬에 넣고 거품이 사라질 때까지 끓여주면 된다. 원하는 양만큼 분류하여 식용색소 등으로 색을 입혀 작품을 만든다.

- 이소말트 : 설탕을 이루는 원료 중 하나로 칼로리와 감미도가 낮아 설탕대체품으로 사용된다.

2) 푸드 카빙

설탕공예와 더불어 음식의 풍미를 높여주는 것이 푸드 카빙 분야이다.

이것은 중국요리에서 많이 사용되나 태국의 궁중요리에서도 찾아볼 수 있으며 열대과일을 이용한 작품들이 화려함의 극치를 이룬다.

서양요리에서 'garnish'의 개념이 주요리의 영양을 보완해 주고 풍미를 높여주는 곁들임 음식이라면 한국음식에서는 고명(완자, 지단 등)을 사용하고 중국요리에서는 멋스러움을 더하기 위하여 채소조각을 애용한다.

설탕공예

설탕공예 & 푸드 카빙

푸드 카빙

푸드 카빙

작품전시(푸드 카빙)

3. 음식예술의 향연, 푸드 스타일(Food Style)

근래 외식업이 발전하면서 단순히 배고픔을 해결하기 위한 식사의 개념에서 이제는 외식문화의 만족감을 넘어, 감동을 추구하는 시대가 도래하였다. 이와 함께 더불어 발전하고 있는 것이 음식 테이블 문화이다.

우리나라 반상차림의 배선형식 또한 주거형태가 아파트 같은 공동주거형태로 변하면서 상차림의 형식도 좌식형태에서 입식형태인 테이블 상차림으로 변화하고 있다.

이러한 변화의 환경으로 외식업체 역시 몇몇 전문 한식당을 제외하고는 테이블서비스 형식을 취하고 있다. 따라서 기존의 무미건조하던 테이블세팅에서 벗어나 이제는 메뉴세팅과 테이블세팅에 있어 전문적인 기법이 요구되고 있다.

푸드 스타일(food style)이란 메뉴의 풍미를 실려주고, 식사공간의 안락함과 가치를 높여 고객감동을 지향함으로써 외식문화의 부가가치를 높이는 것을 의미한다.

푸드 스타일(food style)의 단계는 대부분 메뉴세팅, 공간디자인, 소품을 이용한 디자인, 이미지디자인, 테이블디자인으로 구성된다. 이러한 업무를 하는 사람들은 조리지식을 기본으로 하여 미적 감각(색감, 공간분석, 표현기법)을 갖춘 사람들이 유리하고, 상품의 홍보, 메뉴개발, 파티기획, 푸드 라이터(food writer) 등의 일을 한다.

푸드 스타일(Food Style)에서의 색상

- Red : 식욕을 돋워주는 색으로 달콤함을 연상시킴
- Blue : 음식에서 식욕을 감퇴시키는 색상으로 쓴맛을 연상시킨다. 그러나 Blue가 테이블에서 빠지면 전체적인 구성에서 색상의 균형미가 떨어진다.
- Yellow : 달콤함과 신맛을 느끼게 해준다.
- White : 식감은 짠맛을 느끼게 하지만 음식을 담을 때 배경색으로 좋다.
- Black : 식품에 있어서는 변질된 느낌을 주지만, 전체적인 분위기에서는 모던한 느낌을 준다.

훌륭한 푸드 스타일은 식품 본연의 멋을 살려주는 역할을 하여야 한다. 음식 자체보다 화려함이 없어야 하고, 각종 기물과 곁들임 역시 주메뉴에 중심을 두어야 한다.

테이블 스타일링(table styling) 역시 전체적인 인테리어와 테이블클로스가 80% 이상의 분위기를 나타내고 기타 음식과 기물이 나머지를 차지한다. 따라서 공간배열과 시각의 선택이 중요한 변수가 된다. 결국 테이블세팅에 있어 음식의 외형은 음식의 양, 형태, 색이 결정하게 된다.

전체적인 분위기에서 70% 이상을 차지하는 주조색이 결정되면, 코디네이터가 강조하고 싶은 색상을 보조색(주조색 다음으로 비중을 차지, 약 20%), 강조색(중요 포인트를 강조할 때 사용, 약 5~10% 사용)을 선택하여 분위기를 연출한다. 결국 훌륭한 푸드 스타일링은 코디네이터의 공간에 대한 콘셉트 결정, 조리에 대한 식견, 소품의 적절한 활용, 색채기법을 통한 창조적 기법이라 할 수 있을 것이다.

갈비찜을 심플하게 표현한 작품

전통음료를 현대적으로 표현

전통한식 테이블세팅

4. 약선음식

현대사회는 경제가 발전하면서 양적인 의미의 생활양식에서 질적인 의미의 생활양식으로 변화되어 가고 있다. 여기에서 떠오르는 현대 식문화의 화두는 단연 건강(health)이다.

이러한 건강의 관점에서 식품소비를 생각해 보면 일차적으로 염두에 두는 것이 먹거리의 안전이다. 세계할랄포럼(World Halal Forum) 2011년도 보고서에서는 자연(natural), 유기농(organic), 건강(healthy), 안전(safe), 공정한 거래(fair trade), 생태윤리(eco-ethical)라는 개념의 생활패턴으로 음식에서도 혁신적인 변화를 가져올 것이라 전망하고 있다. 일례로 아랍세계의 음식문화를 살펴보면 도살방식에서 생명존중이라는 회개과정을 거치는데, 신에 대한 기도와 경동맥을 단번에 끊음으로써 최소의 고통으로 도살하기 때문에 사람들에게 신뢰성이 확보되어 청정과 영성을 준 신뢰의 식품이라는 평가를 받고 있다. 현재 유럽과 우리나라에서 할랄식품을 찾는 사람들이 무슬림보다 많은 통계로 보아 안전한 먹거리의 차원에서 많은 생각을 하게 된다.

이차적으로는 안전한 먹거리를 바탕으로 위생적이면서도 식재료가 가지고 있는 영양학적 요소를 충분히 살린 건강한 먹거리를 생산해 내는 것이다. 우리나라는 다행스럽게도 서양과는 달리 자연에서 얻어지는 식재료를 토대로 하여 채식문화를 기반으로 하는 발효음식이 발달하였다. 특히 유교사상의 영향으로 노인공경사상에서 비롯된 약리학의 발전은 우리나라의 식문화에 있어서 커다란 자산이라 할 수 있다. 근래 웰빙(well-being) 열풍이 불면서 먹거리에 대한 사람들의 관심이 급증하였고, 나아가 Lohas, Well-Looking의 패턴으로 식생활양식이 변화되고 있는 것이다.

이러한 시대적 요구에 부응하고 우리의 소중한 식문화를 계승·발전시키기 위하여 식품을 다루는 관련자들이 생각해 볼 수 있는 것이 바로 약선식료이다.

약선식료(藥膳食療)란 동양철학의 기초이론을 바탕으로 음식재료의 특성을 이해하고 배합하여, 건강증진·질병예방·질병치료보조 및 치료를 위하여 운영하는 식사요법으로 이 식사요법에 사용하는 음식을 약선(藥膳)이라 한다.

즉 약선은 식품을 섭취하는 사람의 건강상태 및 체질에 맞도록 배합하고 조리하여 체내에서 특정의 효능이 발휘될 수 있도록 만든 음식으로 "맛이나 모양"보다는 섭취효능이나 목적이 우선 되어야 한다(박성혜 외, 2011).

1) 약선의 특징

- 광범위한 활용 및 유구한 역사를 지니고 있다.
  치료효과와 음식의 형태 모두 갖추고 있어, 연령과 성별 질병의 상태, 생활습관에 따라 적절히 적용 가능하여 사용범위가 넓고 오래전부터 사용되었다.
- 음식의 기본요건 외에 약성이 숨어 있다.
  색이나 향, 맛, 모양새를 갖추고 있는 음식에 약물의 치료 특성을 깃들게 하여 음식으로서의 기본기능은 물론 병의 치료와 건강증진, 체질개선 등의 작용을 한다.
- 건강증진, 질병예방 및 병후 건강관리에 중점을 두고 있다.

2) 음양오행학설

- 음양학설 : 세상의 흐름, 현상 및 물체 등은 두 가지 기(氣), 즉 음(陰)과 양(陽)의 상호작용 아래 스스로 생장하고 발전하며 변화하는 것으로 인식하는 개념
- 오행학설 : 목(木), 화(火), 토(土), 금(金), 수(水)의 다섯 가지 물질이 세상을 구성하는 기본적인 것이고 이들이 서로 돕거나 또는 억제하는 다양한 운동변화가 물질세계를 구성한다고 보는 개념

3) 한의학 관점에서의 약(藥)과 음식(飮食)

- 약이적(藥餌的) 효능을 중요시하며, 기미론적(氣味論的) 방법으로 성질을 규정
- 식품의 식이적 효능 : 기(氣)보다는 미(味)를 중심으로 오미(五味)를 조절하여 오장(五臟)의 균형을 유지시키는 것

- 음식의 약이적 효능 : 미(味)보다는 기(氣)의 편향성을 이용하여 음양 균형을 유지시키는 것

오행(五行)에 의한 약물학적 분류(分類) : 맛의 음양과 작용

陽·陰	味	色	전체적인 효능표현	해당장부
陽	辛味(매운맛) (金)	백색	발산(發散) : 표피에 있는 사기를 밖으로 내보낸다. 산결(散結) : 맺힌 것을 흩뜨린다. 윤조(潤操) : 건조한 것을 촉촉하게 한다.	폐 (肺)
	甘味(단맛) (土)	황색	완급(緩急) : 긴장을 풀어 느슨하게 한다.	비 (脾)
陰	酸味(신맛) (木)	청색	수산(收散) : 흩어진 것을 수렴시킨다. 속완(束緩) : 풀어진 것을 묶어준다.	간 (肝)
	苦味(쓴맛) (火)	적색	조습(操濕) : 습한 것을 말린다. 설강(泄降) : 아래로 쏟아 내린다. 견취(堅脆) : 취약한 것을 단단하게 한다.	심 (心)
	鹹味(짠맛) (水)	흑색	연견이사하(軟堅而瀉下) : 단단한 것을 연하게 하여 아래로 내린다.	신 (腎)

자료 : 박성혜 외, 건강약선요리, 지구문화사, 2011, p. 83 참고하여 저자 재작성

4) 산성식품과 알칼리성식품

- 산성식품 섭취 시 : 혈액이 산성화되어 있을 때 병에 대한 저항력이 약화된다.
- 산성식품의 종류 : 곡류, 육류, 달걀, 백미, 현미, 대맥, 소맥분, 옥수수, 달걀 등
- 산성 생성요소 : S, Cl, P, Br, I 등으로 산성식품에 많이 들어 있다.
- 알칼리성식품 섭취 시 : 면역력이 강화되어 건강생활을 유지할 수 있다.
- 알칼리성식품의 종류 : 과실류, 채소류, 해조류, 대두, 고구마, 감자, 당근, 시금치, 사과, 감귤류, 다시마, 우유 등
- 알칼리성 생성요소 : Ca, Mg, Na, K, Fe, Cu, Mn, Co, Zn 등이 많이 들어 있다.

5) 식품에 사용되는 기본적인 한방약제(藥劑)

보혈제(補血劑)	보기제(補氣劑)	보간제(補肝濟)	혈압강하제
• 당귀 • 천궁 • 백작약 • 하수오	• 황기 • 인삼 • 백출 • 오미자 • 감초	• 미나리 • 참마 • 울금(심황) • 택사	• 마늘 • 차전자(질경이)

6) 음식궁합(飮食宮合)

과거 논리적 근거가 없던 선조들은 음식에 대하여 일상생활 중 경험을 통하여 음식의 조합을 인지하여 왔다. 음식을 조합하는 데 있어 인체에 유익한 배합이 이루어져야 한다.

재료 단독 사용	
상사(相使)관계	배합 시 한쪽의 효능이 올라가는 관계
상외(相畏)관계	두 가지 배합 시 어떤 약물의 독성이나 부작용을 상쇄시키는 관계
상악(相惡)관계	두 가지 조합 시 효능이 약해지는 관계
상반(相反)관계	배합 시 부작용이 생기는 관계
상수(相須)관계	성질이 비슷하여 배합 시 효능이 좋아지는 관계

자료 : 양승, 도호 약선 조리학, 백산출판사, 2007

음식궁합(飮食宮合)의 예

① 육류 & 채소 : 육류가 산성식품인 까닭에 알칼리성식품인 채소류(상추, 깻잎, 고추 등)를 곁들이게 되면 영양적 조화를 이룰 수 있다. 특히 들깻잎에는 다량의 비타민 C가 함유되어 있어 육식을 하였을 때 생기기 쉬운 변비를 예방하는 효과가 있다.

② 스테이크, 갈비 & 파인애플 : 파인애플의 브로멜린이라는 연육제는 소화를 촉진시켜 주는 역할을 한다(파파야의 파파인, 무의 디아스타아제).

③ 돼지고기 & 표고버섯 : 표고버섯은 콜레스테롤의 체내흡수를 억제해 준다.

④ 돼지고기 & 새우젓 : 새우젓은 오래전부터 돼지고기와 궁합이 잘 맞는데

단백질과 지방을 분해하는 데 탁월하다.

⑤ 닭고기와 인삼 : 흔히 우리가 여름철에 삼계탕을 즐기는 이유는 더운 기온으로 인하여 차가운 음식을 많이 섭취하게 되기 때문인데 고단백식품인 영계와 스트레스를 풀어주는 인삼을 이용하여 냉(冷)해지기 쉬운 위장을 다스리기 위하여 삼계탕을 만들어 먹는 것이다.

⑥ 복어와 미나리 : 복어에는 '테트로도톡신'이라는 맹독이 들어 있다. 미나리의 해독효과로는 이를 해결할 수 없으나 맛의 궁합차원에서 배합되며, 특히 미나리는 피를 맑게 하고, 혈압강하, 해열진정 등의 효과가 있어 각종 해물요리에 많이 이용된다.

⑦ 당근과 식용유 : 당근에는 지용성 비타민이 다량 함유되어 있어 기름과 곁들여 먹는 것이 좋다.

7) 약선식료(藥膳食療)에서의 효소

효소란 동물, 식물, 미생물의 생활세포에 의해 생성되는 물질이며, 생체 내에서 진행되는 합성, 분해 등의 모든 반응을 촉진하는 촉매제 물질로 세포조직에서 분리해도 그 작용을 상실하지 않는 고분자 유기화합물로서, 모든 생명현상의 화학반응의 촉매역할을 하며 단백질 부분의 주효소와 비타민 B군, 미네랄, 미량원소의 조효소로 만들어지는 복합영양소이다. 특히 미네랄은 효소가 일할 수 있게 역할을 분담해 주는 일을 하며 효소의 생리작용으로는 소화흡수작용, 분해 · 배출작용, 항균 · 항염작용, 혈액정화작용, 세포부활작용 등이 있다.

이 중에서도 병에 걸리거나 노화되어 쓸모없는 조직과 세포를 분해시키며, 하급물질인 죽은 세포, 좋지 못한 축적물, 지방, 노폐물 등을 소화시키는 작용이야말로 효소요법의 큰 특징이라 할 수 있다(이호선 외, 효소학).

8) 효소의 특성

효소는 온도의 영향을 많이 받는다. 보통 35~45℃가 효소활성의 최적온도이며, 효소에 따라 특정한 성질에만 관여하는 기질적 특이성을 가지고 있으며,

효소마다 적정한 pH가 다르다.

9) 효소의 추출

현대사회에서 인체의 장(腸) 건강을 해치는 요소를 일본의 의학박사인 쓰루미 다카후미는 그의 저서 『효소가 생명을 좌우한다』에서 ① 담배 ② 흰설탕 ③ 악성유지(산화기름, 트랜스지방) ④ 동물성지방과 가공식품 ⑤ 알코올과 커피 ⑥ 가열조리식의 식사 등이 건강을 해친다고 말하고 있다. 그러나 자세히 살펴보면 인간이 살아가기 위해 어쩔 수 없이 섭취해야 하는 식품에서 기인함을 알 수 있다. 부가적으로 생체조직을 공격하고 세포를 손상시키는 활성산소라는 것이 있다. 호흡과정에서 몸속으로 들어가 산화과정에 이용되면서 대사과정 중에 생성되는 활성산소는 대부분 음식물을 섭취해 에너지로 바꾸는 신진대사과정에서 생긴다. 이러한 활성산소는 인체의 질병 중 80% 이상에 기인한다는 설이 있는데, 활성산소를 해가 없는 물질로 바꿔주는 물질인 항산화효소가 있어 활성산소의 증가를 막아주는 역할을 한다. 몸속에서 자체적으로 생기는 항산화효소 외에 외부에서도 항산화물질을 얻을 수 있다.

대표적으로 비타민 C(감귤류, 사과), 비타민 E(견과류), 베타카로틴(당근, 토마토) 등이 있으며, 특히 이러한 효소는 인체의 성수기에는 체내에서 활발한 활동을 이루지만 신체가 쇠약해져 갈수록 체내 합성이 어려우므로 노년기에는 인위적인 효소 섭취를 통해서 건강을 보호해야 한다.

우리나라의 대표적인 효소식품으로는 전통적으로 청국장과 김치가 있으며 산야초 발효 효소액을 예로 들 수 있다.

산야초 효소 발효액이란 인간이 식용할 수 있는 식물의 뿌리, 잎, 열매 등을 이용하여 설탕, 꿀 등을 배합하여 효모, 미생물을 증식하고 발효시킨 엑기스를 말한다.

재료에는 약용식물(복분자, 배, 민들레, 차전자 등)과 생수, 설탕이 이용된다.

또한 약용식물에서 수분이 많은 재료(과일, 채소류)와 수분이 많지 않은 재료(뿌리, 산야초의 줄기), 수분이 없는 재료(건조재료)로 나뉘게 되는데, 일반적으로 수분이 많은 재료는 100일 발효, 200일의 숙성과정을 거치고, 수분이 많지 않은 재료는 200일 발효, 100일의 숙성과정을 거친다. 그러나 발효/숙성은 6~12개월 동안 그늘지고 서늘한 곳에서 하는 것이 좋다.

설탕이 완전 발효되면 몸에 이로운 과당과 포도당으로 변한다.

재료는 가능한 작게 소분하고, 재료와 설탕은 동량의 비율이 기본이지만 재료에 따라 비율이 달라진다(수분이 많을 경우는 재료 1 : 설탕 1.2~1.5).

10) 약초와 푸성귀(수분이 많은 경우)

동량의 재료와 설탕을 준비하여, 재료와 설탕을 1/2로 골고루 버무린 후 남은 설탕으로 재료를 덮고 한지나 면천을 이용해 입구를 씌운 다음 뚜껑을 덮고 발효시킨다. 중간중간 내용물을 섞어주고 약 100일 정도 발효시킨 후 걸러, 항아리에서 200일 정도 더 숙성시킨 후 취향에 맞게 생수와 혼합해서(생수 5~10 : 효소 1) 음용한다. 이때 효소는 절대 열을 가하지 않는다.

- 수분이 많은 재료는 굳이 보충액을 넣을 필요가 없다.
- 씨가 있는 재료는 100일에 꼭 걸러준다.

11) 수분이 없는 재료(뿌리 · 건조식품) : 시럽을 이용해서 만든다

- 시럽 만들기
  - 수돗물은 끓여서 60~70℃로 식혀서 준비한다.
  - 물 1L에 설탕 2kg을 혼합하면 2L 정도의 시럽이 나온다.
  - 시럽을 만들 때는 물이 끓은 후 설탕을 넣는다.
  - 생수는 그대로 사용한다.
- 건재료와 시럽의 비율은 재료의 건조상태에 따라 다르다. 일반적으로 건조상태가 심한 경우 재료의 7~8배 정도의 시럽을 넣는다(이호선 외, 효소학).

2012.6.18
자주색양파효소

2012.6.18
보리수효소

2012.6.7
오디효소

2012.6.7
칡효소

2012.5.4
민들레효소

2012.4.15
오미자효소

2012.6.18
보리수효소

5. 한국음식 영문 표기안

비빔밥	(bibimbap)/ Rice Mixed with Vegetables and Beef
돌솥비빔밥	(dolsot bibimbap)/ Stone Pot Bibimbap
산채비빔밥	(sanchae bibimbap)/ Vegetarian Bibimbap
김밥	(gimbap)/ Dried Seaweed Rolls
김치볶음밥	(kimchi bokkeumbap)/ Kimchi Fried Rice
오징어덮밥	(Ojingeo deopbap)/ Stir-Fried Squid with Rice
호박죽	(hobak juk)/ Pumpkin Porridge
흑임자죽	(heugimja juk)/ Black Sesame and Rice Porridge
전복죽	(jeonbok juk)/ Rice Porridge with Abalone
냉면	(naengmyeon)/ Chilled Buckwheat Noodle Soup
칼국수	(kalguksu)/ Noodle Soup
만두	(mandu)/ Dumplings
수제비	(sujebi)/ Sujebi Soup(Korean-Style Pasta Soup)
잔치국수	(janchi guksu)/ Banquet Noodles
비빔국수	(bibim guksu)/ Mixed Noodles
육개장	(yukgaejang)/ Spicy Beef Soup
삼계탕	(samgyetang)/ Ginseng Chicken Soup
설렁탕	(seolleongtang)/ Ox Bone Soup
곰탕/곰국	(gomtang/gomguk)/ Thick Beef Soup
매운탕	(maeuntang)/ Spicy Seafood Stew
된장국	(doenjangguk)/ Soybean Paste Soup
갈비탕	(galbi tang/galbitguk)/ Short Rib Soup
미역국	(miyeokguk)/ Seaweed Soup
떡국	(tteokguk)/ Sliced Rice Pasta Soup
만둣국	(mandutguk)/ Dumpling Soup
김치찌개	(kimchi jjigae)/ Kimchi Stew
된장찌개	(doenjang jjigae)/ Soybean Paste Stew
순두부찌개	(sundubu jjigae)/ Spicy Soft Tofu Stew
부대찌개	(budae jjigae)/ Spicy Sausage Stew
청국장찌개	(cheonggukjang jjigae) /Rich Soybean Paste Stew
곱창전골	(gopchang jeongol)/ Spicy Beef Tripe Hot Pot
국수전골	(guksu jeongol)/ Noodles Hot Pot
신선로	(sinseollo)/ Royal Hot Pot

두부전골	(dubu jeongol)/ Stuffed Tofu Hot Pot
보쌈	(bossam)/ Chinese Cabbage Wraps with Pork
수육	(suyuk)/ Boiled Beef or Pork Slices
아귀찜	(agwi jjim)/ Spicy Angler Fish with Soybean Sprouts
족발	(jokbal)/ Glazed Pigs' Feet
갈비찜	(galbi jjim)/ Braised Short Ribs
나물	(namul)/ Vegetable Side Dishes
잡채	(japchae)/ Sautéed Vegetables with Potato Noodles
구절판	(gujeolpan)/ Platter of Nine Delicacies
탕평채	(tangpyeongchae)/ Mung Bean Jelly Mixed with Vegetables and Beef
오이선	(oiseon)/ Stuffed Cucumbers
도토리묵	(dotorimuk)/ Acorn Jelly Salad
고등어조림	(godeungeo jorim)/ Braised Mackerel
두부조림	(dubu jorim)/ Braised Pan-Fried Tofu
낙지볶음	(nakji bokkeum)/ Stir-Fried Baby Octopus
제육볶음	(jeyuk bokkeum = dwaejigogi-bokkeum)/ Stir-Fried Pork
불고기	(bulgogi)/ Bulgogi(Korean-Style Barbecued Beef)
돼지갈비	(dwaeji galbi)/ Grilled Spareribs
더덕구이	(deodeok gui)/ Grilled Deodeok
오리구이	(ori gui)/ Grilled Duck
삼겹살	(samgyeopsal)/ Korean-Style Bacon
닭갈비	(dakgalbi)/ Spicy Grilled Chicken
황태구이	(hwangtae gui)/ Seasoned and Grilled Dried Pollack
곱창구이	(gopchang gui)/ Grilled Beef Tripe
파전	(pajeon)/ Green Onion Pancake
빈대떡	(bindaetteok = nokdu-bindaetteok)/ Mung Bean Pancake
감자전	(gamja jeon)/ Pan-Fried Potato
모듬전	(modum jeon)/ Assorted Pan-fried Delicacies
육회	(yukhoe)/ Korean Beef Tartare
생선회	(saengseon hoe)/ Sliced Raw Fish
홍어회	(hongeo hoe)/ Spicy Skate in Vinegar
배추김치	(baechukimchi)/ Kimchi
백김치	(baekkimchi)/ White Kimchi
오이소박이	(oisobagi)/ Stuffed Cucumber Kimchi
보쌈김치	(bossam kimchi)/ Wrapped Kimchi

나박김치	(nabak kimchi)/ Radish Water Kimchi
장아찌	(jangajji)/ Pickled Vegetables
젓갈	(jeotgal)/ Salted Seafood
간장게장	(ganjang gejang)/ Crab Marinated in Soy Sauce
약식	(yaksik)/ Sweet Rice with Nuts and Korean Dates
경단	(gyeongdan)/ Sweet Rice Balls
백설기	(baekseolgi)/ Steamed Rice Cakes
화전	(hwajeon)/ Pan-fried Sweet Rice Cakes with Flower Petals
약과	(yakgwa)/ Deep-fried Honey Cookies
다식	(dasik)/ Traditional Pressed Sweets
강정	(gangjeong)/ Deep-fried Sweet Rice Puffs
식혜	(sikhye)/ Rice Punch
수정과	(sujeonggwa)/ Cinnamon Punch with Dried Persimmon
인삼차	(insamcha)/ Ginseng Tea
녹차	(nokcha)/ Green Tea
오미자화채	(omija hwachae)/ Omija Punch
한정식	(hanjeongsik)/ Korean Table d'Hote(Korean Traditional Menu)
콩나물국밥	(kongnamul gukbap)/ Bean Sprout Soup with Rice
흰밥	(huinbap)/ Cooked White Rice
우거지갈비탕	(ugeoji galbitang)/ Cabbage, Beef & Soybean Paste Soup
감자탕	(gamja tang)/ Pork-on-the-Bone Soup
해물탕	(haemultang)/ Spicy Seafood Stew
해물찜	(haemuljjim)/ Braised Seafood
은대구조림	(eundaegujorim)/ Braised Cod
닭도리탕	(dak doritang)/ Braised Chicken
두부김치	(dubukimchi)/ Stir-Fried Tofu and Kimchi
떡볶이	(tteokbokki)/ Stir-Fried Rice Pasta
궁중떡볶이	(gungjung tteokbokki)/ Royal Court Rice Pasta
쇠갈비	(soegalbi)/ Grilled Beef Ribs
로스편채	(roseu pyeonchae) / Pan-Fried Beef with Vegetables
생선구이	(saengseon gui) /Grilled Fish
깍두기	(kkakdugi)/ Diced Radish Kimchi
꿀떡	(kkultteok)/ Honey Rice Cake
매실차	(maesilcha)/ Asian Apricot Tea

자료 : 농림수산식품부, 2008

6. 와인(Wine) 이야기

근래 와인(Wine)이 건강음식으로 회자되고 와인에 대한 일반인들의 선호도가 높아지면서 전문가 수준 이상의 와인상식을 가지고 있는 사람이 늘어가는 추세이다. 이러한 추세에 기인하여 대고객 서비스의 접점에서 종사하는 조리사들 역시 조리에 응용되는 와인뿐 아니라 와인에 대한 기초지식을 이해함으로써 고객들의 눈높이를 맞추고, 원활한 고객응대를 위한 노력을 게을리하지 말아야 한다.

와인의 환경요소

'테루아(Terroir)'는 프랑스어로 포도재배에 영향을 미치는 총체적인 자연요소들을 말한다. 각각의 포도밭은 서로 나른 토양과 기후 및 위치로 인해 개개의 포도밭에서 생산되는 포도가 다르며, 그 포도를 가지고 생산하는 와인의 맛 또한 다르다는 의미를 내포하고 있다.

1) 기후

포도나무는 다양한 기후적 배경에 적응할 수 있으나, 포도는 대개 결빙 · 서리에 약하며, 태양빛을 잘 받아야 좋은 품질의 포도가 생산될 수 있다. 일반적으로 온화한 기후대에서 좋은 결과를 얻게 된다.

3대 기후요소는 일조량 · 기온 · 강우량이며, 햇빛은 포도주의 빛깔과 당분을 위해 필요하고, 포도나무는 서리에 약하기 때문에 생장기 기간의 포도숙성을 위해 일정량의 기온이 필요하다. 아울러 적절한 강우량은 산도와 당도에 직접적인 영향을 준다.

2) 토양

토양은 뿌리를 지탱하며, 포도나무의 뿌리가 살고 있는 환경 전체로 물과 영양분을 공급한다. 포도나무는 돌밭이나 자갈밭같이 영양분이 충분하지 못하고 배수가 잘되는 토양에서 재배하는 것이 적합하다. 척박한 토양의 포도나무는 수분과 영양분을 얻기 위해 뿌리를 깊이 내려(약 5~20m) 지하층 깊숙이 있는 여러 가지 미네랄을 충분히 흡수하여 여러 가지 영양분이 있는 양질의 포도를 생산한다. 참고로 로마시대 프랑스를 점령했을 당시 척박한 토양적 요소로 인하여 포도나무를 경작하기 시작했다는 설도 있다.

일조량과 강우량의 관계

① 일조량 : 포도의 당분함량에 중요한 조건이 되는데, 기온이 낮은 곳에서는 레드 와인의 진한 색을 기대하기 어렵고, 높은 기온이 계속되는 곳에서는 화이트 와인의 신맛이 부족하다.

② 강우량 : 꽃이 피고 포도알의 색이 드는 시기에는 많은 일조량이 필요하고 강우량은 많지 않아야 한다. 수확 전이나 수확 도중 비가 오면 포도맛이 희석되기 때문에 와인의 품질도 떨어진다.

3) 사람 요소

같은 지역, 같은 토양, 또한 같은 기후와 조건을 가지고 같은 포도품종으로 와인을 생산한다 할지라도 포도원을 가꾸고 양조하는 사람의 기술과 정성에 따라 와인의 품질은 크게 달라질 수 있다.

① 포도의 재배능력

② 포도의 수확량 및 수확시기

③ 포도주 양조법에 따른 각 포도원의 노하우

포도주의 주성분

① 타닌 : 떫은맛을 내는 성분으로 수용성 타닌과 불용성 타닌이 있다.

- 수용성 타닌 : 떫은맛을 냄
- 불용성 타닌 : 떫지 않은 맛

완숙되지 않은 수용성 타닌이 완숙되면서 불용성 타닌으로 변하는데 타닌의 양은 같다. 타닌은 와인의 생명을 연장시켜 주는 역할을 하며, 타닌이 더 많이 들어 있는 적포주가 백포도주보다 생명이 더 길다.

② 아황산염 : 항균체로 포도에 부착되어 있는 야생효모의 생육을 저해함으로써 포도주가 식초로 변하는 것을 막아준다. 페놀류의 산화를 방지시켜 주고, 과즙 안의 산화효소 활성화를 막아 과즙의 산화를 방지하고 포도세포를 죽여 과피로부터의 적색 색소 용출을 도움으로써 과즙을 맑게 해준다. 와인 생성과정 중에도 자연적으로 소량 생성되지만, 인위적으로 첨가하는 첨가물이라 최대한 적게 넣는다.

이는 제한량이 있으며, 1L당 0.35g 미만으로 대부분의 나라가 보통 350ppm으로 한다.

③ 주석산염 : 레드와인의 주홍색 결정체로 와인의 유기산 중 주석산은 와인의 및이다.

④ 약리성분 : 포도껍질 → 노화방지

껍질의 색소 → 항암작용

타닌을 비롯한 폴리페놀성분 → 혈관을 경직시키는 펩타이드 생성 억제

와인 보관방법

코르크 마개가 마를 경우 가스가 분출되어 버리므로 눕혀서 보관한다.

① 보관온도 : 일반적으로 White Wine과 Sparkling Wine은 7~10℃ 정도로 차게 보관하고, Red Wine은 18~20℃ 정도의 실내온도로 보관한다.

② 빛 : 와인은 햇빛 등의 밝은 빛을 받으면 광화학반응을 일으켜 변질되므로 직사광선을 피해야 한다.

③ 진동 : 진동은 와인의 숙성을 유발시켜 와인의 수명을 단축시킨다.

④ 냄새 : 와인은 코르크를 통해 냄새를 쉽게 빨아들이며 이 냄새에 의해 질이 떨어지게 된다.

⑤ 습기 : 와인의 보관장소는 적당한 습도를 유지해야 한다.

⑥ 와인 서브온도 : 일반적으로 무겁고 Rich한 Full Bodied Wine일수록 온도가 높아야 제맛과 향이 난다. 이와 반대로 Light Bodied Wine은 차게 해야

그 산뜻한 향을 제대로 느낄 수 있다.

레드와인은 14~18°C가 적정하며, 샹파뉴(샴페인)는 차거나 미지근하지 않게 얼음에 담가서 서늘한 느낌으로 서브한다.

와인시음

① 와인잔이 움직이지 않도록 조심하면서 잠시 향을 맡는다(고유의 향, 잡냄새).

② 와인잔을 기울여 광택을 평가한다. 와인잔을 기울이면 와인 표면이 넓어져 광택을 평가하기가 편리하다.

③ 잔의 가장자리가 묽어 보이는 것은 농도가 엷은 와인이거나 좋지 못한 수확연도에 생산된 와인일 수 있다.

④ 와인잔 벽을 타고 흘러내리는 와인의 속도가 느리고 흘러내리는 와인의 방울이 굵고 균일할수록 와인에 알코올과 당분이 많이 함유되어 있다는 것을 의미한다.

⑤ 와인시음은 가능한 오전에 한다. 오전에는 미각기관이 중성적이고 휴식을 취한 후이므로 집중할 수 있다.

- 시각 → Clarity(투명도) → Color(색깔) → Legs(점성) → Intensity(색의 농도) → 후각(향)
- 미각 → Flavor Intensity(맛의 농도) → Acidity(신맛) → Sweetness(단맛) → Body(농도)
- 총평 → Balance(균형) → Complexity(복잡성) → Finish(여운) → Quality(품질) → Preference(취향)

디캔팅

디캔팅이란 병 속에 있는 와인을 다른 용기에 옮겨 담는 것을 말한다.

디캔팅은 와인 내의 침전물을 제거하고 와인을 공기와 접촉시켜 맛과 향을 증진시켜 주기 위해 실시한다.

디캔팅과 브리딩

디캔팅(Decanting) 이후 와인을 공기와 맞닿게 하는 일을 브리딩(Breathing)이라고 한다. 기본적으로 디캔팅은 침전물을 제거하기 위함이고, 브리딩은 와인의 호흡촉진이다.

올드 빈티지, 포트 와인의 경우는 찌꺼기가 많으므로 디캔팅이 필요하고, 오래되지 않은 영빈티지 와인의 경우 침전물 제거의 목적보다는 브리딩의 목적이 우선시된다.

와인잔(Wine Glass)

레드 와인잔은 볼이 크고 오목하게 생겼으며 맛을 잘 볼 수 있게 와인이 안쪽 부분에 떨어지도록 만들어져 있고, 화이트 와인잔은 레드 와인잔보다 덜 오목하게 만들어져 있다. 이것은 레드 와인잔에 비해 와인이 닿는 혀 부위가 넓어진다. 샴페인잔은 탄산가스의 공기방울을 잘 볼 수 있도록 잔이 튤립형으로 생긴 것이 특징이다. 같은 와인이라도 와인잔에 따라 고유의 맛과 향이 달라진다. 와인잔은 두께가 얇고 투명하며, 전체적으로 무거운 느낌이 없으며 손잡이가 두껍지 않은 것을 선택한다.

와인과 음식

① 식전 와인(Welcome drink, Aperitif 와인) : 식욕촉진제로 사용되는 것으로 맛이 드라이하고 산이 있는 와인이다.

② 식중 와인(Table wine) : 화이트 와인은 생선류 요리에, 레드 와인은 육류 요리에 잘 어울린다.

③ 식후 와인(Dessert wine) : 만찬이나 정찬 또는 일상에서 식욕 억제제로 사용되는 와인으로 맛이 드라이하지 않고 스위트한 와인을 말한다. 식후 와인은 주로 디저트요리와 잘 어울린다.

타닌성분이 많은 와인

- 음식의 달콤한 맛을 줄인다.

- 단백질과 지방이 풍부한 음식과 마시면 떫은맛이 줄어든다.
- 짠 음식과 마시면 떫은맛이 강해진다.

스위트한 와인

- 짠 음식에 곁들이면 단맛이 줄어든다.
- 짠 음식을 맛있게 한다.
- 단 음식과 잘 어울린다.

신맛 나는 와인

- 짠 음식과 함께 곁들이면 신맛이 줄어든다.
- 약간 단 음식에 곁들이면 신맛이 줄어든다.
- 음식을 약간 짜게 한다.
- 음식의 기름기를 없애준다.
- 신맛 나는 음식과 잘 어울린다.

알코올도수가 높은 와인

① 은은한 맛이 나는 음식이나 예민한 음식을 압도한다.

② 약간 단 음식과 잘 어울린다.

- 해산물요리에는 화이트 와인이 잘 어울리며, 레드 와인은 해산물이 가진 비린 맛을 상승시키기 때문에 선택 시 주의한다.
- 샐러드는 원재료보다 드레싱에 따라 와인을 선택한다.
- 육류요리에는 대체로 레드 와인이 잘 어울리며, 육류의 경우에도 고기의 종류와 사용되는 소스에 따라 어떤 종류의 레드 와인을 곁들일 것인가를 고려한다.
- 파스타에 사용되는 재료가 해산물이거나 화이트 소스를 사용하는 경우에는 화이트 와인이, 육류를 사용한 토마토 소스에는 레드 와인이 잘 어울린다. 파스타는 주재료가 면이기 때문에 바디가 가벼운 와인이 좋다(원홍석 · 전현모 · 권지영, 2012).

참고문헌

Reference

1. 저서

OGM-KOREA, 조리장 직무교육매뉴얼

The Culinary Institute of America 저(김태형 · 유종서 · 이덕영 · 이봉식 · 이은정 · 정혜정 · 최현주 공역), "The Professional Chef", ㈜서울외국서적, 2004

강무근 · 김인환 · 이강춘 · 권상일, "이탈리아 조리실무", 효일문화사, 2007

강무근 · 조한용 · 이종호 · 김경옥, "서양요리", 예문사, 2011

강인희 외, "한국의 상차림", 효일문화사, 1999

강인희, "한국식생활사풍속", 삼영사, 1984

구천서, "세계의 식생활문화", 향문사, 1995

김기영, "호텔 외식산업 주방관리 실무론", 백산출판사, 2008

김미향, "새 서양조리학", 백산출판사, 2007

김혜영 · 조은자 · 한영숙 · 김지영 · 표영희, "문화와 식생활", 효일문화사, 1998

나영선 · 오 찬 · 김미향, "호텔서양조리실무개론", 백산출판사, 1996

나정기, "메뉴관리론", 백산출판사, 1995

나정기, "메뉴관리의 이해", 백산출판사, 1998

나정기, "식음료 원가관리의 이해", 백산출판사, 2006

나정기, "외식산업의 이해", 백산출판사, 2000

더 K서울호텔, "위생관리 매뉴얼", 2010

박경곤 · 최성기, "호텔외식 식자재 관리론", 백산출판사, 2010

박병렬 · 임붕영, "외식사업 주방관리론", 대왕사, 1999

박성혜 외 10명, "건강 약선조리", 지구문화사, 2011

서남수 · 정창인 · 이규헌 · 최병순, "경영관리론", 박영사, 2000

선재스님, "29가지 자연의 맛-선재스님의 사찰 음식", 디자인하우스, 2000

성기협 · 송병구 · 김종욱 · 이정기, "최신일본요리", 백산출판사, 2008

신민식 · 권중생, “경영의 이해”, 법문사, 2006
신유근, “경영학원론”, 다산출판사, 2002
양승, “도호 약선 조리학”, 백산출판사, 2007
양일선 · 차진아 · 신서영 · 박문경, “급식경영학”, (주)교문사, 2009
예지각 편집부, “요점 식품위생관리”, 예지각, 1999
원홍석 · 전현모 · 권지영, “와인과 소믈리에”, 백산출판사, 2012
유태종, “음식궁합”, 도서출판 둥지, 1993
윤서석, “우리나라 식생활 문화의 역사”, 신광출판사, 1999
윤수선 · 채현석 · 김정수, “주방관리”, 백산출판사, 2010
이대홍 · 고상덕, “외식산업경영론& 외식창업론”, 신흥대학 사회교육원 교육교재, 1999
이대홍 · 이희열 · 김두라, “외식창업”, 백산출판사, 2011
이성우, “한국식품문화사”, 교문사, 1984
이성우, “한국요리문화사”, 교문사, 1985
이순옥 외, “조리”, 산업인력관리공단, 2011
이연희, “종합 조리사 실기”, 현능사, 1993
이은정 · 이두찬 · 이경란, “이해하기 쉽게 쓴 메뉴관리론”, 양서원, 2012
이호선 · 유귀엽 · 송종섭, “효소학 원론실습”, 아트하우스출판사, 2012
이희수, “이슬람 문화”, 살림, 2003
이희수, “이희수교수의 이슬람”, 청아, 2011
임성빈 · 심재호 · 박헌진, “맛있는 이탈리아요리”, 효일문화사, 2008
정영도 · 김광익 · 최병권 · 허영욱 · 이병주 · 장기호 · 마경덕 · 이권우 · 김우영 · 김창현 · 박경호, “식품조리재료학”, 지구문화사, 2000
정청송 외 3인, “호텔식당 시설관리론”, 경희대학교 출판국, 1989
진양호, “현대서양요리”, 형설출판사, 1991
최수근, “소스의 이론과 실제”, 형설출판사, 1997
최수근, “최수근의 서양요리”, 형설출판사, 1996
한국과학기술원, “생산관리(전략과 분석)”, 도서출판 석정, 1994
한국관광공사, “한식조리개론”, 경주관광교육원, 1990
한국관광용품센터, “식자재 가이드 북”, 비매품
한국노동연구원, “21세기형 인적자원관리-뉴 패러다임과 실천과제”, 명경사, 2000
한국음식문화오천년전준비위원회, “한국음식오천년”, 유림문화사, 1988

홍기운 · 진양호 · 김장익, "최신 식품 구매론", 대왕사, 2006

황혜성 · 한복려 · 한복진, "한국의 전통음식", 교문사, 2003

2. 논문

곽미경, "관광호텔 주방환경 평가에 관한 연구", 경기대학교 대학원 석사학위논문, 1994

김인환, "호텔주방설비가 생산효율에 미치는 영향에 관한 연구", 영산대학교 대학원 석사학위논문, 2005

김장익, "관광호텔 주방관리 개선방안에 관한 연구", 관광품질시스템학회, 1997

김종성, "관광호텔 주방설비의 효율적인 배치에 관한 연구", 경희대학교 경영대학원 관광경영학과 호텔경영전공, 1993

나정기, "21세기 호텔경영에서 식음료부문의 운영방안에 관한 연구", 한국관광학회, 1996

나정기, "호텔 주방의 생산성 향상에 관한 연구 : 식재료의 흐름을 중심으로", 한국관광학회, 1998

문회수, "관광호텔 주방의 효율적인 인력관리 방안에 관한 연구", 경희대학교 대학원 석사학위논문, 1998

문희수, "관광호텔 주방의 효율적인 인력관리 방안에 관한 연구-서울지역 특1급 관광호텔을 중심으로-", 경희대학교 경영대학원 석사학위논문, 1998

박경곤, "호텔주방의 생산성향상을 위한 신인력 정책에 관한 연구-서울 소재 특1급 호텔을 중심으로-", 경기대학교 관광대학원 석사학위논문, 1999

박병근, "관광호텔 조리업무의 효율적인 운영방안에 관한 연구", 경기대학교 경영대학원 관광경영학과 관광관리전공, 1995

성태종, "호텔 주방의 식재료 아웃소싱(outsourcing)에 대한 조리사의 인지태도 연구", 경주대학교 산업경영대학원 석사학위논문, 2003

송경숙, "관광호텔 주방의 인적자원관리에 관한 연구," 경기대학교 대학원 석사학위논문, 1995

우성근, "관광호텔 주방관리의 효율적인 운영방안에 관한 연구", 경기대학교 경영대학원 석사학위논문, 1996

유택용, "관광호텔 주방관리의 효율성에 관한 연구", 경기대학교 경영대학원 석사학위논문, 1998

윤한식, "호텔연회주방의 효율적인 관리방안에 관한 연구", 경기대학교 관광전문대학원 외식산업경영전공, 2003

이보연, "호텔 외식사업체 이용객 만족에 관한 연구-서울지역 특1급호텔의 외부 외식 사업체를 중심으로-", 경희대학교 경영대학원 석사학위논문, 1999

이상정 · 조춘봉, "호텔 컨벤션 메뉴와 주방관리에 관한 실증적 연구", 외식경영학회, 2003

이승일, "관광호텔 주방관리에 관한 연구", 초당대학교 석사학위논문, 2005

이은정 · 이영숙, "메뉴엔지니어링 기법과 CMA기법을 이용한 메뉴분석에 관한 연구", 한국식생활문화학회지, 2006

이진택, "호텔주방의 편의식품 이용실태에 관한 연구", 세종대학교 석사학위논문, 2006

장태경, "관광호텔 부처 주방관리의 효율성에 관한 연구", 경기대학교 석사학위논문, 2003

전효진, "호텔주방의 조리작업환경에 관한 연구", 경기대학교 석사학위논문, 2001

진양호, "외식업의 주방관리에 관한 연구", 한국조리학회지, 2000

진양호, "호텔 주방조직의 인적자원관리에 관한 연구", 한국조리학회지, 1995

최영준, "호텔 식음료부문 아웃소싱 활용가능성에 관한 탐색적 연구," 호텔경영학연구 제9권 제2호, 한국호텔경영학회, 2000

최우승, "호텔조리사의 주방관리 단계별 업무중요도 및 업무수행도 평가," 연세대학교 생활환경대학원 석사학위논문, 2001

최은경, "한국음식의 상품화에 대한 연구," 수원대학교 호텔관광대학원 석사학위논문, 2004

3. 외국자료

Fayol, H., "Industrial and general administration", Geneva : International Management Institute, 1930

Jack D. Ninemeier, "Planning and Control for Food and Beverage Operations", 4th ed., Educational Institute of the American Hotel & Motel Association, 1998

Koontz, H., "The management theory jungle", Academy of management review, 1980

McGregor, D., "The human side of enterprise", NY : Mcgraw-Hill Book Co., 1961

Michale L. Kasavana, "Menu Engineering : A Practical Guide to Menu Analysis", Revised Edition, Hospitality Publications, 1990

Warner, M., "Noncommercial, institutional, and contract foodservice management", NY : John Wiley & Sons, Inc., 1994

4. 인터넷 참고문헌

blog.naver.com/minkyo100/100154915285

blog.naver.com/ninjattle/10113400496

http://cafe.naver.com/cook11/1986

http://cafe.naver.com/openspaces/137

http://hujubkang.tistory.com/47

http://ilsic.com.ne.kr/

http://mbanote.com/80152526079

http://terms.naver.com/entry.nhn?docId=795033&imageNo=22

http://tong.nate.com/bwv996/36364579http://cafe.naver.com/manger23/19

http://www.apgs.co.kr/view/user/information/eat_01.part_01.cow_cow_01.asp (축산물품질평가원)

http://www.chinainkorea.co.kr/사회문화/문화특징.htm

http://www.chinainkorea.co.kr/사회문화/차문화.htm

http://www.cwomen.net/

http://www.hansik.org(한식세계화)

http://www.kfda.go.kr(식중독예방 대국민 홍보 사이트)

http://www.lizi.co.kr/

http://www.ritzcook.com/ilovecook4.htm

http://www.sonmat.net

http://www.welcometojapan.or.kr/index.asp

2011년 식품산업 주요지표 식품산업통계정보시스템 FIS(http://fis.foodinkorea.co.kr)

글로벌 세계대백과사전

네이버 지식백과 & 네이버 국어사전

노동부홈페이지(www.molab.go.kr)

식중독 예방교육 표준교재 2006(행정물 간행등록번호; 11-1470000-001113-01)

저자약력

최병호

세종대학교 대학원 호텔관광경영학과 경영학 박사
특1급 호텔 23년 근무(신라호텔, 롯데호텔)
現) 신흥대학교 호텔외식경영학과 교수
대한민국 명장 심사위원(식음료서비스부문)
조주기능사 자격시험 심사위원(실기, 필기)
한국바텐더협회 고문
한국외식산업학회 부회장
한국호텔경영학회 이사

저서 호텔경영의 이해
호텔식음료실무론
최신 와인 소믈리에 이해
호텔외식연회 컨벤션 실무

이진택

세종대학교 대학원 조리외식산업학과 외식경영학 석사
The-K 서울호텔 조리팀 근무
신흥대학교 호텔외식경영학과 겸임교수
한국산업인력공단 조리기능사 실기 감독위원
2003 MLA Black Box 요리대회 은메달 수상(단체부문)
2005 서울세계음식박람회 금메달 수상(한식개인부문)
現) 한국폴리텍대학 서울강서캠퍼스 전통식품조리과학과 초빙교원

오봉희

세종대학교 대학원 이학 석사
한국식생활 개발연구회
서울시립청소년 직업훈련원 교사
한국산업인력공단 이사장상 수상
농림수산부 장관상 수상
現) 한국폴리텍대학 서울강서캠퍼스 전통식품조리과학과 부교수

저서 한국음식의 미학
떡의 美學

김정수

세종대학교 일반대학원 조리학 박사
호텔 리츠칼튼 서울 이태리 레스토랑(가든) 조리장
한국산업인력공단 조리기능사 실기 감독위원
한림성심대학교 호텔외식경영학과 겸임교수
2006 서울 국제요리경연대회 금상 수상
現) 대덕대학교 호텔외식과 조교수

저서 주방관리

호텔외식주방관리실무론

2013년 9월 5일 초판 1쇄 인쇄
2013년 9월 10일 초판 1쇄 발행

저 자 최 병 호 · 이 진 택
오 봉 희 · 김 정 수

발행인 寅製 진 욱 상

저자와의 합의하에 인지첩부 생략

발행처 백산출판사
서울시 성북구 정릉3동 653-40
등록 : 1974. 1. 9. 제 1-72호
전화 : 914-1621, 917-6240
FAX : 912-4438
http://www.ibaeksan.kr
editbsp@naver.com

값 23,000원
ISBN 978-89-6183-766-8